I0791624

El tiempo en la constitución del sujeto

Vanina Noejovich Baynon

El tiempo en la constitución del sujeto

Índice

Primera parte
Descubrir el tiempo

**Segunda Parte
El sujeto en el tiempo**

A mi madre, Beatriz Baynon, que se marchó muy pronto.
A mis incondicionales en el tiempo.

A modo de prólogo

Si bien es cierto que no toda tesis doctoral necesariamente se transforma en un libro, en este caso aquel propósito estuvo presente desde el inicio.

Las interrogaciones que me llevaron al tema del tiempo se produjeron en un contexto académico, específicamente en México, donde no cabe duda que en mi condición de inmigrante, los encuentros y desencuentros, fueron alimentando un deseo que se sostuvo durante casi veinte años. Por ello, son muchas las historias que vienen a mi mente al tiempo que escribo esta suerte de despedida, pues publicar un libro es finalmente desprenderse de algo que ya no es nuestro. El tiempo, el real, empuja raudo, casi feroz y me pisa los talones para que concluya.

Lo haré entonces, agradeciendo a todos aquellos que durante dos décadas me acompañaron en mis preguntas e incipientes hipótesis, sería imposible nombrarlos a todos, pero confío en que cada uno sepa de su lugar en mi memoria.

Rescato en especial a aquellos que me acompañaron inicialmente en la elaboración de la tesis y su transformación en este libro. Sin su apoyo, me hubiese sido imposible seguir adelante en este, por momentos, solitario recorrido.

Agradezco a Miguel Marinas, asesor de la tesis. A Adriana Flores, Bárbara Jochamovitz, Gretel Varela y Noemí Castiñeira, por la lectura amable que supieron ofrecerme y las invalorables conversaciones acerca del psicoanálisis y sus vicisitudes y de las cuales se nutrió este trabajo. A Hector Noejovich, mi padre, porque desde su historia económica supo leer a mi tiempo psicoanalítico, con todo el esfuerzo que ello implica. A mis hermanos Flavia y Gerardo, porque ni siquiera sospechan lo mucho que contribuyeron a que pudiera finalizar este proyecto. A Viviana Rosenzwit, editora de este libro, por el maravilloso trabajo que realizó con mis palabras haciendo lo imposible por mantener el estilo.

Pongo punto y a parte para agradecer a mis hijos, Sebastián y Marco, por esos trazos que cada tanto aun encuentro en las notas y apuntes que sirvieron para la construcción de este trabajo y que son como un dulce recordatorio de que este libro, aunque básicamente teórico, se entrelaza con el mundo.

Reservo para el final mi mayor agradecimiento a quien supo acompañarme de la mejor manera posible, sin duda el artífice de toda la estructura que me permitió seguir adelante en mi deseo, mi esposo, Genaro Tedesco.

Introducción

Es indiscutible que cuando uno pronuncia la palabra psicoanálisis, ésta se asocia inmediatamente al nombre de Sigmund Freud. No podría ser de otra forma y sin embargo, las distintas corrientes que se desprenden de su obra y que se incluyen dentro del ya inmenso campo psicoanalítico, en algunos casos difieren tan sustancialmente que no resulta sencillo reconocer sus puntos de encuentro. Hoy en día, la diversidad en la oferta formativa dentro del psicoanálisis es tal que uno bien podría iniciar su recorrido por Melanie Klein, Anna Freud, Laplanche o Lacan, por mencionar algunas de las corrientes más representativas, y sólo más tarde acercarse a los textos freudianos; de tal forma que uno termina leyendo a Freud a partir de Klein y no al revés.

Mi aproximación al psicoanálisis, por el contrario, empezó con la obra freudiana para luego acercarme a los autores postfreudianos, entre ellos Lacan. Desde entonces, mi formación se centró principalmente en la articulación de ambos autores: Freud y Lacan; a tal punto, que me sería hoy imposible trabajar uno sin el otro. Por otro lado, la constatación en los diferentes países en los que he vivido, de que es el psicoanálisis lacaniano el que más ha quedado fuera del reconocimiento social y médico, me condujo directamente a la pregunta acerca de los elementos que articulan a ambos autores y a pensar la posición lacaniana, como aquella que rescata lo más subversivo del discurso psicoanalítico.

A partir de esta reflexión, surgieron algunas de las preguntas que motivaron y orientaron esta investigación: ¿Qué lugar tiene el psicoanálisis en nuestras sociedades contemporáneas? ¿Cómo se articula el discurso psicoanalítico con la subjetividad? Y por último, ¿cuál es la estructura lógica que soporta la versatilidad de los conceptos y la diversidad de teorías que se desprenden de la investigación freudiana?

Dado que cada una de estas preguntas podría dar lugar a una tesis, me encontré en la necesidad de buscar un punto de partida que me permitiera, quizá en un futuro, trabajar en ellas.

En la conceptualización lacaniana me surgió este punto de partida, más allá de diferencias en los planteamientos, había algo que permitía la lectura conjunta de ambos autores. Desde mi lectura, aquello que hacía posible esta articulación era el tiempo que el psicoanálisis colocaba en escena. Una temporalidad que Freud fue descubriendo a medida que avanzaba en su clínica y que Lacan supo leer, a partir de la cual construyó su enseñanza.

Son muchas las situaciones en las que podemos tomar conciencia que el tiempo en el que está organizada la sociedad, no coincide con ese otro tiempo que organiza el mundo psíquico. No me refiero a la percepción subjetiva del tiempo, ese tiempo que pasa lento o pasa demasiado rápido, sino al tiempo por ejemplo, en el que se tramita un duelo. Ese tiempo enigmático en donde suceden cosas de las cuales la conciencia no tiene noticias y que por ello, cuando algo de la esfera inconsciente se pone en escena, solemos tener esa sensación de sorpresa, sin que nada lo anunciara. Otro ejemplo, quizá menos evidente y más enigmático aún, lo encontramos en la formación del síntoma: la fobia, el ritual obsesivo, o en la configuración de la fantasía que será soporte de la relación con el Otro.

Podemos así ubicar una pregunta de partida: ¿Cómo puede el psicoanálisis conciliar el tiempo del análisis con las exigencias sociales a las que estamos sujetos los seres humanos? Con las exigencias que llegan por ejemplo del sistema educativo, el mercado, del espacio laboral y otros. Estos mundos que están marcados y regulados por ciertas pautas, conductas esperables o inadmisibles, en los cuales no suele haber espacio para esos sentimientos que afectan nuestras actividades diarias, extrañezas que nos impiden ser "como los demás". Es así que cuando la persona se sale de la norma o sus emociones y síntomas interfieren más de la cuenta con sus obligaciones cotidianas, el psiquiatra o psicólogo, intervendrá para ajustar nuevamente al individuo a la dinámica social que lo implica. Si bien estas intervenciones no son nada despreciables y en muchas ocasiones suficientes, este otro espacio, cuyos ritmos y tiempos son ajenos a la demanda y expectativas sociales, seguirá trabajando en la penumbra. ¿Cómo articular este tiempo con el tiempo social? ¿Es posible que el psicoanálisis ya no esté en posición de ofrecer una escucha al sufrimiento?

El punto de inicio había quedado al fin delimitado, había primero que definir la lógica de este tiempo radicalmente otro respecto al tiempo social en el que vivimos inmersos y, una vez encontrado el objeto de estudio, había que buscar la mejor manera de aproximarse a él

Uno de los motivos que despertó mi inquietud sobre el tiempo y su vínculo con la subjetividad, fue el percatarme de que, dado que los conceptos en psicoanálisis son resignificados por la clínica, la teoría psicoanalítica parece estar definida por la misma temporalidad que evoca. Por esta razón elegí iniciar este trabajo por el descubrimiento freudiano, ponerlo en movimiento, tomarlo como un continuo en lugar de detenerme en un texto en particular o en un concepto determinado, pues se trata más bien de encontrar la lógica que permite que el nuevo texto no sea una superación del anterior y que la clínica posibilite nuevas lecturas. Como el caso del lugar que tomó la fantasía, a partir del cuestionamiento de la teoría de la seducción.

Aunque el discurso inconsciente no es ajeno al discurso social, sin embargo, sólo puede ser escuchado en el dispositivo clínico. Resulta así, un reto complementario, apoyarse en el tiempo que constituye al sujeto del inconsciente para ubicarlo en el espacio social, en el más allá de la clínica; y preguntarnos cómo interactúa este sujeto, siempre entendido en el tiempo que lo constituye, con la dinámica social que funciona bajo el imperativo de tiempo reglado.

La idea fundamental fue mostrar cómo este tiempo que el psicoanálisis descubre, produce en su lógica al sujeto del inconsciente y lo que sucede cuando esta temporalidad no encuentra las vías de su realización.

Por último, no se trata de trabajar el concepto de tiempo o de oponer el tiempo de la conciencia al de lo inconsciente, más allá de que la investigación en sí misma nos lleve a desprender ciertas conclusiones, sino del tiempo en el que el sujeto se gesta en lo simbólico; de mostrar el tiempo en el que nace la subjetividad. Por otra parte, dado que el sujeto no es sin el Otro y este nacimiento tiene su punto de partida en la inserción del sujeto en el Otro social, se trata también de definir el lazo que posibilita la relación con la cultura. De esta forma, el psicoanálisis puede contribuir desde otra perspectiva, a una reflexión acerca de la subjetividad en las sociedades contemporáneas y los puntos en los cuales la producción subjetiva se ve enterrada por el vínculo social que predomina: el de la inmediatez apoyada en el instante que el placer del consumo representa. ¿Cómo se exterioriza esta convivencia del psicoanálisis con lo social? Siendo que el primero trabaja bajo otra lógica temporal. Entonces, la pregunta por la temporalidad en la que habita el sujeto del inconsciente implica también, la pregunta por el lugar del psicoanálisis en las sociedades contemporáneas y el vínculo del sujeto con lo social del cual surge.

Dicho esto, convendría precisar algunas cuestiones que orienten al lector en la arquitectura de este trabajo.

Cuando Freud se adentró al desciframiento de los síntomas psíquicos, el vínculo que los enlazaba a un pasado en apariencia olvidado no estaba establecido, porque aun lo discursivo no tenía lugar como elemento a descifrar en las enfermedades mentales. Los síntomas histéricos no tenían ningún sentido oculto y los delirios psicóticos no tenían relación alguna con la historia del paciente. No había así, un sujeto implicado. ¿Qué causaba los síntomas para el saber médico de aquella época? Una lesión funcional, la respuesta había que buscarla en la medicina, en el cuerpo biológico. Freud se desplaza de ese centro y se mueve hacia otros espacios inaugurando una manera distinta de ver el fenómeno de las enfermedades mentales.

Se suele pensar que el trabajo que realiza el psicoanálisis en su clínica se resume en la evocación de un pasado donde se encuentra la causa del padecer del sujeto, sin desmerecer este aspecto, lo que mostraré aquí apoyándome en la teoría lacaniana, es que ésta no es la hipótesis temporal más audaz que sustenta el descubrimiento freudiano.

Freud parte de que lo traumático no proviene en forma exclusiva ni principalmente del acontecimiento sino de su recuerdo, pero una vez que el recuerdo se despeja del fantasma que le da forma, este tiempo irá abriéndose para mostrar que la activación de la escena traumática, ni es un recuerdo, ni es una escena, se trata más aun de algo que nunca ocurrió. Textos como "Tótem y Tabú", "Pegan a un niño" y "Construcciones en psicoanálisis", trabajan este lugar y función de un escenario vacío.

Los conceptos freudianos van surgiendo a partir de encuentros que dejan vislumbrar el tiempo de lo inconsciente. Lo que permanece oculto emerge por un instante apenas a una superficie siempre presente, como lo evoca ese block maravilloso[1] al cual Freud hiciera referencia. Es Lacan quien conceptualiza esta temporalidad freudiana; la obra de Lacan es un tratado del tiempo, un lector de instantes, que terminan por desenredar la madeja hasta arribar a la estructura de la subjetividad.

La obra de Freud es despliegue y apertura de esta singularidad temporal que configura la subjetividad, cuya base y condición se encuentra en este entramado último que constituye el sujeto del inconsciente. Hasta el texto "Estudios sobre la histeria" que escribe conjuntamente con Breuer, asistimos a este acto en el cual se va abriendo la puerta a una nueva manera de temporalizar al sujeto, de contarlo en su historia.

¿Qué fue lo que permitió a Freud dar este paso e inaugurar un espacio nuevo? Freud se coloca en el lugar propio del analista, inédito, de a poco y su gestación se va dando paralelamente a la construcción de su teoría. Los pacientes despliegan en este nuevo escenario diferente al de Charcot, las palabras con las que se engarzan sus síntomas en el cuerpo. Si Charcot muestra la escena, Freud la escucha. En este momento, el tiempo grita a la espera de algo que indique el

---

1   Freud, S. "El block maravilloso", en: *Obras Completas de Sigmund Freud*, Tomo III. Madrid, Biblioteca Nueva, 1981.

recorrido. Freud hará de guía a un discurso que parece hablar solo. Por el contrario, el síntoma y el dolor tienen un destinatario oculto; y es a ese Otro a quien el paciente deberá desentrañar. Esta apertura de un lugar en el cual se puede colocar una incógnita, abre la posibilidad de un deslizamiento. La palabra empieza a circular.

Más adelante se irá creando el dispositivo necesario para que este tiempo pueda transitar. Primero se reconocen sus manifestaciones a través de las formaciones del inconsciente, "La interpretación de los sueños" nos proporcionará las pautas de este movimiento, su lógica es la del lenguaje. La transferencia, a su vez, se erige como el espacio en donde se despliegan los relatos. En este cauce que la transferencia crea van apareciendo los contenidos: los deseos inconscientes.

El tiempo así va mostrando sus ataduras, hay que hacerlo discurrir. Cuando se atora es goce, cuando discurre es deseo. Si se atora es sufrimiento, si discurre es creación. Aunque esta separación es meramente didáctica, puesto que ambos son distintas caras de la misma moneda.

En la última etapa de su vida, toman protagonismo los textos sociales. La religión y la guerra serán los temas privilegiados en la reflexión freudiana de sus últimos años de vida, con la que intenta establecer este lazo entre el sujeto y la cultura. Pero al lado de estas reflexiones continúa el interés del análisis propiamente dicho a través de dos textos que rescato: "Análisis terminable e interminable" y "Construcciones en análisis". En el primero se discute la posibilidad o no de concluir un análisis, en el segundo parece dejarnos una última pista.

El discurso se mueve en un juego de sustituciones y desplazamientos, pero algo lo sostiene, abre el espacio para que ese movimiento surja y dibuje en su devenir una historia; ese algo es la falta, pero aquello que instaura la falta es un deseo y una ley que nombrándolo, le da curso. Es el deseo del Otro quien le da la palabra al sujeto, quien le da un lugar en este mundo, un lugar en su historia. Y ese Otro es también el Otro del lenguaje, el Otro de la ley; lugares en suma que inauguran la cultura. Es en medio de esta contradicción, que los tiempos se bifurcan.

Si la subjetividad humana se gesta sobre la base de un conflicto no es menos cierto que también la cultura se edifica sobre territorios disímiles y opuestos; las pulsiones son el motor del cual surge la pasión, pero también, aquello que deberá desviar su recorrido, aplazar su satisfacción, para construir. Eros y Tánatos, necesarios oponentes para una contienda inevitable.

¿Cómo circula esta pulsión en lo social? ¿Cómo se articula con el discurso social en la constitución de la subjetividad? Y por último, ¿puede el psicoanálisis dar cuenta de este movimiento a partir de aquello que produce, es decir, el sujeto?

El tiempo en psicoanálisis puede llevar muchos nombres, el tiempo de la formación de síntomas, el tiempo del Edipo, los tres tiempos del análisis expuesto por Freud en "Recuerdo, repetición y reelaboración", o el tiempo finito e infinito. Esta tesis apunta al tiempo del cual surgen estos tiempos, el tiempo de búsqueda y falla del objeto de satisfacción, el tiempo del recorrido alrededor de la zona erógena, que recorre las superficies del cuerpo biológico inyectándolas de vida pulsional. Estas pulsiones parciales representadas por significantes cuyas marcas quedan impresas ahora en el cuerpo y permiten la articulación del sujeto. Este tiempo es necesario para que ese ser sea sujeto de deseo y se inserte en otra temporalidad, no ya la de los relojes o la maduración psicobiológica, no ya el tiempo trazado e identificado científicamente en tanto ruta y pautas a seguir por donde deberá transitar para convertirse en un individuo, en un ser social. Si no, del tiempo en el que se constituye y habita este sujeto como punto de encuentro del psicoanálisis con lo social, pues es también este tiempo, lazo entre el sujeto y la civilización.

¿Qué sucede si se elimina este espacio de escucha que el psicoanálisis instaura? Si se calla con insistencia este tiempo cuya única función acaso sea la de producir un sujeto.[2] Si el discurso psi-

---

2   Me refiero a las críticas y acusaciones hacia el psicoanálisis de pseudociencia, de charlatanería, etc. Sin duda llevadas a cabo por personas que no han profundizado en la especificidad del psicoanálisis tomando al pie de la letra las metáforas, ficciones y construcciones que sirven tanto de apoyo a la estructura psíquica (de lo real no puede decirse mucho) como a la transmisión de su clínica. Acaso

coanalítico tiene un lugar en la cultura, es posible que éste pueda ser subrayado a través de la idea del tiempo que descubre, siendo su clínica en consecuencia, una clínica que trabaja con la constitución de la subjetividad de cada caso, para dar lugar a que esta producción pueda realizarse. También es posible que esta producción subjetiva sea el único dique ante la voracidad que ostenta la producción del mercado o ante la clasificación diagnóstica, cuyo notorio incremento merece al menos una reflexión sobre las bases en las que se apoyan dichos diagnósticos.

En su texto sobre el malestar en la cultura, ya Freud habló de este desencuentro entre la pulsión y la cultura. Lo que intento mostrar es que este desencuentro que da origen al tiempo en el que el sujeto es constituido, es un desencuentro fundante de la subjetividad y el punto del cual emerge el psicoanálisis. A partir de esta contradicción se encuentra la especificidad de su clínica, no para anularlo, sino para darle cauce, para que circule aquello que da lugar a la diferencia. Dando así una vuelta más al texto freudiano a partir de la lectura de Lacan, para seguir el recorrido del lazo que efectúa la pulsión a partir de su encuentro con la ley que encauza al deseo.

El desarrollo de la idea trabajada a lo largo de este libro, empieza y termina con el lazo del sujeto al Otro, es decir, el vinculo social, dado que inicio el recorrido planteando que: "al principio era la transferencia" matriz constitutiva del lazo al Otro, estructura elemental de la sociedad a partir de la cual el sujeto del inconsciente se funda; y termino con el capítulo dedicado al *sinthome*: un nudo que se anuda en la falla de un anudamiento previo, siempre precario. Desde esta perspectiva también, el psicoanálisis se propone como un saber-hacer con el malestar que este lazo estructural y necesario produce. Un malestar que se juega en el campo del discurso, pues es del discurso de este Otro del que se trata, y se manifiesta como síntoma, inhibición o angustia. La propuesta psicoanalítica de intervención cuando el malestar rebalsa se vincula

la motivación oculta de este libro esté dirigida por el anhelo de aportar mayor claridad al asunto.

directamente con esta lógica temporal en la que se constituye el sujeto. Se podría así afirmar que la producción subjetiva reduce el malestar, hace discurrir el síntoma, conmueve la inhibición y circunscribe la angustia. Una clínica que se propone como clínica de la subjetividad, del tiempo que lo constituye y del malestar que produce cuando este tiempo literalmente no pasa nunca.

Esto no significa en modo alguno que la única posibilidad de producción subjetiva se de en el tiempo del diván, sino que este tiempo de la pulsión que empuja, que circula produciendo un sujeto, puede también no hacerlo. ¿Hay sujeto en la adicción?, ¿en la guerra?, ¿en la violencia doméstica? En todos estos casos, sería el tiempo de constitución del sujeto lo que queda interrumpido.

Desde esta perspectiva, acaso el tiempo psicoanalítico no pueda plantearse justamente como un lazo entre el sujeto y lo social. Un lazo entre las múltiples compartimentaciones a las que queda reducida la subjetividad. Hasta el momento, no parece haberse encontrado otro dispositivo más adecuado para descubrir los efectos y la función del discurso social en el ser humano. El sujeto está articulado a una historia que en cierta forma resignifica este discurso del Otro, sin esta historia sería imposible reconocer sus huellas, pero es en la estructura temporal que la organiza en dónde hay que buscar su lógica.

Por último, los invito a introducirnos en los puntos desplegados en el presente recorrido. La primera parte, como ya mencioné, está dedicada al descubrimiento freudiano, un recorrido sobre su obra, pero también sobre sus transferencias más importantes. Vínculos en los que se apoyó para seguir adelante o a partir de los cuales, se produjeron los giros más interesantes de su obra. Esta primera parte termina siendo el material a partir del cual se articulan los conceptos lacanianos, que conforman la segunda parte, para demostrar la estructura temporal sobre la que descansa el desarrollo freudiano. Dado que la tesis se apoya en la interrelación de ambos autores, creí oportuno no incluir a otros autores psicoanalíticos por considerar que sus planteamientos se alejan de la hipótesis de la cual parte este trabajo. Por otro lado, es preciso mencionar a dos textos que resultaron fundamentales en la elaboración de este

escrito: para la primera parte, la biografía de Freud de Peter Gay
y para la segunda, el libro sobre la teoría de Lacan de Erik Porge;
ambos citados a lo largo de estas páginas.

Descubrir el tiempo

El tiempo de la palabra

El texto "Estudios sobre la histeria" puede entenderse como el fin de un recorrido y el inicio de otro. Pese a las diferencias en los planteamientos, Freud insiste en este trabajo conjunto. Sólo hay un caso clínico de Breuer[3] y esto nos da pistas acerca de la titularidad del deseo de aquella publicación. El caso de Breuer deja un surco en Freud, no sin un tiempo de elaboración, pues éste es retomado luego de su acercamiento a Charcot en 1885. Así es como Freud va a París con el caso de Anna O. en algún lugar de su cabeza.

Los casos clínicos de Freud presentados en este texto se sitúan entre 1889 y 1892, el caso de Breuer, siete años antes. La imagen parece clara, el origen es del padre. Breuer inaugura pero no sigue, le entrega su relevo a Freud, con quien mantiene tanto una relación de maestro/discípulo como de amigo paternal. Es así como Breuer le da a Freud su aval, su nombre, ante una comunidad científica vienesa reticente a las ideas subversivas del joven Freud.

Hasta "Estudios sobre la histeria" las investigaciones freudianas parecen girar en torno a separar lo orgánico de lo discursivo, dirigidas a mostrar la presencia del lenguaje en el cuadro histérico: los síntomas van encontrando su lugar en la historia del paciente. Freud puede partir de que: "Hasta donde alcanza nuestra información no se ha propuesto hasta ahora ninguna teoría del ataque histérico, sino sólo una descripción del mismo, hecha por Charcot".[4] Éste será así el punto de partida, una teoría de la histeria. Lo que se encuentra va más allá, es lo inconsciente y su lógica, aquello que insiste en hacerse oír, ver, expulsar, etc.; la gramática pulsional

---

3   Ver el caso Anna O. de J. Breuer en: Sigmund Freud; "Estudios sobre la histeria", en: *Obras Completas de Sigmund Freud*, Volumen II. Buenos Aires, Amorrortu Editores, 1997, pp. 47.

4   Freud, S. "Estudios sobre la histeria", en: *Obras Completas de Sigmund Freud*, Tomo I. Madrid, Biblioteca Nueva, 1981, pp. 51.

inscrita en el cuerpo. Una de las primeras particularidades de esta otra escena que se hace evidente es la ruptura con el tiempo lineal.

En este lugar de texto que inaugura, corta con la concepción anterior de la histeria, y es por ello un escrito fundamental. Más allá de las discusiones de si es o no un texto psicoanalítico, lo que quiero destacar es su lugar de inicio. Es un texto, en todo caso, que abre la puerta al psicoanálisis y lleva dos nombres, dos firmas: la transferencia queda así inscrita en el origen.

Si la concepción general de la histeria al interior de la institución médica era la que señalaba Freud en 1892: "Quizá no estemos errados al suponer que la mayoría de los médicos tienden a concebir el ataque histérico como una descarga periódica de los centros motores y psíquicos de la corteza cerebral".[5] Se entiende bien que el texto "Estudios..." interpone la palabra como la nueva herramienta para acceder a lo psíquico y esta primera palabra es tiempo. Las histéricas enferman de reminiscencias, afirmarán ambos autores. Enferman de un recuerdo que se aloja en otro escenario, fuera de la conciencia. Así: "El recuerdo que forma el contenido del ataque histérico es un recuerdo inconsciente[6] ...Si logramos atraer tal recuerdo a la conciencia normal, cesa su capacidad de producir ataques".[7] Es decir que estos recuerdos, alojados en otro lugar, son la causa de la escena histérica, pues el ataque histérico representa este recuerdo y lo representa para Otro.[8]

En este punto se encontraban: si Charcot puso en escena a la histeria, Freud y Breuer ponían ahora palabras a esa escena. Una escena codificada en el síntoma: la escena traumática.

---

5   *Ibíd.*, pp. 51.

6   Esta palabra aún no tiene el sentido que la hará célebre dentro de la teoría psicoanalítica.

7   *Op. cit.*, pp. 53.

8   A esto volveré más adelante, aunque no podía dejar pasar la ocasión de señalar el lugar del Otro en el discurso de la histeria.

¿Cómo se inserta este recuerdo en la conciencia? Se asocia con otros recuerdos y de esta forma, atraviesa los muros que lo separan de la conciencia y deja de producir síntomas. Ahora bien, en el caso Emmy, la técnica para lograr insertar los recuerdos en la consciencia parecía más bien efectuarse borrando recuerdos: "...después de una negociación más prolongada, le aseguro que a esta imagen la volverá a ver sólo nebulosa y sin fuerza."[9] De esta forma se pretende debilitar la eficacia del recuerdo por medio de una orden en estado hipnótico. Pero la orden hipnótica es una palabra sin movimiento, fuera de tiempo y Emmy tendrá ocasión de señalárselo al joven doctor, exigiendo ser escuchada sin ser interrumpida.

La palabra de Emmy va mostrando la lógica de una temporalidad aún inédita y Freud está ahí para escucharla, así nos cuenta que: "Relata estos cuatro casos, a pesar de las grandes diferencias de tiempo, en una sola oración y uno tras otro rápidamente, como si constituyeran un acontecimiento único dividido en cuatro actos".[10] Aunque aún siga borrando escenas, ya se va perfilando la temporalidad del inconsciente que formará parte fundamental de la terapia psicoanalítica; escenas que se organizan en el relato con una temporalidad propia, sin consideración de las distancias en el tiempo de los acontecimientos.

¿Qué enlaza a estas escenas? ¿Qué lógica temporal las organiza en el decir del paciente? La asociación libre, uno de los ejes que definen la clínica psicoanalítica, dará lugar a que el paciente realice un ordenamiento distinto de su historia. Como si el pasado, el presente y el futuro (al menos como fantasía y realización de deseo figurada en el sueño y el síntoma) se mezclaran cual baraja de naipes para ser desplegados bajo una lógica propia.

Por otro lado, ¿qué efectos puede tener el hecho de que estos recuerdos sean borrados? dado que Freud afirma que: "...no sólo le bo-

---

9   Freud, S. "Señora Emmy von N.", en: OC, Vol. II, *op.cit.*, pp. 77.

10   *Ibíd.*, pp. 79.

rro el recuerdo plástico, sino que le revoco la reminiscencia entera de su memoria, como si nada de eso hubiera sucedido".[11] Freud, en plena consonancia aún con las ideas de Charcot, convoca y borra recuerdos. Pero dejar al paciente sin sus recuerdos encubridores, como los nombrará posteriormente, tiene consecuencias.

Los recuerdos, como elementos asociativos, van creando una suerte de canal por donde derivar el afecto y, como el ejército que protege ante una invasión anunciada, el último bastión que sostiene el estallido de angustia. Así, luego de una posterior recaída, Emmy regresa al consultorio de Freud: "Su queja principal era una frecuente confusión, -revoltijo en su cabeza-, según la llamaba; además padecía de insomnio, a menudo un llanto incontenible la embargaba durante horas, y se ponía triste en un momento determinado del día (las cinco de la tarde). Era la hora en que tenía permitido visitar en el invierno a su hija internada en el sanatorio".[12] Esto le indica a Freud que el borrado de los recuerdos no se produce totalmente, estos parecen regresar insistiendo en su contenido: "Tomé nota de que se refería a la misma historia que contara por la mañana en la hipnosis, y que yo creía haberle borrado".[13] Lo que se va imponiendo, y que posteriormente formará parte de la técnica psicoanalítica, es pasar el afecto a través de esta especie de aparato del lenguaje, por el circuito de asociaciones. Esto da lugar al despliegue de una temporalidad propia, en donde las escenas se superponen o se asocian ignorando el tiempo cronológico.

Junto al lenguaje como protagonista en la técnica terapéutica, Freud va destacando lo sexual en el lugar de la causa de los síntomas. Lo sexual se vincula aquí a lo traumático, a lo excesivo y el lenguaje, a la vía por la cual circulará esta energía sexual hasta debilitarse: "Cualquiera que sea la génesis de estos síntomas motores... poseen el carácter común de hallarse en una visible conexión... con traumas, de los cuales constituyen símbolos en la actividad

---

11   *Ibíd.*, pp. 82.

12   *Ibíd.*, pp. 98.

13   *Ídem.*

mnémica".[14] Va quedando claro para Freud que los síntomas sustituyen al trauma, hacerlos desaparecer, borrarlos, deja el trauma al descubierto, no habiendo nada que lo sustituya, aparece la angustia; y como dice Freud en este mismo caso: "...siendo entonces la angustia enlazada con el resultado del acto la causa de la coerción de la voluntad".[15] La angustia es la última defensa ante lo traumático: "La sujeto, que conservaba tan tenazmente sus síntomas contra toda sugestión, y sólo los abandonaba ante el análisis psíquico o la convicción, se mostraba, en cambio, docilísima cuando la sugestión versaba sobre temas carentes de relación con su enfermedad".[16] Los síntomas muestran su lugar, cumplen una función, el sujeto no renunciará tan fácilmente a ellos y, por lo tanto, la sugestión, hipnótica o no, está condenada al fracaso; aunque el mismo se evidencie en la posibilidad de un *acting*[17] por parte del paciente, lo que puede entenderse no ya como la escena traumática simbolizada en el síntoma, si no como su puesta en acto fuera de su escenario habitual. Una forma ruidosa o desesperada de hacerse oír.

Para resumir, en este tiempo y luego de su experiencia con la hipnosis, Freud se va encontrando con esa otra escena, en una suerte de mundo paralelo. El interés parece estar centrado en encontrar el vínculo, el nexo, entre la escena desalojada y la conciencia. La terapéutica sigue también esa lógica: si la escena fue desalojada inicialmente por una sobrecarga de excitación que, por alguna razón, vio imposibilitada su tramitación vía acto o palabra, ésta, luego de llevarla a su lugar en la conciencia por medio de la asociación con otros recuerdos, deberá ser igualmente desalojada. Tal parece que algo aquí no camina. Será sobre todo Elizabeth quien pondrá esto en evidencia. Dado que la historia camuflada en los síntomas histéricos puja por hacerse oír, o lo que bien podría ser lo mismo,

---

14 Freud, S. "Señora Emmy von N.", en: OC, Tomo I, *op. cit.*, pp. 84.

15 *Ibíd.*, pp. 80.

16 *Ibíd.*, pp. 86.

17 Una escena dirigida al Otro para su desciframiento. Este punto de enigma a descifrar es aquello que lo ubica del lado del síntoma, otra de las formas que tiene el sujeto de convocar al Otro.

insiste hasta encontrar una inscripción que le de un lugar en el relato de la historia particular de cada paciente. Algo así como la pieza que falta para que la cadena circule. "La magnitud de excitación que no puede entrar en asociación psíquica encuentra, con tanto mayor facilidad, el camino equivocado, que conduce a una inervación somática".[18]

En Elizabeth quedará especificado qué ocasiona que se tome el camino equivocado. Veremos entonces surgir entre inervaciones somáticas y cuadros histéricos, al conflicto psíquico. A la par que abandonará la dirección terapéutica de borrar los síntomas, dado que como Freud dice: "Tropezaba con aquel inconveniente que siempre se atribuye a toda terapia puramente sintomática, o sea el de no hacer desaparecer un síntoma sino para que otro ocupe su lugar".[19] Se hacía necesario encontrar la razón misma del síntoma, qué ocultaba y por qué.

LUCY: LA TAREA DE UN EXCAVADOR

En el caso de Lucy vemos a Freud desenterrando escenas, buscando la primera bajo las otras. Así se pasa del olor a harina quemada al olor a tabaco y, a medida que avanza en la interpretación, en busca de la escena traumática, llega hasta una tercera escena[20], éstas parecen caer como las capas de una cebolla o como velos que cubren siempre una escena anterior.

La cuenta del tiempo aquí es regresiva, del presente se viaja hacia el pasado. Pero, ¿cuándo se detiene este viaje? ¿Existe la posibilidad de encontrar una escena primera? Aquí se alojará la teoría de la seducción que Freud ubica en una etapa temprana

---

18   *Ibíd.*, pp. 95.

19   *Ibíd.*, pp. 97.

20   Remito aquí al caso Miss Lucy para no detenerme en el contenido de las interpretaciones.

de la infancia, para posteriormente dejar ese lugar a la sexualidad infantil.

En este caso, lo que Freud nos deja ver son las hipótesis que el retoma de Bernheim: que los sujetos hipnotizados guardan en su memoria todo lo ocurrido durante la hipnosis. Eso quiere decir que el sujeto sabe todo lo que tiene que ver con su enfermedad. Se va perfilando la idea del inconsciente como un saber que no se sabe y el analista en el lugar de la causa de ese saber no sabido. Este saber emergería gracias al lugar de causa que el analista sostiene.

Una de las conclusiones que saca Freud en el caso Lucy es: "Condición indispensable para la adquisición de la histeria es que entre el yo y una representación a él afluyente surja una relación de incompatibilidad".[21] Lugar del conflicto psíquico. Dos escenarios que se desenvuelven en lógicas distintas que apenas se rozan y eso es suficiente para afectarse uno al otro. Lo que sucede en la conciencia, por ejemplo, la intención de Lucy de olvidar el amor por su jefe, es rescatada de alguna manera por una primera escena reprimida que opera desde otra esfera y retorna transformada en los síntomas. Es así como el síntoma ocupa el lugar del recuerdo. ¿Por qué el inconsciente se nutre de estas escenas rechazadas por la conciencia? ¿Cómo interviene esta dinámica en la vida del sujeto?

En el tratamiento anterior, con Emmy, parecía recorrer el mismo sendero que recorre la represión, esto es: intentar borrar los recuerdos, olvidarlos para siempre. Con cada recuerdo que Freud borraba de Emmy lo que hacía era entregar más material a lo inconsciente, para que éste retornara de forma sintomática. Con Lucy ya no vemos a Freud en su papel de borrador de recuerdos, vemos a un Freud enlazando escenas, traduciendo. Es quizá otro paso más que dará el paciente en lo que será más adelante un tratamiento psicoanalítico. Desde esta perspectiva se podría decir que en esta época los lugares están un poco revueltos, no es todavía el lugar del analista como lugar de enigma para el sujeto. Aquí la fascinación parece estar todavía más del lado de Freud. Lo que indica que el

---

21   *Ibíd.*, pp. 99.

lugar del analista se fue construyendo entre Freud y sus pacientes.

Con Lucy también se explícita el hecho de que el trauma no es la escena en sí, sino su recuerdo y que el síntoma viene a unir dos o más escenas separadas en el tiempo. Y si algo sorprende a Freud es esta inversión temporal dado que lo que aparece es que cada escena recubre una anterior: "...me parece digna de atención la inversión del orden cronológico, a la cual nos vemos obligados a adaptar el análisis. En toda una serie de casos me ha sucedido así: que los síntomas posteriormente surgidos encubrían a los primeros y sólo el último hasta el cual penetró el análisis es el que contenía la clave de la totalidad".[22] De aquí surge el paralelo que Freud establece entre el psicoanalista y el arqueólogo. Pues hasta ese momento parecía que lo que estaba en juego era una suerte de excavación, en donde al final se encontraría aquello que daría forma a la causa. La historia aparece caótica, no hay razones en apariencia para los síntomas que presenta la histérica. Hay que ir en busca de la clave que descubra el misterio y ésta se encuentra sacando una a una las escenas que la cubren, una vez llegado al final, el relato muestra su sentido y los síntomas no tienen ya razón de ser.

Si con Emmy vemos cómo en el relato de los eventos traumáticos se pone de manifiesto otra lógica temporal y estos se organizan de acuerdo a una secuencia específica, que supone no el tiempo cronológico sino una asociación distinta de los hechos, con Lucy podemos destacar la particularidad de la escena traumática que queda cubierta con otras escenas; como si estas tuvieran por misión esconderla dificultando su acceso a la memoria. El breve caso de Katherina destaca también que aquello que produce el trauma no es la escena en sí, sino su recuerdo. El recuerdo viene así a ubicar en el presente algo que ya sucedió y aquello que lo evoca es otra escena que por asociación lo activa y, es aquí cuando opera como escena traumática.

---

22 *Ibíd.*, pp. 100.

Elizabeth: la palabra anudada en el síntoma

Vayamos ahora con Elizabeth, la paciente de Freud que tenía dificultades para caminar. En esta paciente podemos destacar, sobre todo, el encuentro con el deseo inconsciente y su cara de goce.[23] "...cuando en la señorita Von R. se pellizcaba u oprimía la piel y la musculatura hiperálgicas de la pierna, su rostro cobraba una peculiar expresión, más de placer que de dolor...".[24] El síntoma muestra así una cara de dolor y otra de placer; es decir que a la vez que realiza el deseo, castiga.[25] Elizabeth es también el rostro del enigma: "Cuando uno la contempla, no podía menos que rememorar las palabras del poeta: 'La máscara presagia un sentido oculto'."[26] Y nos señala la importancia de las fantasías. ¿Qué hallaría Elizabeth si diera un paso más? Freud ubica la fantasía que subyace al cuadro sintomático en el deseo hacia el cuñado y en la posibilidad de su cumplimiento al morir la hermana. Imagen precisa de la escena edípica, un fantasma de asesinato e incesto que cobra vida. He aquí la causa de la histeria en Elizabeth.

El encuentro con lo traumático toma otros caminos. El sujeto es protagonista, más aun, hay un sujeto que despliega sus deseos, representados en escenarios fantasmáticos. Esta fantasía se cuela en el cuerpo de la paciente y le impide continuar con su vida. La detiene eterna e insistente en el momento mismo de la realización de su deseo por la vía fantasmática. Sí, el tiempo pasa, pero hay algo que no sigue el curso de las horas. Algo que se anuda a una escena, que se incrusta en el cuerpo y permanece en un eterno presente.

---

23 Utilizo aquí este término en el sentido que le da Lacan, un placer de otra índole, o ese oscuro placer en el sufrir que tiene que ver más con lo pulsional que con la significación del síntoma.

24 *Op. cit.*, pp. 153.

25 No hay que olvidar que el deseo es del orden de lo incestuoso, de ahí la imposibilidad de realizarse en acto. Esta realización sintomática respondería a una realización del deseo imaginaria, cuando lo no simbolizado insiste en la reiteración fantasmática articulada en el síntoma a manera de goce.

26 *Op. cit.*, pp. 154.

No hay que dejar de lado que Freud mismo considera éste su primer caso de histeria llevado hasta el final y define aquí su tarea arqueológica: "...arribé a un procedimiento que luego elevé a la condición de método e introduje con conciencia de mi meta: la remoción del material patógeno estrato por estrato que de buen grado solíamos comparar con la técnica de exhumación de una ciudad enterrada."[27] Buscando los cortes en el relato, los agujeros, las fallas de tipo lógico y causal. Algo que en sí parece apuntar a restablecer cierta secuencia cronológica trastocada por los síntomas.

En Elizabeth, el lugar de una hija que cuida a un padre enfermo nos recuerda a Anna O. Se establece así un vínculo entre cuidar al padre y alejarse de los hombres. Para Elizabeth, los síntomas en las piernas parecían asegurarle un lugar al lado del padre. Al morir el padre, ella lo recupera en su síntoma y de esta manera dedica su vida a sostener su lugar. No nos vamos a detener aquí en los detalles del caso, pero me resulta necesario destacar cómo es que ésta escena situada en el pasado es actualizada, vía el síntoma, en el presente. Para decirlo más gráficamente, el padre de Elizabeth revive en sus síntomas. Como una historia de amor que se rehúsa a ser olvidada, pues lo que se actualiza en el síntoma es el deseo incestuoso ligado al padre.

Aquello que impulsa la vida de Elizabeth gira alrededor de llenar el vacío que deja la muerte del padre. Así, se encomienda a la tarea de compensar su ausencia en relación a la madre. El tiempo en el cual transita su vida es otro. Elizabeth nos muestra, con sus síntomas y sus fantasías y anhelos, como se va articulando la historia. Por ejemplo, nos enteramos que sus síntomas se hacen presentes cuando la familia se reúne en unas vacaciones de verano. El deseo realizado en la fantasía se instala esta vez de forma sintomática. Es ahora el cuñado, en el lugar del padre, quien evoca los deseos de Elizabeth. Luego se sumará la dolencia cardíaca, ahora en la hermana y el lugar del enfermo, todos significantes que dibujan el lugar del padre muerto y en torno al cual gira la existencia de

---

27 *Ídem.*

Elizabeth; una existencia gozosa que la deja detenida en una especie de limbo, un lugar sin movimiento, sin deslizamiento.

Cuando Elizabeth inicia el tratamiento con Freud, ella "...vivía desde hacía un año y medio -casi segregada de todo trato social- del cuidado de su madre y de sus dolores".[28] Manteniendo así unida a la familia, o al menos al trío edípico que la incluye, otra vez niña. ¿Es posible detener el tiempo? Al menos esa perece ser la tarea neurótica.

Freud nos muestra una nueva forma de escuchar, produciendo un corte con lo que hasta ese momento se hacía: "Lo corriente era darse por contento con el expediente de que la enferma era una histérica por su constitución misma, capaz de desarrollar síntomas histéricos bajo la presión de una excitación intensa, no importa de qué índole fuera ésta".[29] Es decir, que en este tiempo, ni la historia, ni los deseos del paciente eran tomados en cuenta, mucho menos toma el síntoma en su sentido textual. Inédito freudiano por excelencia, atravesar a la histeria con la temporalidad de la palabra y destapar el lenguaje inmerso en el síntoma. Pero también, puesta en acto de una escena traumática, dado que en el historial de Elizabeth se ve que los síntomas no están ahí sólo para causar pesar al sujeto, se insertan de forma particular con las distintas esferas de su vida, sostienen su cotidiana existencia. Entonces, la fantasía escribe, de alguna manera, la historia del sujeto.

La construcción del relato: el desorden del tiempo

Otro elemento a destacar de este historial clínico es el hecho de que el relato de los eventos traumáticos tuviera un efecto terapéutico. Para ello fue necesario encontrar los puntos en los que éstos se habían enlazados unos con otros; la historia escrita en el cuerpo a través de los síntomas que la represión había torna-

---

28   *Ibíd.,* pp. 159.

29   *Ídem.*

do ajena al sujeto. El sufrimiento psíquico tenía una historia y la curación requería de su relato, de su construcción. Los síntomas llegaban en lugar de los recuerdos, había entonces que descifrar; cada pierna codificaba, en su dolor, un tiempo propio. La primera correspondía al padre y el primer amor y la segunda a los dos cuñados y a la hermana fallecida. Así, en la histeria, el cuerpo no sólo muestra, también dice, y lo hace con insistencia interponiéndose así al olvido.

Las palabras se escriben en el cuerpo: estar de pie, quedar de pie, se van enlazando para imprimir la letra en un cuerpo trazado por el síntoma; tiempo condensado que no fluye. En este sentido, el tiempo deja de pasar cuando las palabras se enquistan en el cuerpo y estas, como un imán, van atrayendo a otras palabras que por asociación van ampliando el territorio del síntoma; entonces la pierna de Elizabeth crece sintomáticamente.

Lo novedoso del planteamiento freudiano es que para detener esta invasión hay que acudir al relato, de seguir ignorando la historia que ahí se oculta, la zona tomada por el síntoma irá creciendo. Caminar duele tanto como estar de pie. Mientras se desenredan estas palabras, surgen otras que van saliendo como los pañuelos del sombrero del mago: se levantó (*aufsteben*), pasos (*binaufgeben*), ahí se sentó (*setzen sich*), yacer (*liegen*), soledad (*Alleinsteben*).[30] En este sentido la descompresión de la historia incrustada en el cuerpo se va abriendo al enlazar ambas escenas, al encontrar el vínculo entre los dolores de ambas piernas, de ambos tiempos. Como si el síntoma atestiguara acerca de esa otra forma de vincular el tiempo de los hechos, no ya cronológicamente, sino un tiempo enlazado por el deseo, por un lado y el dolor, por el otro. Asimismo, la interpretación de Freud, aunque rechazada primero, destapa nuevos recuerdos y permite la construcción de otra historia o si se prefiere, de una nueva perspectiva frente a lo sucedido.[31]

---

30   *Ibíd.*, pp. 166.

31   Me refiero a la interpretación clave en este caso: que Elizabeth está enamorada de su cuñado, *Ibíd.*, pp. 171.

Es evidente que esta nueva manera de acercarse a la histeria produce en parte del mundo científico algunas resistencias, y es al mundo científico a quien Freud presenta sus hallazgos. Es representativo de ello el comentario de Freud respecto a esta diferencia: "No he sido psicoterapeuta siempre, sino que me he educado, como otros neuropatólogos, en diagnósticos locales y electro-prognosis, y por eso a mí mismo me resulta singular que los historiales clínicos por mí escritos se lean como unas novelas breves, y de ellos esté ausente, por así decir, el sello de seriedad que lleva estampado lo científico".[32] Pero continúa más adelante con la ventaja de esta nueva perspectiva: "Tales historiales clínicos pretenden que se los aprecie como psiquiátricos, pero en una cosa aventajan a estos: el íntimo vínculo entre historia de padecimiento y síntomas patológicos que en vano buscaríamos en las biografías de otras psicosis".[33] Quiero destacar esta afirmación, pues el vínculo que aquí se está estableciendo en contrapartida con la biografía psiquiátrica, es la inclusión de una temporalidad que ha estado sumergida y taponada, intentado hacerse escuchar a través de los síntomas y que debió esperar al encuentro con este neurólogo vienés para tomar su lugar en la subjetividad.

Este tiempo que se va destapando, se muestra particularmente nuevo para Freud en la forma en la que las pacientes relatan sus recuerdos. Así, en el relato de Emmy, "...la vivencia más fresca y reciente del fascículo aparece primero como "hoja de cubierta" y la hoja de cierre está constituida por aquella impresión con que en realidad empezó la serie".[34] Y agrega que además hay otra manera de ordenar los recuerdos: "...están -no puedo expresarlo de otro modo- estratificados de manera concéntrica en torno del núcleo patógeno".[35] Los recuerdos se organizan a la manera de capas que recubren la representación patógena original, rodeando el núcleo

---

32   *Ibíd.,* pp. 174.

33   *Ídem.*

34   *Ibíd.,* pp. 294.

35   *Ídem.*

patógeno; la resistencia aumentaría conforme se avanza hacia dicho núcleo, lo que da la idea de aquello que el síntoma custodia, la falla en la simbolización. El caso Elizabeth resulta paradigmático de ello: amar a su cuñado y sustituir ante él a su hermana muerta, representa lo prohibido y es la imposibilidad de simbolizar este deseo aquello que la lleva a sumergirse en el hogar de sus padres, por siempre niña.

La temporalidad del relato del paciente y del trabajo del médico, va mostrando su divorcio respecto a las leyes lineales y cronológicas cuyos hechos se enlazan siguiendo la secuencia cronológica de acuerdo a cómo se presentaron; del nacimiento a la muerte de un individuo, fila de acontecimientos que conservan su lugar asignado. Por el contrario, de lo que Freud nos va dando cuenta, no sin sorpresa, es que esta linealidad queda atravesada por otra temporalidad organizada de manera distinta.

Freud nos dice que: "El nexo lógico no se corresponde con una línea quebrada en zig zag, sino más bien con un sistema de líneas ramificadas, y muy en particular convergentes. Tiene puntos nodales en los que coinciden dos o más hilos, que desde ahí vuelven a devanarse unidos; y en el núcleo desembocan por regla general varios hilos de trayectorias separadas o que muestran a trechos conexiones laterales".[36] Veamos cómo podemos aclarar esto, el núcleo patógeno parece funcionar como imán que atrae las distintas cadenas de asociaciones, ramificadas, dando la idea de una especie de tela de araña perfectamente construida. Pues bien, esta tela de araña, para su construcción, se sirve del lenguaje. Lenguaje que se pone en acto en las distintas escenas que subyacen en la vida del sujeto. Así cada escena, por ejemplo el paseo con el cuñado o la muerte de la hermana, lleva consigo asociada una palabra que la representa, la inscripción con la que queda enlazada en la tela de araña. Y al mismo tiempo cada una de estas escenas, le da letra, es decir, activa la primera, núcleo patógeno, escena traumática.

---

36 *Ibíd.*, pp. 295.

Así es como, por un lado, tenemos el material de las cadenas asociativas, en nuestro ejemplo, la tela de araña, y por otro lado, este núcleo patógeno que parece atraer hacia sí a estas cadenas asociativas. ¿De qué se compone el núcleo patógeno? Tendremos que esperar a la construcción de "Tres Ensayos..." para que quede más claramente elucidado. Pero el recorrido hacia este núcleo patógeno ya ha empezado. La teoría de la escena de seducción, que Freud desechará en 1887, le abrirá la puerta hacia la creación de un nuevo espacio, habitado por pulsiones traviesas, desordenadas, parciales, es decir sin vínculo aparente.

LA LÓGICA DE LO INCONSCIENTE

Freud trabaja simultáneamente dos textos que responden a dos temporalidades que aquí, en "Estudios..." quedan esbozadas. Por el camino de los sueños, red de asociaciones, de elementos simbólicos que van hilando un discurso latente, llega a la creación de este universo de pulsiones infantiles. La sexualidad infantil se erige como un espacio nuevo, un tiempo que antes no estaba reconocido. Freud coloca este tiempo de sexualidad infantil en el escenario de la vida. Ahora el pasado es otro. ¿Qué relación tenemos con ese niño que fuimos, con esa sexualidad infantil que nos habitó en este pasado que ahora emerge? El caso Dora, junto con Fliess, articulan este tránsito en el que Freud, por un lado establece a la sexualidad infantil en el lugar de este núcleo patógeno y al mismo tiempo, se incluye en la escena del paciente. Los sueños ejemplifican la escritura del inconsciente y establecen la relación con el núcleo patógeno.

No nos extrañará el cada vez más lento recorrido necesario en el tratamiento, a partir de ahora, psicoanalítico, por cuanto ya Freud en este tiempo pudo vislumbrar que: "Es totalmente infructuoso avanzar en forma directa hasta el núcleo de la organización patógena. Y aunque uno fuera capaz de colegirla, el enfermo no sabría qué hacer con el esclarecimiento que se le obsequia, ni sería alterado psíquicamente por este último".[37] Faltaría aquí lo que luego se conceptualizará como un tiempo de elaboración. Pero también, nos da la idea de un recorrido necesario, que circule por otros caminos alternos, no ya el camino principal, el más directo, el más rápido. Será necesario realizar un amplio recorrido por los caminos laterales, por la tela de araña. Desvíos, atascos, caminos sin pavimentar, retrasarán sin duda el acceso al núcleo patógeno, un acceso que de cualquier manera sería desafortunado para el paciente.

En cierta forma, el caso de Elizabeth es el precursor directo del caso Dora y podemos ver la diferencia sustancial en el cambio de lugar de Freud. Con Elizabeth, Freud es un observador, con Dora, está claramente inserto en la cura; ahora, Freud presta su cuerpo para ser incluido en la novela del paciente y lejos de ser un personaje secundario, se convierte en el destinatario principal de los síntomas. Así, la escena traumática que oculta los síntomas se pone en acto en la transferencia. ¿Cómo un universo paralelo? ¿O estamos acaso ante una sola escena que se ubica como enlace entre los diversos escenarios de la vida del paciente?[38]

Dado que el texto "La interpretación de los sueños" es contemporáneo de este cambio de lugar de Freud en el tratamiento de sus pacientes, tengo la tentación de considerarlo como el "Caso Freud" no sin reservas dado que ya Freud mismo exponía a Fliess que: "Mi autoanálisis sigue interrumpido; pero ahora advierto por qué. Sólo puedo analizarme a mí mismo mediante nociones adquiridas objetivamente (como si fuese un extraño); el autoanálisis es, en realidad, imposible".[39] Será necesario que alguien encarne el lugar del analista, para que el análisis en tanto tal ocurra.

De cualquier forma, podemos apreciar en "La interpretación de los sueños" cómo su autor se deja atravesar por los elementos con los que se va encontrando en la clínica. Así, antes de interpretar los

---

37 *Ibíd.*, pp. 297.

38 Más adelante retomaré este punto que con Dora se bosqueja y con el Hombre de los lobos queda explícito.

39 Freud, S. "Los orígenes del psicoanálisis. Carta Nº 75 de Freud a Fliess del 14/11/97", en: OC, Tomo III, *op. cit.*, pp. 3591.

sueños de sus pacientes, ya ha interpretado los suyos. Se reconoce que el analista está incluido en la fantasmática del paciente y será ahora Dora quien le descubra a Freud este lugar esencial para el tratamiento psicoanalítico: el lugar en la transferencia.

Si bien en los sueños, Freud nos explica la forma en la que el inconsciente se las ingenia para realizar los deseos que emanan de la sexualidad infantil, con Dora asistimos al vínculo entre ésta y la puesta en acto de la realidad inconsciente, compuesta de deseos, tanto en la transferencia con Freud como en las relaciones que Dora mantiene con su entorno. La escena del sueño se repite en análisis tanto como en las relaciones con la pareja parental y la conformada por la de los K. La novela del sujeto tiene como soporte fantasmas y deseos inconscientes. El cuadro se va completando y para poder modificar esta dinámica, el analista deberá incluirse en la realidad psíquica del paciente y servirse de los lugares en los que éste lo va colocando para realizar las intervenciones. Así, una palabra enunciada desde un lugar de la transferencia y en un tiempo en particular, no tendrá el mismo efecto que si se enuncia desde otro lugar. La palabra muestra tanto su esencia temporal como su articulación al tiempo que la evoca.

Con el trabajo de los sueños, se va haciendo más evidente que de lo que aquí se trata opera desde una temporalidad distinta: presente permanente que insiste en realizarse. Sin embargo, hay algo aquí que nunca pasa, que no es realizable, por eso la insistencia y el fracaso; pero también el constante movimiento: "...los deseos inconscientes permanecen siempre alertas. Constituyen caminos siempre transitables tan pronto como una cantidad de excitación se sirve de ellos. (...) Y aún es una particularidad destacada de los procesos inconscientes el permanecer indestructibles. En el inconsciente a nada puede ponerse fin, nada es pasado ni está olvidado".[40] Particularidad del tiempo del inconsciente que parece transitar por los mismos caminos y nunca se gastan, en una suerte de circuito. Como si algo siempre quedara en estado de duermevela, listo para ser despertado.

---

40 Freud, S. "La interpretación de los sueños", en: OC, Vol. V, pp. 569.

Recuerdos que no pasan, escenas que despiertan al pasado, deseos cuya fuerza indestructible puja y logran por ello salir a la superficie de un tiempo cuya linealidad trastoca. Encuentro de dos tiempos disímiles, de lógicas irreconciliables, que sin embargo se entrecruzan dando lugar a nuevos escenarios, a nuevas versiones de un pasado oculto; y así, cada versión va dando una pista del origen.

En este momento del desarrollo freudiano la terapia consistirá en poner un orden en este tiempo desbocado. Freud lo expresa en estos términos: "Precisamente aquí tiene que hincar el diente la psicoterapia. Su tarea consiste en procurar a los procesos inconscientes una tramitación y un olvido".[41] La tramitación se realiza por medio del relato que involucra la asociación de ideas. El olvido de los deseos inconscientes es posible cuando se actualizan en la transferencia.

El analista en la transferencia: de Fliess a Dora

Si Dora le muestra a Freud las fisuras del saber, Fliess sostiene el ideal. Con Dora, Freud, se encuentra con que la realidad externa está configurada de acuerdo a las fantasías del paciente y que hay un desacuerdo entre ésta y la supuesta realidad objetiva que en este caso, es relatada por el padre. Ya con Elizabeth, Freud había recurrido al discurso de la madre para corroborar la historia de su paciente; esto mismo se vuelve a repetir en Dora y señala la dirección del fracaso. Freud se ve así envuelto en la trama ficcional de su paciente y juega el papel destinado para él.

Hay una frase que sostiene la ficción de Dora, enunciada por el Sr. K. en la escena del lago a partir de la cual se desencadena la enfermedad: "Mi mujer no es nada para mí",[42] en torno a esta frase

---

41   *Ídem.*

42   Sobre este punto ver el desarrollo de Jacques Lacan: "Intervención sobre la transferencia", en: *Escritos* 1. Buenos Aires, Siglo XXI, 1988, pp. 213.

irá sosteniendo su presente; lo que habría que evitar es ese lugar de una mujer que no es nada para el deseo de un hombre. Una frase que establece lugares y define un libreto. Dora se colocará como causa del movimiento de esta historia: los actores van y vienen, hacen y no hacen, mientras ella observa desde el lugar que causa la escena que ella necesita para sostener su deseo. Freud se inserta en esta dinámica e insiste en que para Dora, hay un hombre para el cual, ella, que es mujer, sí es algo. Si Dora se resiste a incluirse en la escena, es justamente porque ese lugar deberá quedar a distancia para ser ocupado siempre por otra.

El telón de fondo de este momento en la obra freudiana se encuentra en la correspondencia con Fliess.[43] ¿Quién es este personaje? ¿Qué lugar ocupa para Freud? La relación con Fliess parece estar sostenida por el ideal, por un lado y por la necesidad de un interlocutor que no entorpezca el movimiento. Mientras Fliess cumple este papel la cosa camina, cuando Fliess demanda, reclama o se muestra ofendido, las cosas cambian. Fliess parece destinado a la caída, al igual que la relación con Breuer. Sin embargo, para Breuer, encontramos un reconocimiento en las *Obras Completas*, no así para el antaño querido amigo.

Con Fliess comparte elucubraciones teóricas tanto como momentos de dificultad y también, temas de su vida personal y cotidiana como el nacimiento y crecimiento de sus hijos. Entre lecturas de manuscritos, apreciaciones y críticas, los dos hombres comparten amistosos encuentros y suelen a menudo derivarse pacientes mutuamente. ¿Qué fue lo que impresionó a Freud de Fliess en aquel primer encuentro en otoño de 1887?, cuando Fliess, por sugerencia de Breuer, escuchara las conferencias de Freud sobre neurología. De enigmas se nutre la transferencia, el deseo del Otro queda seguido de puntos suspensivos que sostienen justamente el interés. Así, uno y otro tantearán los caminos del deseo por medio de teo-

---

43   La correspondencia entre Freud y Fliess se extiende de 1887 a 1902, sin embargo, el tono más personal e íntimo de la relación entre ambos, se refleja en las cartas a partir de 1892.

rías y escritos de cuyo destinatario esperarán siempre una palabra. Que la respuesta del otro relance el movimiento, las ganas de seguir escribiendo o por el contrario las detenga, será parte de esta temporalidad propia de la transferencia.

Hay palabras que se anudan a la resistencia y otras que sueltan las barreras que ésta pone al continuo deslizar del deseo. Hay palabras que extravían y a pesar de ello, nutren el siguiente encuentro. El lugar desde donde la palabra es pronunciada, es fundamental para seguir los hilos del tiempo del inconsciente. En este trabajo, señalaremos sólo algunos tiempos en la transferencia "Freud-Fliess". En este sentido los destaco como una unidad, pues es probablemente de esta forma como se entienda que la transferencia sirvió a la construcción del psicoanálisis, como un campo en donde sólo hay lugar para un inconsciente.

Es claro que "Freud-Fliess" está lejos de poder definirse como una relación analítica, pero justamente nos permitirá realizar el lazo entre ésta y la escena cotidiana de la cual surge. Esto nos lleva directamente a la idea lacaniana de que el inconsciente hace lazo social, pues la construcción de la teoría freudiana se hizo apoyada en el lazo social, en la transferencia.[44]

En cierta forma, Freud deja el camino de la sugestión/hipnosis en el declive de su amistad con Fliess. Quizá algo del enamoramiento que Freud vinculará en años posteriores con la hipnosis, estuviera operando como resistencia; aunque por otro lado este interlocutor y no otro, lo llevó desde Breuer hasta el psicoanálisis.

Si Breuer y Charcot avalan a Freud con sus nombres, la relación con Fliess transitará otros senderos: el de la complicidad y mutua admiración. Por momentos, da la sensación que Fliess es elegido por Freud como compañero de un largo y solitario recorrido, aquel que lo llevará a fundar el psicoanálisis. Por otro lado, parece evidente que en su búsqueda de un nuevo tratamiento para la histe-

---

44   Habría que aclarar que la transferencia que se establece con los otros, no es equivalente a la transferencia analítica que se diferencia justamente por el lugar del analista, tema que veremos más adelante.

ria, Freud va notando cómo las palabras lo tocan también a él. De esta forma se va incluyendo en la fantasmática de su paciente y por ello, puede reconocer que la transferencia es condición de este nuevo tratamiento.

Es en la relación con Fliess donde vemos a Freud buscar y bucear por la maraña de palabras y sentimientos que lo van poblando donde, junto a la teoría, relata a Fliess también sus angustias, preocupaciones y fracasos: "No he aprendido lo suficiente como para ejercer esa medicina..."[45] le confía al amigo en respuesta a una sugerencia de Fliess. Es posible que le hiciera sugerencias del estilo en respuesta a las quejas de Freud sobre su apretada situación económica, por supuesto Freud, como la mayoría de los neuróticos, rechaza el consejo pues la cosa va por otro lado, "...en mi formación médica hubo un vacío que sólo más tarde pude colmar a duras penas. Logré aprender justamente lo necesario para convertirme en neuropatólogo, y ahora carezco, no de la juventud, pero sí del tiempo y de la libertad necesarios para recuperar lo perdido. Durante este invierno estuve muy ocupado, pudiendo mantenerme a duras penas con mi muy numerosa familia[46], sin que me quedara tiempo para el estudio".[47]

Así las cosas, quejas mediante, esa falta de libertad lo llevará sin embargo por el camino más difícil. Además de confidente de sus quejas, Fliess parece también ser el soporte de algo que le permite seguir andando, "Aunque en todo lo demás me siento muy satisfecho -aun feliz, si usted quiere-, estoy muy aislado, científicamente embotado, entregado al ocio y resignado. Cuando a través de nuestras conversaciones advertí lo que usted piensa de mí, yo mismo comencé a sentirme más seguro de mi mismo, y el cuadro de confiada energía que usted me ofreció no dejó de ejercer su efecto. Nuestro encuentro también me habría beneficiado profesional-

---

45   Freud, S. "Carta Nº5 de Freud a Fliess del 29/8/88", en: OC, *op. cit.*, pp. 3472.

46   Lo de numeroso en este tiempo no se refería a sus hijos, pues en esta época sólo tenía a la pequeña Mathilde, pero Freud como primogénito, era quien se encargaba de sostener a su madre y otros parientes.

47   *Op. cit.*, pp. 3472.

mente, y quizá hubiese aprovechado asimismo el contacto con la atmósfera de Berlín, pues desde hace algunos años no tengo ningún maestro y estoy dedicado casi exclusivamente al tratamiento de las neurosis".[48] Fliess de esta forma se convierte en el puente entre ser alumno y posteriormente ser maestro, es el recurso que encuentra Freud para sostenerse en este solitario camino que ha elegido: el de fundador.

A través de sus cartas, Freud va nombrando su deseo: "Un hombre como yo no puede vivir sin un caballito de batalla, sin una pulsión dominante, sin un tirano, para decirlo con las palabras de Shciller. Encontré, por fin, ese tirano, y ahora no conozco límites para servirle. Mi tirano es la psicología,... que fue siempre mi meta, lejana, pero cautivante, y que ahora, desde que di con las neurosis, se me ha tornado tan próxima. Dos ambiciones me atormentan: primero, averiguar cuál será la teoría del funcionalismo psíquico, si se introduce el enfoque cuantitativo, una especie de economía de la energía nerviosa, y segundo, extraer de la psicopatología cuanto pueda ser útil para la psicología normal".[49] Está claro que Freud seguiría en este propósito. Aunque por momentos, se lo vea confundido en la idealización del amigo. Así, más adelante, en la misma carta agrega: "Si realmente has resuelto el problema de la concepción, convendría que empezaras a pensar qué tipo de mármol te gustaría más para tu monumento".[50] Pero Freud no tardaría en mostrarse un poco más crítico y de esta manera, Fliess, va pasando del lugar idealizado que le otorgó en un principio, a su anunciada caída; una fractura de la idealización que al mismo tiempo lo va haciendo girar hacia otro lugar.

La pulsión muestra su espíritu, se mueve, circula, se desliza y va poblando nuevos territorios. En la siguiente carta Freud contesta, a una carta que sólo podemos suponer: "...No creas que dudo de tu teoría periódica simplemente porque tus observaciones y las de tu

---

48   *Ibíd.*, Carta Nº 6 del 1/8/90, pp. 3473.
49   *Ibíd.*, Carta Nº 24 del 25/5/95, pp. 3516.
50   *Ídem.*

mujer no estén a salvo de preconcepciones; sólo quiero evitar que entregues a tu enemigo, el señor publicus, algo que lo obligue a ejercitar la mente -como por desgracia siempre lo hago yo-, pues suele vengarse con crueldad de semejante pretensión".[51] Se ubica a esta carta como el inicio del cambio de la relación entre ambos[52], sin embargo, la correspondencia durará unos cuantos años más. Un poco más de un año después leemos: "La verdad es que andamos de la mano en nuestros padecimientos, pero no en nuestras obras. Nunca imaginé nada semejante a este periodo de parálisis intelectual que estoy pasando. ...Tú, en cambio, vuelves a estar en pleno florecimiento; pero por más que abro de par en par todas las puertas de mi sentidos, no comprendo nada...".[53] Lo que podemos entender como un malestar que se le está haciendo presente, un comentario de Freud que evidencia el movimiento que se está efectuando, la fractura narcisista que derivará necesariamente en la separación que descubre la diferencia y pone al sujeto al resguardo de una asimilación al Otro. Al mes siguiente esto se hace explícito: "Todavía no sé qué me ha pasado: algo surgido del más profundo abismo de mi propia neurosis se opone a todo progreso mío en la comprensión de las neurosis, y de alguna manera tú estás envuelto en ello. En efecto, la inhibición de escribir me parece destinada a impedir nuestras relaciones. No puedo demostrarlo, pero siento que es así de alguna incierta manera".[54] Tomando en cuenta la importancia de servir a su tirano, la psicología, ¿no es esto una manera de despedirse?

Apenas dos meses después de tomar este camino, Freud declara en otra carta: "...ya no creo en mis neuróticas".[55] Dando por finalizada la célebre teoría de la seducción y abriendo la puerta al universo de las fantasías inconscientes, descubrimiento fundamental que le permitirá avanzar hacia la fundación del psicoanálisis.

---

51   *Ibíd.*, Carta 43 del 16/3/96, pp. 3542.

52   *Ídem,* en nota al pie de página 1810.

53   *Ibíd.*, Carta 65 del 12/6/97.

54   *Ibíd.*, Carta 66 del 7/7/97.

55   *Ibíd.*, Carta 69 del 21/9/97.

La idea de que la escena traumática pueda ser una fantasía cambia completamente la perspectiva de Freud. ¿De dónde surge esta fantasía? La sexualidad infantil y la interpretación de los sueños emergerán como respuestas. El pasado cambia así su forma, ahora la infancia es un continente de pulsiones que empujan y construyen ficciones, que traducidas en los sueños, se perfilan como la realización de deseos indestructibles e imperecederos. La nueva terapia que Freud persigue se hace cada vez más explícita. Si se traducen estos sueños que a manera de jeroglíficos, y tomando el modelo del síntoma, aparecen como una historia críptica, se puede llegar a la escena traumática que, ahora, representada en la fantasía, es causa de la neurosis. No sería entonces un hecho acontecido en la realidad, la seducción por parte de un adulto, aquello que estaría en el origen de la neurosis; a la escena de seducción la sustituye la fantasía de un deseo. Una vez abierto el agujero, la relación con Fliess sólo podrá esperar concluir.

Es ilustrativo recordar que el abandono de la teoría de la seducción es contemporáneo también con la muerte de Jacob Freud. Es este tiempo que corta, que cruza y se dirige, empujado por el deseo, a derribar las paredes que la neurosis construye. Al destronar al padre, también se tambalea el reino y Fliess cae como parte de ese reino que ya no es posible sostener. Un velo caído resitúa al sujeto en torno a esa verdad ahora evidente, los lugares se mueven, ya no es posible volver atrás. Los cambios subjetivos de Freud se vislumbran también como cambios importantes en su teoría. Parte de su originalidad es haberse inscrito en su teoría y mostrar cómo el deseo es capaz de producir los giros más bruscos y el abandono, sin piedad alguna, de viejas ficciones.

Las herencias del padre

Para continuar con el trazado temporal de la obra freudiana, tomaré como segundo momento aquel que transcurre entre "El caso Juanito" de 1909 y "Tótem y tabú" de 1913.

Este periodo se distingue por la conformación del psicoanálisis como institución y el entorno político y social que llevará a la Primera Guerra Mundial de 1914. En un momento en el que Freud cuenta con una disciplina ya formada, con una técnica y un nombre propio, busca expandirse, llevar al psicoanálisis fuera de las fronteras vienesas. El psicoanálisis como disciplina está fundado, ahora habrá que fundar la institución psicoanalítica.

A través de tres casos clínicos: Juanito, Hombre de las ratas y Schreber, Freud va directamente hacia el lugar del padre como elemento articulador en la estructura psíquica. Si en "Tres ensayos…" se mostraba la materia del inconsciente, deseos efervescentes y atemporales, aquí lo que se revela es el lugar en torno al cual se sostiene la historia tejida en Edipo. Deseo, culpa y castigo se articulan como pilares de lo que será el telón de fondo de la novela del neurótico: su lugar en la trama edípica; y si el objeto materno como objeto amoroso se muestra evidente, no así el lugar del padre.

¿Qué sostiene al padre en ese lugar? ¿Por qué el niño, en su fantasía, lo mata y le perdona la vida? ¿De qué elementos se sirve para sostenerlo inalcanzable en su trono?

El padre va mostrando su rostro difuso, aquel que se erige como el último elemento ante el vacío. Si en Juanito se destacan las consecuencias de su ausencia y por ello, la función que cumple respecto al deseo del Otro, en el deseo materno, en el Hombre de las ratas este padre toma la cara de la crueldad; de aquel que infringe el castigo ante el crimen cometido. Schreber nos mostrará la necesidad de construir un padre cuando éste más que ausente es inexistente. Dado que no hubo padre en tanto articulador de la ley simbólica, el lenguaje Schreberiano se desorganiza en un remolino de sinsentidos que insisten en buscar su origen. Como si las palabras mismas fueran desesperadamente tras su orilla. El delirio surge como un reemplazo posible de este agujero, de este nombre que no llegó a ser inscrito, quedando así la novela individual desprovista de un punto de apoyo del cual el sujeto pudiera sostenerse; pues es la historia aquello que se desbarata en el discurso del presidente Schreber. En este sentido, la psicosis se plantea como el mejor ejemplo de que la estructura subjetiva implica en sí misma esta tendencia al anudamiento.

TIEMPOS EN MOVIMIENTO

Al quedar sin nombre el lugar del padre idealizado (ocupado por sus maestros, Meynert, Charcot, Breuer), pero sobre todo luego de la muerte de Jacob Freud en octubre de 1896, el padre irá tomando poco a poco su lugar preponderante en la teoría psicoanalítica. Si la histeria es quien, con su deseo insatisfecho, le abre a Freud la puerta al universo discursivo inscrito en el cuerpo sintomático, es posteriormente el padre, como lugar simbólico, aquello que se ubicará como el pilar de la teoría psicoanalítica. Y serán ahora Juanito, el Hombre de las ratas y Schreber, quienes tomarán el relevo a las histéricas de los primeros tiempos e irán dando cuenta de este importante giro en la teoría freudiana.

No olvidemos que a este escenario teórico se le superpone la caída del Imperio Astro-Húngaro. Construir el lugar simbólico del padre, a pesar de los embistes de su entorno, será una tarea a la que Freud se entregará, y en franca oposición a la psiquiatría de su época, se prepara para ir ocupando el lugar del padre simbólico que sustenta su teoría. Personajes como Abraham, Jones, Eitington y Ferenczi surgen directamente de este tiempo. "Es importante para la historia del psicoanálisis el hecho de que Freud fuera en gran medida el hijo de su padre, que soñara y se preocupara más por las relaciones con el padre que por las relaciones con la madre...".[56] Es así que Freud, como Edipo, con su deseo, mata al padre y luego lo construye, restituyéndole su lugar simbólico.

En tiempos anteriores a la guerra, la vida de Freud transcurría de manera organizada, un reloj preciso regulaba sus actividades. Horas de comida, de trabajo en el consultorio, de elaboración teórica: tenían un lugar asignado en su itinerario cotidiano. Pero también sus ratos de ocio: caminatas, visitas a su madre los días domingo y los juegos de cartas con su grupo de amigos. Interesante contraste con esa otra esfera en donde iba descubriendo un tiempo cuya lógica no atendía a la del tiempo cronometrado. Este otro tiempo que también exigía un trabajo, se apartaba de los requerimientos de la vida productiva de las sociedades occidentales. Es el caso, por ejemplo, del tiempo de tramitación del duelo y de las producciones del inconsciente, los que irán reclamando su lugar. Pero será, posteriormente, el tiempo pulsional, aquel que reflejará el silencio de un tiempo sin lugar en la memoria y su necesidad de circulación.

Señalemos esta contradicción, por un lado esta época en la vida de Freud se desenvuelve con cierta calma, no más penurias económicas, no más andar solo con sus ideas. Por el otro, es también el período que se extiende entre el nacimiento del psicoanálisis y la caída del Imperio Astro-Húngaro: metáfora del pasado que es atravesado por lo inédito que sigue la lógica del encuentro y del tiempo a construir. Pues bien, este tiempo da cuenta sobre todo del lugar del padre en la teoría: un mito, un padre asesinado que toma su lugar simbólico vía el tótem y gracias a su muerte. De esta forma concluye el asesinato de aquel padre perverso que la Teoría de la seducción soportaba. Como si el duelo que Freud calificara como el más importante en la vida de un hombre (el de su padre) abriera la puerta para encontrar, en la clínica, su lugar en la estructura psíquica. El padre, con el texto "Tótem y tabú", aparece como el soporte de la civilización, de la ley y del amor fraterno. El deseo

---

56   Gay, P. *Freud, Una vida de nuestro tiempo.* México, Paidós, 1989, pp. 117.

de la madre por el contrario, irá en otra dirección acentuando cada vez más su lugar de enigma.

JUNG: HEREDERO DE UN TRONO VACÍO

Los primeros discípulos del psicoanálisis estuvieron unidos al deseo de Freud de encontrar un heredero, alguien que asegure el lugar del psicoanálisis en el mundo. Para ello debía reunir, entre otras cosas, dos características: que no fuera judío ni austríaco. Viena no le termina de dar el lugar que él anhela y es en el extranjero, hacia donde dirige ahora su transferencia. El movimiento transferencial es notorio, ahora él es padre, maestro y consejero.

Cuatro nombres resultan representativos[57]: Ferenczi (1873-1933), Abraham (1877-1925), Jones (1879-1958) y Eitington (1881-1943). Los cuatro extranjeros, los cuatro vinculados de una u otra manera a Jung (1875-1961).[58] En estos años lo extranjero se va asociando cada vez más con lo psicoanalítico. Como si el origen de exclusión y de exilio del cual emergió el discurso psicoanalítico fuera también marcando su recorrido por los bordes y fronteras, dibujando ya ese objeto extranjero que irrumpe como extraño y como anhelo.

Estos hombres y en particular Jung (con el que Freud se encontraría en 1907, aunque la correspondencia se iniciara un año antes), serán ahora los protagonistas en la transferencia de Freud. Discípulos, pero también, interlocutores de nivel, mantendrán con Freud una relación amistosa y fructíferas correspondencias. La transferencia antaño monopolizada en Fliess de la gestación del psicoanálisis, será reemplazada por este ramillete de personalidades brillantes que irán en consonancia con los avances en la teoría y la clínica de estos años. Lo que dará también un respiro al

---

57 Ferenczi y Jones se encontraron por primera vez con Freud en 1908 y Abraham y Eitington en 1907.

58 Todos pasaron por el Hospital para enfermos mentales de Burgholzli donde Jung era médico residente.

rechazo y crítica de su teoría en los círculos médicos que dejó al psicoanálisis, desde su origen, en un complejo lugar de exclusión y fascinación. Dice Peter Gay: "...la resistencia al psicoanálisis, a través del rechazo obtuso, de la murmuración maliciosa o del silencio significativo, seguía siendo inamovible y penosa. Desde luego esperar algo distinto hubiera sido carecer de realismo; si Freud estaba en lo cierto, psiquiatras eminentes, la mayoría de ellos demasiado viejos como para cambiar de ideas, tendrían que arrojar a la basura los artículos y libros de texto que habían escrito".[59]

Las resistencias al cambio suelen manifestarse ruidosamente y el psicoanálisis no podía escapar a ello, pero: ¿Acaso el psicoanálisis pudo alguna vez traspasar esa barrera que la resistencia impone? ¿Es posible que el psicoanálisis, engastado en su origen, se reserve la ribera de la subversión? Después de todo, ¿no es acaso la subversión del sujeto respecto de su propia historia, lo que se produce en un análisis? Cada paciente, en cada análisis, será el protagonista de su propio inédito respecto al lugar ocupado hasta entonces, en el interior de su novela familiar. Ese movimiento que puede resultar caótico y amenazante para un paciente, no escapa de esta lógica con la que el psicoanálisis se incluyó en el espacio social reservado a la disciplinas del saber.

Lo extranjero, la exclusión del psicoanálisis del círculo privilegiado del saber y el lugar del padre, marcaron este tiempo coronado por el estallido de la Primera Guerra Mundial (1914-1918). El psicoanálisis emerge de una sociedad en crisis y parte de esa crisis por la que atraviesa la sociedad vienesa, se vincula directamente con lo extranjero. "Lo judío" y "lo eslavo", que posteriormente tomará relevo en "lo comunista", son los emblemas que representan lo extranjero a ser eliminado. Resulta que, en la nueva disciplina que va creciendo, lo extranjero es al mismo tiempo lo externo y lo interno. El célebre análisis de las *Memorias* de Schreber nos deja en claro esta proposición.

---

59   Gay, Peter. *Op. cit.*, pp. 228.

Dice Freud: "No era, por tanto, exacto decir que la sensación interiormente reprimida es proyectada al exterior, pues ahora vemos más bien que lo interiormente reprimido retorna desde el exterior".[60] Este mecanismo que Freud resalta para la paranoia es fundamental pues establece el vínculo entre lo externo y lo interno. Si en la neurosis este vínculo queda camuflado en la fantasía, en la psicosis el fantasma se muestra como algo externo, que sin embargo conlleva una verdad histórica del sujeto.

LAS COSAS QUE NO FUNCIONAN: EL HIJO SE REBELA

En la relación con Jung, Freud ocupa el lugar paterno, al mismo tiempo que Jung es el hijo elegido para llevar adelante los designios del padre. No es tanto el deseo de Jung como su avidez por complacer a un padre exigente, aquello que parece vincularlo a Freud. Poco importa si éste no se muestra realmente exigente y si recurre, para no perder al hijo elegido como sucesor, a pasar por alto desvíos fundamentales respecto a la teoría psicoanalítica. Esto se repetirá de alguna manera con Anna Freud. Así Fliess, Jung y Anna, nos dejan ver que para Freud, como para cualquiera, la transferencia prima muchas veces sobre la verdad o lo que podría ser lo mismo, ésta queda condicionada a la transferencia. Entonces, para conservar al padre, se inventarán los más increíbles razonamientos, aún en desmedro de la evidente inteligencia del sujeto.

La relación con Jung se inicia en 1906 y termina oficialmente en 1915, aunque los conflictos se inician en 1912. Algunos años antes, en 1911, la ruptura se produce con Adler. Es claro que la relación con Adler no fue tan importante como con Jung. Aquí la tomamos como su precursora directa, son Fliess y Adler las referencias que toma Jung para prometer a Freud ser diferente. Parece existir, en

<hr>

60   Freud, S. *Observaciones psicoanalíticas sobre un caso de paranoia (dementia paranoides), autobiográficamente descrito (caso Schreber)*.OC, Tomo II, *op. cit.*, pp. 1523

las relaciones transferenciales de Freud, la fantasía siempre implícita de la ruptura.

Como primogénito elegido para la sucesión, Jung termina derribando a Freud, no sin violencia. Es interesante resaltar que, una vez más, el elemento perturbador es la teoría sexual. La diferencia de posturas en relación a la sexualidad estaba puesta sobre la mesa desde el inicio: "Jung... atascado en una crisis doméstica producida por lo que denominaba sus 'componentes poligámicos', le dijo confidencialmente a Freud que estaba reflexionando sobre 'el problema ético de la libertad sexual'."[61] Tanto lo religioso como lo sexual se iban afianzando cada vez más como los temas esenciales del profundo desencuentro entre ambos. Aún a pesar de esta diferencia en dos de los temas fundamentales de su teorización, insistía en que Jung era el indicado para el relevo. De cualquier manera, Freud nos va dando pistas de las razones para esta elección: "Quédese tranquilo... estoy dejando para usted la conquista de lo que ni yo mismo puedo controlar; ¡toda la psiquiatría y la aprobación del mundo civilizado, que está acostumbrado a considerarme como un salvaje!".[62]

Jung, a pesar de ir en contra de principios fundamentales para el psicoanálisis, seguía siendo el sucesor ideal, el elegido para llevar el nombre del psicoanálisis a mejor puerto en el reconocimiento social. Freud parecía apuntar por sobre todo a ubicar a su "hijo científico", en un lugar de mayor aceptación y para ello eligió a alguien con el suficiente prestigio dentro de la psiquiatría. Fue como sostener un edificio condenado a derrumbarse.

Si por un lado Freud tranquilizaba al inquieto heredero, por el otro se abocaba al trabajo de temas que sabía eran polémicos entre ambos, un combate teórico de firmes e irreconciliables postulados. Así, no es sólo el hijo quien se ve llevado a asesinar al padre, es también éste quien lo promueve. Durante el tiempo que trabajó en su investigación sobre "Tótem y tabú", solía compartir el tema

---

61   Gay, P. *Op. cit.*, Carta de Jung a Freud, pp. 264.

62   *Ídem.*

con Jung, la respuesta de éste es más que ilustrativa: "...es muy embarazoso para mí que usted aborde esta área, la psicología de la religión. Usted es un competidor peligroso, si es que se quiere hablar de competencia".[63] Si en un principio promovió el asenso de Jung al interior del psicoanálisis, posteriormente se le haría imprescindible sacarlo del lugar de portavoz que él mismo le había otorgado; Jung amenazaba con desplazar sus teorías, omitiendo los temas polémicos del psicoanálisis que había colocado a esta nueva disciplina en abierta confrontación con la comunidad científica. Con una teoría menos transgresora respecto a los postulados de la época, Jung prometía ser mejor recibido. Bajo este panorama la actitud benevolente y comprensiva de Freud que caracterizó las relaciones de ambos en un principio, sería reemplazada por un estilo casi guerrero, ahora lo que estaba en juego era su "hijo" más amado, el psicoanálisis.

No me detendré aquí a discutir la teoría junguiana, baste decir que si en el corazón de la teoría freudiana se encuentra la teoría sexual, en Jung este corazón es básicamente extirpado. Lo que Jung construyó en definitiva, y no es para perder de vista, fue una psicología que resultará más aceptable para los científicos de la época.

Cuanto más fuertemente fue idealizado Freud, más duramente fue derribado. Cuanto más intensa la idealización, más estrepitosa será la caída. La idealización es como una burbuja que por poco que se agrande, se la condena a su transformación en odio. Dando así muestras de cierta falla simbólica en su mecanismo que anuncia su endeble andamiaje. Ahora bien, en la relación que Freud establecía con sus discípulos vemos que por un lado lo que se producía era un cambio radical en los postulados freudianos, a tal punto que lo que estaba en juego era otra disciplina, es el caso tanto de Adler como el de Jung.

De la relación con Jung se desprenden dos cosas: el hecho de que una vez más, al igual que con Fliess y en menor medida también con Adler, Freud se vinculara con alguien que desde un prin-

---

63 *Ibíd.,* Carta de Jung a Freud, pp. 265.

cipio muestra diferencias irreconciliables con su teoría. Lo segundo es que, a pesar de esa ruptura anunciada, Freud continúa avanzando. Si por un lado se autoengaña, en otra esfera la verdad va surgiendo, en esta ocasión a manera de mito. Si de su distanciamiento con Fliess surge la caída de la ficción de la teoría de la seducción, de su batalla con Jung surge "Tótem y tabú".

Por último, en respuesta al conflicto con Jung surge el texto "Contribución a la historia del movimiento psicoanalítico". Un tiempo significativo en el que será preciso inscribir, poner un punto. En una nota a Ferenczi de 1914 le dice: "Estoy trabajando furiosamente en la historia".[64] Lo que nos indica el ánimo y la urgencia de hacerlo. Este tiempo marca un quiebre, sobre todo en el lugar del psicoanálisis como institución.

"La partida de Jung... dejaba a la Asociación Psicoanalítica Internacional convertida en un organismo sólido para la discusión y la difusión de las ideas de Freud. Con independencia de los otros efectos que pudo haber tenido el asunto Jung, ayudó a definir públicamente lo que Freud pensaba que el psicoanálisis representaba en realidad."[65] Vemos así la pertinencia de escribir una historia del psicoanálisis en este momento; es ahora la institución psicoanalítica la que empieza a definir su lugar más claramente. El tiempo se inaugura en una lógica distinta, engarzado en transferencias que gestan teorías; ya que otro de los grandes textos nacidos a partir del vínculo con Jung fue la Teoría de la libido en "Introducción al narcisismo". Si de la relación con Breuer surgen los "Escritos...", con Fliess llega la caída de la Teoría de la seducción y con Jung la conceptualización de la siempre problemática Teoría de la libido. La sexualidad en el meollo del conflicto. Así Freud supo rodearse tanto de hombres brillantes que evidenciaban una contradicción entre la admiración y el afecto y la aceptación de sus ideas; y de otros, también brillantes, que sostuvieron los principios fundamentales del psicoanálisis.

---

64   *Ibíd.*, Carta de Freud a Ferenczi, pp. 279.

65   *Ibíd.*, pp.280.

De Juanito a Schreber: el padre de la horda

Recorramos un poco esta idea: la potencia civilizadora del padre, su fuerza para hacer valer la ley, sólo se sostiene a raíz de su muerte. Ese lugar vacío se custodia con su nombre y es la tumba vacía del padre mítico lo que detiene la matanza. El tótem es su imagen, para complicar más las cosas, imagen de un agujero. Pero la eficacia está en la palabra que denuncia su ausencia, en los mandamientos: *No matarás* y *No desearás a la mujer de tu prójimo*. Leyes que marcan el camino hacia la civilización.

"Tótem y tabú" es el texto por excelencia del complejo de Edipo. Por eso iniciar este punto con Juanito, me resulta más que pertinente. A partir de aquí se irá vislumbrando cómo la teoría freudiana se organiza en torno a un vacío: el padre asesinado por Edipo que le permite su entrada simbólica al mundo. Edipo no podrá tomar el lugar que le pertenece generacionalmente si no es matando al padre.[66]

El deseo aniquila al padre y lo resucita en lo simbólico. El pasado se convierte en mítico. En el origen falta algo y la versión que se construye sobre esa falta será lo que organizará la vida del sujeto, la novela de su lugar en el deseo del Otro. De ahí la posibilidad de un cambio subjetivo al transitar por esta versión mítica que organiza nuestros actos. El presente es una puesta en escena de este origen, con las diferencias que cada puesta en escena tiene respecto a la otra.

En el caso clínico de Juanito, se va articulando este lugar del padre. Si en un inicio la fobia se relaciona con el deseo incestuoso de la madre, en un segundo momento lo que evidencia es la ausencia de la palabra del padre y sus consecuencias.

Este caso pone en escena la problemática de un padre que no ocupa el lugar simbólico que le es dado ejercer, aún a pesar de los

---

66   Retengamos esta particularidad del complejo de Edipo que retroactivamente da vida al mito de "Tótem y tabú", es decir, al padre muerto, cuya articulación lógica trabajaré en los capítulos dedicados a la obra de Lacan.

insistentes llamados del hijo. De lo que se trata en definitiva es de una palabra que pronunciada desde el lugar del padre (desde el lugar de la ley), pueda poner un corte entre Juanito y su madre. Esa palabra, por poco que parezca, es la herramienta que le será legada al niño para responder al deseo del Otro. Pues bien, esta palabra llega desde Freud. Su intervención, en el único encuentro entre ambos durante el transcurso de la fobia de Juanito, abre un camino para el niño. Una palabra que apacigua y por ello, permite transitar por otros caminos que no conduzcan directamente a la voracidad del Otro. La palabra toma su importancia a partir del momento y el lugar desde el cual es pronunciada. Aparece como recurso articulador que permite discurrir por la vida, como el equipaje necesario para arreglárselas con el deseo del Otro. El caballo, suplencia coja de un padre desfalleciente, impide a Juanito salir de su casa sin angustia. La fobia detiene el discurrir, la posibilidad de historizarse, como una estaca endeble que es preciso mantener bajo la más estricta vigilancia.

El tiempo para Juanito transcurre alrededor de su fobia. Esta muestra lo que es un síntoma en su esencia: una palabra descolgada del discurso, sin movimiento, que no permite el desplazamiento y que aún puede necesitar expandirse cuando el caballo, en este caso, ya no sea suficiente.

Para Schreber, Dios (padre todopoderoso) se torna omnipresente en las voces y delirios, para Juanito, éste aparece en forma de pregunta: "¿Acaso habla el profesor con el buen Dios, pues puede saberlo todo desde antes?".[67] Es la pregunta que dirige Juanito a su padre en respuesta a la intervención de Freud. Intervención que por otro lado produce un efecto, entonces, el síntoma discurre.

Esto contrasta con la fijeza del Dios de Schreber que está ahí para suturar un agujero en la realidad, agujero que corresponde a la forclusión[68] del significante que representa la función paterna. En

---

67   Freud, S. "Análisis de la fobia de un niño de cinco años (Caso pequeño Hans)", en: OC, Vol. X, 2000, pp. 37.

68   Concepto introducido por Lacan, que señala la no inscripción de esta ley que

Juanito este representante está inscrito, pero no hay soporte material del mismo, pues el padre de Juanito se ausenta en su función, quedando así el deseo materno sin significar. Al deseo materno tendría que llegar como su causa, el *hace pipí* del padre, para utilizar el lenguaje de Juanito. Por eso éste se torna enorme, porque en ausencia de alguien que lo porte, crece sin limitaciones el deseo voraz de la madre. La fobia está ahí para protegerlo de este deseo sin nombre que por tanto, conlleva la dificultad de circular. Pues es el significante que representa al padre (el falo), aquello que posibilita hilvanar este deseo enigmático en una cadena significante que le otorgue un semblante: "Mi madre desea a mi padre, es decir, desea algo distinto que no soy yo". Esto sin lugar a dudas tranquilizaría al pequeño sujeto, que deberá renunciar al objeto inicial de deseo: la madre; para circular él también por los senderos de la vida.

El Hombre de las ratas: un laberinto en el tiempo subjetivo

El caso del Hombre de las ratas[69] nos muestra, por otro lado, los vericuetos por los que se atora el deseo para no renunciar, justamente, a la madre. Pero también nos da cuenta de un pasado que no pasa, pues aunque la muerte de su padre ya había ocurrido, en su síntoma el temor a que muera sigue presente. Rescatemos la frase con la que Freud identifica el temor de este paciente: "Si tengo el deseo de ver desnuda a una mujer, mi padre morirá".[70]

---

llega del lugar del padre. Este significante que, cual herencia, es legado al niño, para que en otro momento pueda responder ante el llamado a ocupar este lugar. Es justamente en una situación semejante, cuando el delirio de Schreber se desencadena, pues no hay ahí este significante paterno que dejando un lugar vacío, le permita a Schreber representar al padre.

69   Este caso clínico será trabajado más adelante, aquí solamente es expuesto con el propósito de seguir el hilo argumentativo de la lógica temporal que va tomando lugar a medida que Freud avanza en su clínica y en su teoría.

70   Freud, S. "Análisis de un caso de neurosis obsesiva (Caso Hombre de las ratas)", en: OC, Tomo II, *op. cit.,* pp. 1445.

Este texto junto con el de Schreber, nos ubican directamente en la figura que Freud recreará en el mito del padre de "Tótem y tabú". Si en este caso se trata de mantener vivo al padre a toda costa, aún renunciando al deseo, en Schreber hay que construirlo y sostenerlo. Para Freud: "...el acento esencialmente positivo del complejo paterno y la probable serenidad afectuosa de las relaciones mantenidas en años ulteriores con un padre excelente hicieron posible la reconciliación del sujeto con la fantasía homosexual y, en consecuencia, el desenlace análogo a su curación".[71] Curiosa afirmación que nos lleva directamente al campo de la idealización, probablemente debido a las teorías que Freud está construyendo. De cualquier manera, es el amor al padre lo que cura a Schreber.

Pero en el Hombre de las ratas el deseo se impone y para preservar al padre este paciente tejerá un recorrido imposible. No hay más que recordar la escena de la devolución del dinero de los anteojos.[72] Un recorrido que hará todo menos devolver el dinero, más aún, lo dejará preso de su eterno recorrido, sin poder salir de él.

Es singular la temporalidad en la que queda atrapado el neurótico obsesivo. Pues todos sus esfuerzos estarán destinados a preservar al padre del deseo del hijo de asesinarlo. Como si Edipo en lugar de ir directamente a Tebas, se hubiera dirigido hacia otras ciudades sin llegar nunca a su destino. Una suerte de laberinto que de antemano anuncia la desviación del objetivo. El obsesivo se mantiene a la espera engañosa de una muerte que ya ha ocurrido[73]: ver a una mujer desnuda implica automáticamente la muerte del padre. Qué mejor manera de decir que el deseo implica asesinar al padre. Un asesinato que, de acuerdo a "Tótem y tabú", resulta necesario para la subjetivación del individuo. Si el Hombre de las

---

71   *Op. cit.*, (Caso Schreber), pp. 1526.

72   Para mayor detalle sobre la escena, remitirse al caso clínico del Hombre de las ratas, pp.1468-1469.

73   La parábola del carcelero que aparece en la novela *El proceso* de Kafka, es una excelente metáfora para hilar la temporalidad en la neurosis obsesiva. Posponer el tiempo del encuentro con el deseo, interponiendo para ello a un padre que impone, por medio del castigo, su renuncia.

ratas padece principalmente de culpa, es porque este asesinato ya ha sido realizado, es decir, ya ha sido inscrito el Nombre del Padre, atravesada la castración simbólica. Sin embargo, algo lo detiene en la circulación fálica, dejándolo a merced de su propio y robusto laberinto. Este hombre no puede avanzar, para ello crea una serie de síntomas que se distinguen de los síntomas histéricos. Recordemos a Elizabeth, para quien, el no poder andar aparecía inscrito en el cuerpo, para el Hombre de las ratas esta dificultad se materializa en un circuito interminable.

Este caso clínico parece haber planteado también un reto para su redacción, tal como le comenta Freud en una carta a Jung: "Me resulta muy difícil, casi supera mis capacidades para la redacción, probablemente será incomprensible para todos, salvo para los que están más cerca de nosotros."[74] El síntoma de este paciente se muestra como un entramado complejo de relatos rebuscados y repetitivos, donde la duda es lo que más salta a la vista. Es la duda en definitiva aquello que organiza sus acciones: quitar/poner la piedra, pagar/no pagar la deuda. Es como si este proceder llevara al sujeto a un punto cero, por así decir, donde no haya tiempo, donde no pase nada; como esto es imposible, el sujeto se sostiene en el intento de hacer y deshacer.

Freud hace hincapié en lo fundamental de la escucha y no llevar al paciente a ningún punto particular. La interpretación operará como un corte en el enmarañado relato del paciente, tanto como en el rumiar constante de sus pensamientos. Puesto que en este caso se ve más claramente cómo el goce[75] detiene el movimiento, dado la sensación de que sus pensamientos se estrellaran todos en la única puerta de salida. El corte que introduce la interpretación permitirá ir construyendo espacios que den lugar a la sustitución.

---

74   Gay, P. *Op. cit.,* carta de Freud a Jung. pp. 304.

75   Goce en el sentido que lo lee Lacan, en términos freudianos: placer de otra índole que se obtiene en la compulsión a la repetición, efecto de la pulsión de muerte.

El lugar significante del padre

"Tótem y tabú" surge como el texto necesario para articular el lugar del padre amado y odiado; la identificación anterior a toda carga de objeto, el crimen que instaura la ley, la culpa que preserva su memoria y el tótem que lo erige como ausente.

Arribamos así a nuestra orilla: un mito en el origen, una versión que supone a un padre. El caballo de Juanito, el capitán cruel del Hombre de las ratas, el Dios de Schreber; todas versiones que sostienen de una u otra forma, el lugar del padre. Un lugar que parece imprescindible para contarse como sujeto, para relatarse y ser relatado. El tiempo suspendido en el mito que permite, a partir de instalarse como origen, tejer una historia, organizar la existencia; sea a partir de la fobia, de los circuitos necesarios para el Hombre de las ratas o de un Dios que permita una escritura.

Se van perfilando los distintos rostros del padre: como resto del asesinato, el superyó de la compulsión a la repetición que exige el pago por el crimen (representado por ejemplo, en la deuda impagable a la que el Hombre de las ratas se encomienda). Por el otro lado, con Schreber, asistimos a los estragos de la ausencia de este padre en tanto inscripción simbólica, del padre del complejo de Edipo que establece un corte entre la madre y el niño.

Podemos ubicar este tiempo como aquel en el que, en su intento de sacar al psicoanálisis de callejones sin salida que le ofrecía Viena, Freud se concentra en la conquista de lo extranjero. No es que estuviera equivocado en su apreciación, quizá sí en la elección del representante extranjero para el psicoanálisis. Lo extranjero no sería otra cosa que ese niño de la sexualidad infantil, aquel que con tanta vehemencia se intenta desterrar del territorio de la conciencia. A partir del encuentro con la sexualidad infantil, Freud estableció el lazo que nos une al niño que fuimos, al de diez años atrás, tanto como al que vendrá. Ese lazo es lo inconsciente.

La transferencia: un paréntesis del olvido

Para concluir con este capítulo voy a tomar un texto de 1914, "Recuerdo, repetición y elaboración". Uno fácilmente podría imaginar que ante el aluvión de cosas que sucedieron a lo largo de estos años era imprescindible tomarse un respiro. Este es un texto que marca el cambio en la técnica freudiana que se estaba produciendo a raíz de sus hallazgos. "El olvido de impresiones, escenas y sucesos se reduce casi siempre a una retención de los mismos."[76] Resulta interesante detenerse en esto: el olvido de lo ya sucedido implica no su paso sino su retención. Idea que por otro lado nos transporta a las histéricas que enfermaban de reminiscencias, pero entonces no estaba aún conceptualizado el inconsciente con sus dinámicas y tópicas, con esta compleja convivencia de urgentes pulsiones que se contraponen.

Aunque el suceso ya hubiera ocurrido, cronológicamente hablando, en otra escena, el recuerdo actúa como si este suceso continuara ocurriendo. ¿Cómo transformarlo en pasado? Aún hay otro grupo, el de las fantasías y sentimientos, nos dice Freud que: "Sucede aquí muy frecuentemente que se "recuerda" algo que no pudo nunca ser "olvidado", pues nunca fue retenido ni llegó a ser consciente, y además, para el curso psíquico, parece totalmente indiferente que tal elemento fuera consciente y quedase luego olvidado o que no penetrase jamás hasta la conciencia".[77] Este descubrimiento resulta aún más asombroso, ¿es posible recordar algo que nunca sucedió para la conciencia?

¿De qué estarían hechos estos recuerdos que no pueden ser olvidados? Freud los ubica principalmente en la primera infancia. Todavía en tiempos de este texto Freud asume que dichas escenas, reconstruidas en la fantasía, ocurrieron en la realidad, pero también, siguiendo la lógica del sueño, pueden estar compuestas por diversos elementos recortados de distintas escenas: pensemos por

---

76   Freud, S. "Recuerdo, repetición y elaboración", en: OC, Tomo II, *op. cit.*, pp. 1684.
77   *Ídem.*

ejemplo, en el célebre caso del Hombre de los lobos. De cualquier manera, Freud aquí lo dice, no es importante que esta escena haya sucedido o no, produce efectos independientemente de esta discusión. La realidad exterior queda aquí sumergida en la realidad psíquica. Sobre este tema, la psicosis hará evidente aquello que en la neurosis se disfraza. Lo que resulta más probable y que luego se expondrá en el caso citado, es que estas escenas nunca conscientes, pueden ser reconstruidas y enlazadas a diferentes escenas, frases o acontecimientos que el niño vivió en su infancia y de donde tomó prestado el material para su ficción.

Aquí vemos la consonancia con el texto "Tótem y tabú": hay algo en el origen que opera, más allá de haber o no ocurrido; es la fantasía que sirve de apoyo a los síntomas, la materia prima con la que se va tejiendo la historia del sujeto. Un padre omnipotente poseedor de todas las mujeres, una escena traumática; ambos descubren un espacio vacío que por otro lado es productor de lugares. Lugares en los que se ubican significantes, donde se escriben historias.

Más adelante agrega, en relación a la transferencia, que: "...el analizado no recuerda nada de lo olvidado o reprimido, sino que lo vive de nuevo".[78] Aquí las cosas se complican un poco más, pues esto que es probable que nunca haya sucedido, se vive otra vez.

Se pone en escena, aquí y ahora, una ficción y esto constituye, en cierta forma, la piedra angular de la vida del sujeto. Como le sucede por ejemplo al Hombre de las ratas. No es que esto vuelto a vivir una y otra vez, hasta tanto no se recuerde o construya, sea algo lateral en la cotidianidad del sujeto, por el contrario, es lo más presente; aquello que ocupa sus pensamientos la mayor parte del tiempo, consumiendo también la mayor parte de la energía psíquica del sujeto. Nuestro sujeto neurótico parece anclado en un pasado ficcional, pues como el padre de la horda, no es más que una versión de su origen como sujeto del inconsciente; pero que como tal, obedece a una necesidad de articulación lógica en la organización psíquica.

---

78 *Ídem.*

Siguiendo con el mismo texto, "...acabamos por comprender que este fenómeno constituye su manera especial de recordar".[79] Se refiere por supuesto, al hecho de repetir lo olvidado. Tenemos otro elemento a considerar: una manera de recordar el pasado es actuándolo, es decir, convirtiéndolo en un presente constante. Resulta asimismo interesante la técnica terapéutica que Freud establece aquí: ubicar estas repeticiones en el pasado, devolverlas a su tiempo.

Me parece fundamental seguir el lugar de la transferencia para entender este pasaje de lo actual a lo pasado, en tanto que: "La transferencia crea así una zona intermedia entre la enfermedad y la vida, y a través de esta zona va teniendo efecto la transición desde la primera a la segunda".[80] La transferencia pareciera ser la condición para el encuentro entre el pasado y el presente. La transferencia como un entre-dos escenarios, que da lugar a la creación de uno nuevo, una neurosis ahora, de transferencia.

Por último, respecto a la elaboración, Freud nos dice que: "...el médico no tiene que hacer más que esperar y dejar desarrollarse un proceso que no puede ser eludido ni tampoco siempre apresurado".[81] Lo que nos habla de un tiempo individual y necesario que no puede ser medido cronológicamente. Un tiempo no calculable que sin embargo, "...constituye parte de la labor que ejerce sobre el paciente mayor acción modificadora y la que diferencia al tratamiento analítico de todo influjo por sugestión".[82]

Si en el periodo del capítulo anterior, Freud establecía a la escena traumática como aquella que era activada por una escena que en el presente la volvía traumática, aquí completamos esta lógica, diciendo que esta primera escena, nunca recordada, incluso nunca vivida, se reconstruye *a posteriori*. No es así el pasado aquello que produce los síntomas; es más bien el encuentro con un elemento presente que, al entrar en conexión con una ausencia, produce un

---

79 *Ibíd*, pp. 1685.

80 *Ibíd.*, pp. 1687.

81 *Ibíd.*, pp. 1688.

82 *Ídem.*

síntoma que apunta a una presencia permanente. El síntoma es aquello que se niega a ser pasado, a lo que en ausencia de simbolización queda atrapado en la escena sin tiempo de la repetición; intento siempre fallido de capturarlo en la significación del deseo del Otro. Parte del padre no accede a la simbolización por lo que éste queda en estado de muerto viviente, presencia de lo que no puede morir que se figura imaginariamente en lo monstruoso y desmesurado. Esta falla del padre es causa de una culpabilidad inevitable.

Los tiempos de la muerte

El tiempo que sigue transcurre junto con la Primera Guerra Mundial, entre 1914-1920. "Contribuciones al movimiento psicoanalítico" (la bomba, como la llamaba Freud), "Introducción al narcisismo" y los desencuentros con Jung, se ubican en primera línea en esta época. "Introducción al narcisismo" es un texto que introduce importantes planteamientos teóricos y es efecto, en parte, de la propuesta junguiana que desexualiza la libido. Para Freud no sólo no existe tal primacía de una pulsión no sexual, sino que modifica la polaridad establecida hasta ese momento entre una pulsión de conservación y otra sexual, incluyendo la de conservación o del yo en el campo de la libido sexual.

Éste será el paso anterior a la formulación de la lucha entre Eros y Tánatos, pulsiones de vida y pulsiones de muerte que formalizará en 1920 en su texto "Más allá del principio de placer". El ser humano no se debate ya entre el amor y el hambre sino entre la vida y la muerte. Este giro fundamental es lo suficientemente movilizante como para hacer tambalear a sus más fieles discípulos.

Para lo que en este trabajo interesa plantear, lo más relevante es la entrada de la muerte en la teorización freudiana. Primero de la mano del padre de la horda primitiva, luego de la guerra, para finalmente ocupar el lugar central que le corresponde. No me refiero a la muerte biológica, sino al lugar que ésta encuentra en la estructuración del psiquismo. Paralelamente, en la clínica, la reacción terapéutica negativa y la compulsión a la repetición, dejan claro que no se trata aquí sólo de hacer consciente lo inconsciente. Aparece algo que escapa con insistencia a la simbolización.

Hay que subrayar que durante el proceso que concluye con éste giro teórico fundamental, Freud no sólo ve estallar una guerra sino que también sus hijos combaten en ella y su hija Sophie, muere a consecuencia de una frágil salud, secuelas de las penurias que dejó la guerra. Es probable que como antes "La interpretación de los sueños", el texto "Más allá del principio de placer" sea también el producto de un duelo. Este peculiar mecanismo psíquico que se esfuerza por integrar a la muerte en la vida; recuperar la vida después de la muerte en una esfera simbólica, resulta ser el proceso por el cual una inscripción se funda y enlaza la libido al mundo. La elaboración del duelo concluye con una identificación simbólica, quedarse con el nombre y renunciar al muerto. La reconstrucción será su tarea, tejiendo sobre el agujero que abre la muerte, una escritura. Este agujero, ahora al descubierto por efecto de la pérdida, deberá articularse a la palabra para no succionar la vida. Esta es la finalidad del duelo, el de un artesano que minuciosamente vuelva a ubicar los eslabones en la cadena. Mientras eso sucede, tal como lo descubrió Freud en la clínica y en su propia existencia, el mundo pierde sentido, la libido dirigida al objeto ahora ausente, retorna al yo. Al final del proceso, si éste no se queda detenido en alguno de sus puntos, lo que queda de esa muerte es una marca significante.

Los años en los que Freud escribe sus textos metapsicológicos son años de bordear lo real[83]; donde el cuerpo siente hambre y frío y la amenaza de perder a sus hijos es constante. La tristeza invade, todo se desorganiza para volverse a organizar de una manera diferente, en un proceso que será atravesado no sin dolor. Y es que los sucesos que nos encuentran a lo largo de la vida producen cambios; encuentros que resignifican nuestra historia y nos llevan a ubicarnos de una forma distinta frente a ella, frente al mundo. La guerra cambiaría muchas cosas de su vida cotidiana, pero también, de su teoría y de su clínica.

Lo que Freud hizo con la muerte fue escribir. Al igual que con la transferencia o el lugar del padre, la teorización de la muerte dentro de la teoría psicoanalítica daría primero un rodeo antes de

---

83 Utilizo lo real en sentido lacaniano, tema que será trabajado más extensamente en otros capítulos. Por el momento situemos a este real del lado de lo no simbolizado, el silencio de las pulsiones, el agujero en la estructura.

poder ser enunciada como tal. "Introducción al narcisismo", "Lo perecedero", "Duelo y melancolía" y sus escritos sobre la guerra, preparan de alguna manera este lugar incierto del silencio pulsional que insiste resistiéndose a quedar sumergido en el anonimato al que lo destina la conciencia. Este agujero que primero aparecerá como herida narcisista, ombligo del sueño, imposibilidad del duelo o más precisamente, como uno de los ejes de la dualidad pulsional en "Mas allá...", irá ocupando un lugar central en la clínica cuando trabaje el fin de análisis, en "Análisis terminable e interminable" y "Construcciones en el análisis".

HILVANANDO INSTANTES, CON EL DUELO

En cierta forma, en el trabajo del duelo, nos encontramos con la lógica planteada en "Tótem y tabú". La culpa en el trabajo del duelo toma un lugar primordial. Algo se cobra la muerte, la culpa arrastra al sujeto a un más allá de su división subjetiva. Llegar al final del trabajo del duelo, renunciar al otro que no está más, es una segunda muerte. Esta muerte simbólica permitirá recuperarlo en su aspecto humano, atravesado por la castración. Encontramos así, la lógica edípica que subyace al duelo. Renunciar al muerto es aceptar la castración tanto como renunciar al goce incestuoso y a ser el niño fálico del deseo materno. El psicoanálisis no es, por lo tanto, una disciplina del pasado; la lógica de la segunda escena que por retroacción resignifica a la primera, se hace evidente también en el duelo. Lo que sucede hoy es aquello que da letra a lo pasado. El sujeto se constituye, por así decirlo, una y otra vez, en cada encuentro que ponga en escena de alguna manera a la castración: puede tratarse de la pérdida real de un ser querido, de una separación o algún cambio que implique realizar un duelo.

El duelo, por estar presente a lo largo de toda la vida, permite reeditar el pasado y reeditarlo no es calcarlo sino construir una versión en algo siempre distinta. ¿En qué momento un sujeto decide no cruzar la puerta y quedarse en la oscuridad de un duelo imposible? El duelo está en el punto en el que la puerta se abre a nuevos encuentros o se cierra en una suerte de melancolía que ha declinado su elección por la vida. De esta forma, vemos cómo la muerte promueve la escritura tanto como la detiene.

Los duelos de Freud tienen mucho que decir de elaboración teórica. Alejamiento de discípulos muy estimados, la guerra en la puerta de su casa, su hija, su nieto, su mermada salud por el cáncer que lo agobió durante años, el exilio. Estos avatares de su vida tuvieron lugar durante los años de una gran producción teórica. Eligió combatir los estragos de la guerra escribiendo. El gran avance internacional del psicoanálisis de los años anteriores, su pacífica y casi rutinaria existencia, se vio profundamente afectado en el verano de 1914 con el inicio de esta guerra. Con sus más fieles seguidores en distintos frentes, la soledad volvía a ser una compañía para el fundador del psicoanálisis.

El tiempo en la gramática de "Pegan a un niño"

La gramática de "pegan a un niño" es quizá el mejor ejemplo de la temporalidad que se va configurando. Esta construcción gramatical en tiempo presente y voz pasiva resulta ser la huella del origen de la subjetividad. Huella que, por otro lado nos conduce directamente al padre.

Sigamos el texto freudiano para desentrañar la lógica de esta fantasía: en la primera fase Freud define que "...la fantasía de flagelación puede quedar descrita diciendo que el padre pega al niño".[84] Frase que Freud sustituye por: "El padre pega al niño odiado por mí".[85] Luego describe una segunda fase representada en la frase: "Yo soy golpeado por mi padre".[86]

---

84 Freud, S. "Pegan a un niño. Contribución al conocimiento de la génesis de las perversiones sexuales", en: OC, Tomo III, *op. cit.*, pp. 2468.

85 *Ídem.*

86 *Ibíd.*, pp. 2469.

Lo interesante es lo que Freud resalta: "Esta segunda frase es la más importante de todas. Pero en cierto sentido podemos decir que no ha tenido nunca existencia real. No es jamás recordada ni ha tenido nunca acceso a la conciencia. Es una construcción del análisis, pero no por ello deja de constituir una necesidad".[87] Esta segunda fase, que sólo es construida en un análisis, es la más importante y al parecer la más primaria. Está, por así decirlo, a la espera de la producción de las fases uno y tres. Aun hay otro dato interesante que queda planteado en este texto y es que: "...la fantasía de flagelación se deriva en ambos casos del ligamen incestuoso al padre".[88] ¿Una relación más primitiva que la de la madre?, ¿de qué padre nos está hablando aquí Freud?, pues este no sería otro que aquel padre hecho símbolo en el mito de "Tótem y tabú".

De la primera a la segunda escena, Freud introduce la culpa como el elemento que modifica la escena. Si en la primera el padre pegaba a un niño, confirmando así el amor para el sujeto, en la segunda escena, a causa de la culpa que sobreviene al amor incestuoso, el padre pega al propio sujeto. Es así que en esta segunda escena se actualiza tanto el amor incestuoso como el castigo, transformando el pegar en gozar, se goza del golpe recibido, de aquello prohibido que causa culpa. "Este 'ser pegado' constituye una confluencia de la conciencia de culpabilidad con el erotismo; no es solo el castigo de la relación genital prohibida, sino también su sustitución regresiva...".[89]

Esta segunda fase es efecto de una prohibición, intervención de la metáfora paterna[90], quedando la culpa como resto de esta operación. Como consecuencia de este encuentro se produce la tercera fase que incluye a las otras dos, es retorno de las fases uno y dos conjugadas. "Mi padre me pega porque me ama." Amor y castigo

---

87   *Ídem.*

88   *Ibíd.*, pp. 2477.

89   *Ibíd.*, pp. 2471.

90   Introducida por Lacan como la operación por medio de la cual se inscribe el Nombre del Padre.

en un mismo movimiento, el deseo articulado a la ley: "...la fantasía de flagelación se deriva en ambos casos del ligamen incestuoso al padre". Este niño que es pegado con el significante paterno, es condenado a vivir en ese doble espacio, dividido, no pudiendo estar sino en tanto otro.

En cierta forma, así como está planteado en "Pegan a un niño", el pasado se construye. Esto daría una nueva dimensión a este tiempo que clásicamente se entiende como aquel donde los hechos ocurrieron. El pasado en el psicoanálisis está repleto de frases y escenas rescatadas de los sucesos y eventos de la vida del sujeto. Estas frases o escenas pueden quedar fuera de la historia de un sujeto hasta tanto no se encuentren con una segunda escena, palabra o frase que la actualice. El pasado se construye en tanto relato, esto le confiere otro lugar.

Freud señala que en la primera y la tercera fase de esta fantasía tanto el sujeto como el padre quedan suplantados por otro ("un niño es pegado"), pero al mismo tiempo, la tercera fase se une a la intermedia en que ambas producen excitación sexual. Si todo esto parte del vínculo incestuoso al padre, que siguiendo al mito de "Tótem y tabú", se activa retroactivamente luego del crimen, resulta sorprendente que la segunda fase, que no ha ocurrido realmente, sea justamente la primariamente reprimida. Queda así este agujero en lo simbólico, la segunda escena, articulado por las escenas uno y tres. El texto "Mas allá..." echa luz sobre esta articulación: la pulsión de muerte que va de la mano con el asesinato del padre y su creación como significante primero y la pulsión de vida que está al servicio de esta pulsión de muerte, en tanto que para que se constituya el sujeto deseante, era necesaria esta inscripción simbólica que en el mito aparece como el asesinato de una ausencia. Esta es la estructura de base que Lacan retoma cuando da cuenta de la inscripción del Nombre del Padre.

La metáfora del fort-da o la simbolización del deseo de la madre

Vemos cómo en estos años los elementos del inicio se van configurando de una manera distinta, el padre, el lenguaje, el objeto en su condición de ausente. El texto de 1920 con el que concluimos este tiempo, nos habla justamente de la construcción de este objeto ausente. El juego del *fort-da* es la metáfora que Freud elije para dar cuenta del proceso de simbolización: el objeto ausente que se dibuja, gracias al símbolo, como presente. Maravillosa conjunción del pensamiento freudiano, en donde podemos vislumbrar el encuentro entre el padre totémico y un más allá de… ahora diríamos, lo simbólico. ¿Qué hay más allá de la palabra?, el espacio vacío que el mito recubre.

Freud interpreta el juego como: "…el gran logro cultural del niño: su renuncia pulsional (renuncia a la satisfacción pulsional) de admitir sin protestas la partida de la madre. Se resarcía, digamos, escenificando por sí mismo, con los objetos a su alcance, ese desaparecer y regresar".[91] Agrego que se intenta así llegar al objeto vía la palabra. Renunciar a la madre como objeto pulsional significa entrar en el circuito de lo simbólico, que es movido por la búsqueda pulsional de ese objeto al que no es posible acceder. Pensando en aquello que también destaca Freud en el juego del niño, el cambio fundamental de una vivencia pasiva o activa, esta metáfora del *fort-da* se presenta como el movimiento en el que se constituye la subjetividad. Si antes el niño estaba en el lugar de objeto causa de deseo (para la madre), ahora se encuentra en posición de sujeto, articulando en el juego su deseo; construyendo el lugar del objeto. Esto significa que él mismo queda desplazado de ese lugar que queda ahora vacío y que dará lugar a la pregunta, al enigma de lo que la madre desea (paradigma del deseo del Otro), dando así entrada al padre como portador del objeto deseado por la madre. La evidencia de la castración de la madre, es decir, su deseo, plantea

---

91   Freud, S. "Más allá del principio de placer", en: OC, Vol. XVIII, *op. cit.*, pp. 15.

una incógnita y es a partir de este lugar vacío, no ya ocupado por el niño, que éste puede dirigir su mirada al padre. La negación de la castración por parte de la madre por el contrario, cierra este lugar y por ello, la posibilidad de ubicar al padre como portador del falo deseado.

RECORRIDOS DE LA PULSIÓN: ENTRE LA VIDA Y LA MUERTE

Aunque no es la intención de este trabajo recorrer la complejidad de la teorización freudiana de la pulsión, resulta importante situar este texto por la articulación que, a modo de pregunta, plantea entre la pulsión y el tiempo: "Tenemos averiguado que los procesos anímicos inconscientes son en sí 'atemporales'. Esto significa en primer término que no se ordenaron temporalmente, que el tiempo no altera nada en ellos, que no puede aportárseles la representación del tiempo. He aquí unos caracteres negativos que sólo podemos concebir por comparación con los procesos anímicos concientes. Nuestra representación abstracta del tiempo parece más bien estar enteramente tomada del modo de trabajo del sistema P-Cc...".[92] La propuesta es que es Lacan quien teoriza esta otra temporalidad que difiere sustancialmente a las representaciones del tiempo a las que se accede a través de la conciencia, una temporalidad que se sitúa en el circuito pulsional y los efectos que se producen en él.

El motor de nuestra existencia, la estructura básica de nuestra historia descansaría sobre la base de esta especie de dialéctica entre pulsión de vida y pulsión de muerte. Más aún, una dialéctica donde la primacía estaría del lado de la pulsión de muerte. Creo que es necesario tomar esto como una suerte de metáfora, sobre todo por el tono especulativo reconocido por Freud, una metáfora del funcionamiento del sujeto, de la forma en la que se desliza por la vida y construye su historia, la forma particular en la que elige sus objetos.

---

92   *Ibíd.*, pp. 28.

La pulsión de muerte no es sinónimo de morir en el sentido biológico, la melancolía atestigua bien acerca de esta diferencia. El melancólico puede vivir muchos años antes de encontrarse en la muerte con el objeto, en ese tiempo mítico en donde no hay ya sujeto. Una vez que se constituye, que nace la subjetividad, hay pulsión de vida y pulsión de muerte; ambas conviven en un conflicto permanente que procrea en cada encuentro.

La pulsión de muerte empuja y la de vida escribe. Si el principio de placer está al servicio de la pulsión de muerte[93], es porque éste nada quiere saber de la renuncia, y la renuncia al objeto de placer es justamente la que da lugar al deslizamiento. Existen otras situaciones que interrogan la posición del sujeto en relación a la pulsión de muerte tal como el ataque de pánico y en general, en todo momento de desestructuración subjetiva; la guerra sería otro ejemplo. Ubicando al incesto como el retorno al vientre materno, una suerte de muerte subjetiva, ubicaría este momento en toda situación donde la simbolización, la distancia respecto a este objeto ausente, falte.[94] La repetición compulsiva de lo mismo, es otro ejemplo que nos sitúa ante esta sensación de algo que no pasa. La simbolización, por otro lado, daría cause a esta fuerza que empuja sin descanso. Así planteado, la pulsión de vida de lado de la ligazón a los objetos y la de muerte a la destrucción, a partir de la búsqueda del reencuentro que cancele la excitación. En la primera los objetos persisten, en la segunda se destruyen. La pulsión de vida ligada a la diferencia y la de muerte a la identidad.[95]

Cómo situar esta dialéctica pulsional en la clínica, empecemos

---

93   *Ibíd.*, pp. 61.

94   No tomo aquí el incesto como algo posible en el orden de la realidad, intento más bien destacar su lugar en la realidad psíquica. Si antes trabajé el lugar del padre en la teoría como el que prohíbe y castiga, ahora transito por la otra ribera: el objeto sobre el cual recae la prohibición, causa del crimen en el mito freudiano.

95   No me refiero a la identidad que sostiene por ejemplo el enamoramiento, que estaría más del lado de la identificación imaginaria, la búsqueda de identidad de la pulsión de muerte está en el reencuentro con el objeto, en la fusión última que elimina la excitación. Es así, búsqueda de lo mismo, siempre lo mismo. Esto por supuesto es un mito, no hay reunificación posible, cuestión que la identificación imaginaria intenta simular.

por preguntar a partir de este texto, ¿qué se repite en transferencia?: "...situaciones afectivas dolorosas, reanimándolas con gran habilidad".[96] Situaciones que surgen por haber sido desplazados del lugar del objeto fálico en el deseo de los padres. ¿Por qué repetir estas situaciones dolorosas? "Se trata, desde luego, de la acción de pulsiones que estaban destinadas a conducir a la satisfacción; pero ya en aquel momento no la produjeron, sino que conllevaron únicamente displacer. Esa experiencia se hizo en vano. Se la repite a pesar de todo; una compulsión esfuerza a ello."[97] Al mismo tiempo que se intenta recuperar ese lugar en la relación con el Otro, se vuelve a transitar por su imposibilidad. Repitiendo así el encuentro con la ley que prohíbe el retorno.

¿De qué habla el sujeto en análisis sino de un amor que no quiere morir? La muerte nos atraviesa de principio a fin, todo comienzo implica una muerte previa, toda renuncia es un duelo y toda renuncia al objeto incestuoso es asumir la muerte del padre, pues es ahí cuando prohíbe. Asumir el deseo es apostar a la vida, pero también, asumir la muerte.

Entonces, el sujeto nace en el momento que el padre muere simbólicamente, es decir se inscribe la falta, de ahí la culpa de asumir el deseo, el sujeto adviene por el deseo de una muerte que abre un espacio, una ausencia y en ese momento, el Otro completo deja de existir.

Aunque la agresividad no era ajena a las teorizaciones freudianas, la muerte, en tanto pulsión, tendría que esperar su encuentro en el tiempo de la transferencia, hasta llegar a ocupar el lugar privilegiado que Freud le tenía reservado. A primera vista, vida y muerte aparecen como los opuestos por excelencia, pero leyendo el texto de Freud vemos que también la vida sirve a la muerte; ésta aparece como un rodeo que alarga el recorrido, el enlace a la vida demora a la muerte. Pero es esta muerte, cual telón de fondo, quien en suma moviliza este rodeo. Es la compulsión a la repetición que insiste en el encuentro con un objeto imposible, es la

---

96   *Op. cit.*, pp. 21.
97   *Ídem.*

segunda escena de "Pegan a un niño", nunca recordada, pero que sin embargo opera; esta segunda escena bordeada por las otras dos que le dan cause.

¿Por qué la pulsión de muerte es motor de este movimiento? La pulsión en su intento por capturar al objeto no puede más que fallar, pues éste no existe y no puede más que servirse de la pulsión de vida para construirlo, con significantes. Es como montar el escenario perfecto para al fin, cazar a su presa. Una presa que sin embargo, jamás será capturada; una vez que el objeto está perdido el rodeo es necesario.

"La pulsión reprimida nunca cesa de aspirar a su satisfacción plena, que consistiría en la repetición de una vivencia primaria de satisfacción; todas las formaciones sustitutivas y reactivas, y todas las sublimaciones, son insuficientes para cancelar su tensión acuciante, y la diferencia entre el placer de satisfacción hallado y el pretendido engendra el factor pulsionante, que no admite aferrarse a ninguna de las situaciones establecidas, sino que, en las palabras del poeta, acicatea, indomeñado, siempre hacia delante. El camino hacia atrás, hacia la satisfacción plena, en general es obstruido por las resistencias en virtud de las cuales las represiones se mantienen en pie; y entonces, no queda más que avanzar por la otra dirección del desarrollo, todavía expedita, en verdad sin perspectivas de clausurar la marcha ni de alcanzar la meta."[98] La represión torna imposible el retorno.

Texto complejo que me lleva directamente a imaginar a Freud codo a codo con la muerte, sacando su pluma y construyendo teorías. Reconstruyendo esa maltratada realidad desangrada por la guerra; y en este su frente cotidiano, junto a su pluma y su papel: el vacío de su consultorio, la distancia de sus discípulos. El temor por la vida de sus hijos, el frío y el hambre, la vida que se escapa, la muerte que acecha. Para completar el cuadro, dos eventos coronan estos años: el suicidio de Víctor Tausk y la muerte de Anton von Freund, ambos hombres que apenas pasaban los cuarenta años de

---

98 *Ibíd.*, pp. 42.

edad. Con el primero, Freud parece haberse mostrado frío y distante, con el segundo completamente inmerso en la tragedia.

Ninguna de estas muertes parece haberlo sorprendido como sí lo hizo la de su hija Sophie. Aunque Sophie muere cuando aparentemente el texto ya está concluido, podemos hilar esta terrible pérdida como algo que marcará el desarrollo ya iniciado. La pulsión de muerte se abre camino en la teorización freudiana, nunca más quedará velada. A partir de este momento, será más claro que todo se organiza alrededor de una ausencia. Qué hacer con esa ausencia, será la problemática de los próximos años.

De lo externo a lo interno, la división del sujeto

Si hasta 1920 la causa del aparato psíquico estaba puesta en el principio de placer, a partir de aquí, la compulsión a la repetición será lo que ocupe ese lugar.[99] El sujeto es producto de una repetición, se constituye en este intento de la pulsión por satisfacerse. La pulsión ve truncado su encuentro con el objeto, por efecto de la intervención de la ley simbólica del padre que oficia de corte entre la madre y el niño. Para decirlo de otra manera, esta ley simbólica es con la que se queda jugando el niño del *fort-da*. Ante la ausencia de la madre, ubica un significante que diga acerca de su deseo; en ese movimiento surge el sujeto.

Resulta interesante cómo se van definiendo los distintos sistemas al interior del aparato psíquico; el sistema consciente es bisagra entre lo exterior y lo interior, borde, superficie, que recibe tanto las excitaciones que emanan del interior como aquellas que proceden del exterior. El vínculo con lo externo o mejor dicho la respuesta hacia los estímulos externos, viene configurada por el vínculo con lo interno, con las huellas mnémicas inscritas en lo inconsciente. De esta forma, lo consciente parece realizarse sólo en el presente en tanto "... el proceso de excitación no deja tras sí una alteración permanente

---

99 *Ibíd.*, pp. 23.

de sus elementos, sino que se agota, por así decir, en el fenómeno de devenir-conciente".[100] Y la explicación para Freud de esto, se encuentra justamente en su ubicación espacial "...su choque directo con el mundo exterior".[101] Al mismo tiempo lo traumático aparece como aquello proveniente del exterior, aquello que traspasa la barrera protectora que antepone lo consciente. De esta forma, el aparato psíquico se verá en la necesidad de articular la energía invasora, "...ligar psíquicamente los volúmenes de estimulo que penetraron violentamente a fin de conducirlos, después, a su tramitación".[102]

Fueron muchas las neurosis de guerra que surgieron en este tiempo y que propiciaron el material suficiente para pensar lo traumático. Muy cercana a la del duelo, la tarea del aparato psíquico por ligar lo traumático se diferencia sin embargo, en su irrupción sin el soporte de la identificación. De cualquier manera, ambos nos dan la oportunidad de pensar que el trabajo psíquico requiere de otros tiempos, no conjugables, con el tiempo social. Y es que tanto el duelo como la irrupción de lo traumático no respetan calendarios ni relojes, fechas de entrega ni montos de producción, dejan al sujeto como extranjero en su propia existencia; la rutina se altera, la linealidad del tiempo es atravesada por este corte que provoca la irrupción de esa otra escena.

Los sueños traumáticos aclaran un poco la cuestión: "Estos sueños buscan recuperar el dominio sobre el estilo por medio de un desarrollo de angustia cuya omisión causa la neurosis traumática. Nos proporcionan así una perspectiva sobre una función del aparato anímico que, sin contradecir al principio del placer, es empero independiente de él y parece más originario que el propósito de ganar placer y evitar displacer"[103], como si fuera necesario volver una y otra vez a la escena traumática para controlar el monto de angustia, los síntomas y la inhibición cumplen también ese propósito.

---

100 *Ibíd.*, pp. 25.

101 *Ibíd.*, pp. 26.

102 *Ibíd.*, pp. 29.

103 *Ibíd.*, pp. 31.

A medida que Freud avanza en el texto sentiremos este doble frente que va estableciendo: pulsión de muerte/pulsión de vida, placer/dolor, exterior/interior, como algo ficticio.

Si las pulsiones insisten en su descarga, irán en busca de un objeto sirviéndose de la palabra para bordearlo, por cuanto, como ya expuse, la palabra se interpone en su recorrido; podemos concluir que la pulsión en su búsqueda de una descarga construye al objeto y así se liga al lenguaje. Esta energía pulsional es inagotable, o construye objetos ficticios, ligándose o se dirige sin rodeos al lugar del objeto que falta. En esta última estaríamos en el campo de la melancolía, reino de la pulsión de muerte sin su mediadora dialéctica, la pulsión de vida.

La compulsión a la repetición va en busca de la identidad y falla. "Una pulsión sería entonces un esfuerzo, inherente a lo orgánico vivo, de reproducción de un estado anterior que lo vivo debió resignar bajo el influjo de fuerzas perturbadoras externas...".[104] Maravillosa cita que nos pone en la escena misma de la constitución del sujeto: la renuncia, ante el deseo del Otro, de un objeto que colme la necesidad y concluya el ciclo de lo vivo. Un deseo perturbador que llega desde el exterior y que, ante la renuncia de esa satisfacción, conduce por los senderos de la vida.

Esta dualidad pulsional podemos rastrearla ya en los tiempos en los que la histeria daba cuenta de que el síntoma surge sobre la base de un conflicto. La subjetividad es consecuencia de un encuentro que divide y separa al sujeto del objeto de su deseo y esta separación define a su vez el vínculo del sujeto con su objeto, la distancia parece construida por recorridos lenguajeros que a su vez permiten percibir la presencia. Así, la manera de rozar la ausencia de ese objeto es por medio del lenguaje. El chiste, el sueño, los lapsus y el síntoma, son los rastros de este sutil encuentro. El trauma por el contrario es la irrupción desnuda de esta ausencia desatada de la palabra.

---

104 *Ibíd.*, pp. 36.

LAS MARCAS DE LA SUBJETIVIDAD

La década que va de 1920 a 1930 estuvo también, repleta de acontecimientos. Junto a los claros progresos del psicoanálisis en otros países, las secuelas de la guerra dejarían sus marcas indelebles en la vida de Freud. A la muerte de su querida hija Sophie le siguieron la de su nieto Heinele (hijo de Sophie), el suicidio de su sobrina Cecile y la aparición del cáncer que lo acompañaría hasta su muerte, una larga serie de operaciones con las que convivió durante dieciséis años.

Aunque Freud ya se había percatado del bulto en la boca en 1917, no fue sino hasta 1923 cuando se hizo revisar por un médico. La primera operación a la que fue sometido estuvo lejos de ser todo un éxito. A partir de ese momento, y quizá promovido por la complicaciones de dicha intervención, su hija Anna tomó un protagonismo en los cuidados de la salud de su padre que marcaría las relaciones entre ambos de aquí en adelante. Sería Anna, y no su esposa por ejemplo, quien se encargaría de realizar las curaciones y el cuidado de la prótesis que Freud utilizaría a partir de ahí.

Si en la etapa anterior dialogaba con la guerra y la muerte, en este tiempo es su cuerpo quien cobra protagonismo. Si antes Freud parecía ir sacando velos de la caja de Pandora, acercándose cada vez más al vacío, ahora como si usara un resaltador, parece ir dibujando los bordes de ese vacío. El cuerpo es el último elemento y la palabra, el articulador que evita la caída al abismo. Antes fue la guerra y la muerte en los otros, ahora la guerra contra la muerte será suya.

Anna aparece aquí como un eslabón importante en esta cadena que enlaza duelos, cuerpo, teoría. Ella está tan presente en la vida cotidiana de Freud, en todos sus aspectos, que no puede más que ser tomada como un elemento central. En este período se producen textos como "El yo y el ello", una versión más psicoanalítica de las propuestas de "Más allá..." ubicando la dialéctica entre las pulsiones de vida y de muerte en la teoría metapsicológica del psiquismo. Por otro lado, en 1924, Freud escribe una autobiografía, estableciendo así un corte, un tiempo necesario para contar su historia, el recorrido transitado. En respuesta a la disidencia de Rank surge "Inhibición, síntoma y angustia", como antes "Introducción al narcisismo" lo fue de la de Jung. Freud utiliza la teoría para resolver estos conflictos que si bien parecen plantearse en el terreno teórico, no podemos dejar de pensar en su causa transferencial. Por último, "El malestar en la cultura", una hermosa reflexión sobra las bases en las que reposa nuestra sociedad.

En el origen: duelos y transgresiones

Hilvanemos este tiempo con los anteriores: si en el primer tiempo la transferencia de Freud estaba sostenida por Breuer, Charcot y posteriormente Fliess, en el segundo, fueron sus discípulos más cercanos y Jung particularmente, los soportes de su transferencia. En el tercer momento son la guerra y la muerte sus interlocutores transferenciales; en este cuarto recorte temporal es su hija Anna quien aparece como elemento central en su existencia. Junto a ella, la presencia de su cuerpo sufriente, le otorgan a esta nueva interlocución freudiana un matiz complejo.

¿Por qué es Anna quien se ocupa de atender a su padre y no Martha Freud? ¿Podemos evitar ubicarla junto a Anna O., Elizabeth y quizá Dora misma, como aquellas hijas cuyo propósito de responder al deseo paterno ve al fin su oportunidad sosteniendo al padre enfermo? Anna nunca dejará este lugar junto a su padre.

Podemos establecer la siguiente secuencia: Si en el tiempo anterior, el abismo se abre con la guerra y descubre el rostro de la muerte inmerso en la vida, en esta ocasión y ante su propia muerte, Anna aparece ocupando el lugar del último recurso ante el vacío. ¿Si el agujero se abre qué detiene a Freud de caer en él? La tristeza lo invita a saborear la muerte, con 67 años y la pérdida de su nieto, que resignificará de manera feroz las pérdidas de su vida, Freud parece vencido. Es su hija Anna quien lo ata a la vida. Hija de Edipo, "su Antígona", como gustaba nombrarla, le dedicará su vida entera.

Freud hizo más por satisfacer las inclinaciones de Anna a quedarse junto a sus padres que otra cosa, aún a pesar de ser justamente quien descubriera las consecuencias de tal propósito. Quizá lo más llamativo de este vínculo padre-hija sea el hecho de que en 1918 se inicia el análisis de Anna con Freud, es así que ella estaría en el lugar preciso de la negación. En cierta forma, Freud se comportó como lo hizo con otros discípulos que también fueron sus pacientes, pero aquí no puedo dejar de pensar en esta especie de circuito que, en lugar de abrirse al exterior (exogámicamente), se va cerrando (endogámicamente). En 1921 le decía en una carta a Eitingon: "...solo me cabe desear que encuentre pronto una razón para cambiar su cariño hacia el viejo padre por otro duradero".[105] Si la soltería de Anna era una preocupación para el descubridor del complejo de Edipo, al mismo tiempo, fomentaba el vínculo incestuoso al analizarla.

Los sueños de Anna, de quien Freud era el destinatario directo, nos dan una pista muy clara de la relación entre ambos, así en 1915 le comenta a su padre: "Recientemente soñé... que tú eras el rey y yo una princesa, que cierta gente quería separarnos por medio de intrigas políticas. No fue agradable, muy agitado".[106] Este sueño confesado al padre cuando Anna tenía 20 años, debió ponerlo sobre aviso, y al igual que hiciera con su hijo Oliver, encomendar el análisis de Anna a otro analista. Por el contrario, Freud decidió acompañarla en estas fantasías.

¿Qué podemos concluir de estas transgresiones en los orígenes del movimiento psicoanalítico? Jung intentó analizar a su mujer, Max Graf lo hizo con su pequeño hijo Hans. Es seguro que en esta época no se considerara aún este tipo de análisis como una trasgresión a las reglas psicoanalíticas, a pesar de que sus escritos técnicos ya lo habían subrayado, quizá por esto podemos pensar que todos estos análisis se anclaban en el lugar de la negación, tapando el agujero abierto por la castración, en un campo cuyas

---

105 Gay, P. Carta de Freud a Eitington, *op. cit.*, pp. 488.
106 *Ibíd.*, pp. 490.

complejidades y complicaciones no dejaban fuera a quienes habían elegido trabajar en él.

En una carta a Lou Andreas-Salomé de 1924, Freud le dice: "La niña me trae bastantes preocupaciones: cómo sobrellevará la vida en soledad (después de la muerte de Freud) y cómo puedo sacar su libido del lugar oculto en el que se ha escondido".[107] Anna en 1924 ya tenía casi 30 años de edad. Un estancamiento libidinal que, justamente, era propiciado por la presencia del padre. Para bien y para mal, Anna se convirtió a partir de 1923, en su compañera inseparable. Una relación que parecía estar suspendida en el tiempo, "su niña", lo sería para siempre. Aún así, las teorías freudianas continuaron desarrollándose con la misma profundidad y audacia.

En 1922 se produce una nueva disidencia de parte de uno de sus más queridos discípulos: Otto Rank. El objetivo de Rank, dicho brevemente, era el de acortar el tiempo de la terapia. Proponiendo una terapia breve que no incluiría el análisis de la infancia del paciente.

Sin embargo, la nueva fractura generada por Rank, se ve relegada a un segundo término por la muerte que interrumpe en el devenir de los acontecimientos, resituándolos en otro escenario de manera abrupta. El hombre con el que Freud estableció la transferencia que dio origen al psicoanálisis, Breuer, moría en 1925. En la necrológica a Breuer, Freud dice, refiriéndose a Anna O.: "Fue en 1880 cuando el azar le trajo una enferma de singulares cualidades, una joven extraordinariamente inteligente que había caído en grave histeria durante la atención de su padre enfermo".[108] Es difícil no reconocer en esta frase también a Anna Freud. El pasado que se hace espina en el presente.

A la muerte de Breuer le siguió, casi un año más tarde, la de Abraham. A diferencia de la necrológica escrita a Breuer, ésta fue por mucho, más emotiva, dejándose ver la conmoción de Freud por la pérdida de uno de sus más cercanos discípulos.

---

107 *Ibíd.*, Carta de Freud a Lou Andreas-Salomé, pp. 492.

108 Freud, S. "En memoria de José Breuer", en: OC, Tomo III, *op. cit.*, pp. 3234.

"Escribo estas líneas para los amigos y colegas que conocieron y apreciaron a Abraham como yo lo hice, para aquellos que sin duda comprenderán cuánto representa para mí la pérdida del amigo menor en tantos años, para los que me disculparán si no persisto en intentar decir lo difícilmente decible."[109] Y a diferencia de aquella dedicada a Breuer, en esta ocasión dirá: "...será otro quien rinda tributo a la personalidad científica de Abraham y su obra".

En el duelo el tiempo parece suspenderse, hay cierta distancia con el objeto que queda en entredicho hasta que el aparato psíquico confirme su muerte. A su vez, el duelo es el tiempo de la renuncia del objeto incestuoso. Cada pérdida con la que nos enfrentamos, nos coloca en el tiempo de gestación de un sujeto. Si la libido retorna al yo al perderse el objeto, hay una distancia que hace a la circulación de esta libido. La posibilidad de que otros objetos causen el deseo del sujeto ocupa un lugar necesario en la económica libidinal. Así, se puebla al mundo de pasiones, de cosas que importan y la realidad construida libidinalmente, será también: una calle, un amante, un hijo, un trabajo. Está claro que no todo esto tendrá el mismo valor, no todo es plausible de desencadenar un proceso de duelo. De la misma forma que no sólo aquello que muere físicamente lo desata.

Lo que intento es esbozar una suerte de gráfico con el tiempo que se pone aquí en juego. Imaginemos una vida que transcurre entre estos objetos por donde circula la libido y pensemos, por ejemplo, en un divorcio o un hijo que se marcha a la universidad. La realidad cambia y en ese lugar donde antes la libido hacía estancia, queda vacío. Es aquí cuando, para graficarlo, regresa al sujeto, poniéndolo por un momento en conjunción con este objeto que ha dejado un agujero en la realidad. Recordemos brevemente que es la pulsión quien produce, crea al objeto. Al no tener un objeto que satisfaga los requerimientos pulsionales, éste es creado por el continuo vagar de la pulsión, que al circular dibuja objetos, los libidiniza, creando así una pantalla que le da forma, luz y color

---

109 *Ibíd.*, "En memoria de Karl Abraham", pp. 3236.

ahí donde detrás hay un agujero. Digamos ahora que al concluir el trabajo del duelo se regresa a este momento inicial, en donde al quedar el sujeto separado de su objeto, se libidiniza el mundo externo por medio de esta engañosa búsqueda de un objeto perdido.

Estoy hablando aquí de dos momentos temporales diferentes que en la teoría lacaniana, alienación y separación.

El tiempo, la pulsión y la cultura

Los límites a los que nos enfrentan los sueños y el lugar del padre muerto, asesinado por un hijo que ansía ocupar su lugar, nos marcan las fronteras de un abismo ante el cual la palabra surge como borde, la cuerda que evita al escalador deslizarse indefenso hacia el abismo. ¿Se puede sostener la cultura sin pagar el precio de un incómodo malestar? ¿A mayor renuncia a la satisfacción pulsional: mayor perfección tecnológica, física, intelectual, ciudadana, mayor también el pago que deberá ofrecerse? La renuncia pulsional, desvío para el encuentro con el objeto, retorna implacable en los síntomas cuanto mayor es el silencio al cual se las somete. ¿Es la cura por la palabra descubierta por Freud una alternativa para saldar la deuda simbólicamente?

Preguntas que surgen de este período, en el que Freud parece buscar una salida a la destrucción del individuo. Después de la guerra, levantar los escombros y evitar nuevamente el bombardeo pulsional que conduce a la muerte.

Freud se encuentra con una "...energía desplazable, indiferente en sí, pero susceptible de agregarse a un impulso erótico o destructor, cualitativamente diferenciado e intensificar su carga general".[110] Más adelante explica de dónde proviene esta carga "...procede... de la provisión de libido narcisista, siendo por tanto Eros desexualizado. Los instintos eróticos nos parecen, en general, más plásticos, desviables y desplazables que los de destrucción. Podemos, pues,

---

110 Freud, S. "El yo y el ello", en: OC, Tomo III, *op. cit.*, pp. 2719.

concluir sin dificultad que esta libido desplazable labora al servicio del principio de placer para evitar los estancamientos y facilitar las descargas...".[111] Esta energía lista para desplazarse y descargarse, no tiene por destino un objeto ni un camino establecido: "...resulta indiferente el objeto, como en las transferencias que surgen durante el análisis, transferencias que han de ser establecidas, obligadamente, siendo indiferente la persona sobre la que recaigan".[112] Este proceso se repetirá y así la pulsión rodea a ese objeto que sirve de señuelo. Esta es la razón por la cual siempre quedará un resto no descargado, que será el que inicie nuevamente el recorrido.

Bajo esta perspectiva y siguiendo la historia del sujeto en la línea de sus transferencias, el yo propuesto por Freud en "El yo y el ello", podría entenderse como las marcas que deja la pulsión en su deslizamiento, dado que: "...el carácter del yo es un residuo de las cargas de objeto abandonadas y contiene la historia de tales elecciones de objeto"[113] y más adelante agrega que es probable que sea la identificación quien permita la renuncia a los objetos incestuosos. Identificación que Freud distingue como duradera, anterior a la carga de objeto, aquella identificación primordial al padre, a ese padre asesinado en "Tótem y tabú".

Esta primera identificación es condición del abandono del objeto incestuoso, abandono que sumerge al sujeto en la búsqueda de este objeto imposible, ya ausente, dado que: "Esta identificación no parece constituir el resultado o desenlace de una carga de objeto,... Pero las elecciones de objeto pertenecientes al primer período sexual, y que recaen sobre el padre y la madre, parecen tener como desenlace normal tal identificación e intensificar así la identificación primaria".[114] Las posteriores renuncias se enlazarán siempre a esta primera identificación, al padre simbólico, articulador de la cadena, soporte del sujeto, "rasgo unario" en la teorización laca-

---

111 *Ídem.*

112 *Ídem.*

113 *Ibíd.*, pp. 2711.

114 *Ibíd.*, pp. 2712.

niana. La historia parece estar compuesta por eslabones de una cadena que conducen al origen, siempre mítico; en un más allá de la articulación significante, más allá de la energía desplazable que se enlaza a diversos objetos transferenciales, más allá de la palabra. La contradicción puebla esta temporalidad inédita, en tanto, algo se opone a la muerte, pero también, algo se opone a la vida.

El superyó se erige como el reino de la pulsión de muerte: "... que consigue, con frecuencia, llevar a la muerte al yo, cuando éste no se libra de su tirano refugiándose en la manía".[115] Aquí, en la melancolía, es donde falta el recurso dialéctico de esta primera identificación que torna imposible el reencuentro con el objeto. En la melancolía el yo se ofrece como objeto al ello, y paga por esto siendo castigado por el superyó que: "...ha nacido de una identificación con el modelo paterno".[116] ¿Cómo entender que este padre muerto sirva a ambos reinos? Por un lado mantiene, por identificación, a distancia el objeto y por el otro, al castigar al yo con la muerte si desconoce la ley que prohíbe el incesto lo empuja a su encuentro, pues no es otra cosa lo que reclama el ello. Así las cosas, la muerte ahora presente en la dinámica psíquica, como satisfacción pulsional, como energía libre imposible de ligar, como superyó que condena.

"El miedo a la muerte plantea al psicoanalista un difícil problema, pues la muerte es un concepto abstracto de contenido negativo, para el cual no nos es posible encontrar nada correlativo en lo inconsciente. El mecanismo de la angustia ante la muerte no puede ser sino el de que el yo libere un amplio caudal de su carga de libido narcisista; esto es, se abandone a sí mismo, como a cualquier otro objeto, en caso de angustia. La angustia ante la muerte se desarrolla, pues, a mi juicio, entre el yo y el superyó".[117] Si esta angustia ante la muerte se juega entre el yo y el superyó es, como sucede en la melancolía, cuando el yo queda a merced del superyó.

---

115 *Ibíd.,* pp. 2724.

116 *Ibíd.,* pp. 2725.

117 *Ibíd.,* pp. 2727.

La angustia aparece ante la ausencia de la falta, al estar este lugar ocupado por el yo que ahora se ubica como objeto.

En la melancolía lo que falta es esta identificación primordial que enlace a las pérdidas futuras; cada objeto que se pierde, que no es más que semblante de uno que falta primordialmente, deja como rastro de su encuentro una nueva identificación que hace cadena, que articula la historia del sujeto. Al no haberse efectuado esta primera inscripción, las pérdidas de objeto se van a alojar a un pozo vacío, donde el silencio cae sin límite alguno, no hay así, material para tejer la historia y la división subjetiva se pone en cuestión.

¿Cómo es el pasado? "El block maravilloso"

La metáfora de la articulación temporal que Freud va descubriendo nos la resume en un breve y sugerente texto: "El block maravilloso", esta pizarra que cuenta con un papel de celuloide en el que se imprime lo escrito y se borra al levantarlo, para dejar a la lámina o pizarra propiamente dicha, libre para ser usada nuevamente.

Actualmente tenemos variaciones de este tipo de juguete de niños o de mayor actualidad, para los seguidores de la serie de televisión CSI, una de las técnicas para rastrear huellas que bien puede verse como el recorrido inverso del block maravilloso, pues en este caso se cubre con un polvo la zona donde se intuye quedó inscrita la huella del asesino y posteriormente, se presiona un papel de celuloide que revelará si existe o no una huella. Así pues, tanto en el block maravilloso, como en sus más modernas versiones, queda, a pesar de borrar la superficie, inscrita en la base los rastros de una escritura previa; al mismo tiempo que la superficie ofrece la opción de inscribir una nueva impresión. De esta manera, aún haciendo lugar a lo nuevo, el pasado permanece en tanto inscripción.

Esto no es lo más interesante que ofrece este modelo del block maravilloso. Partimos de que en el aparato psíquico "...la capa que acoge los estímulos no conserva su huella permanente, y los fundamentos de nuestra memoria nacen en otro sistema vecino".[118] Por lo tanto, para evocar las huellas permanentes en el aparato psíquico, como para hacer visible las inscripciones en la pizarra, es necesario el encuentro entre dos escenarios, que los tratemos en términos de interior/exterior o de encuentro entre dos significantes, recordando el tiempo de la formación de síntomas, no cambia en mucho la metáfora aquí expuesta. La huella no emerge en tanto no se encuentre con otro suceso que la actualice.

Este encuentro, que aquí Freud describe en términos de cargas de energía, se produce de forma discontinua y agrega que: "...este funcionamiento discontinuo del sistema perceptor constituye la base de la idea del tiempo".[119] En donde éste parece constituirse en base a cargas que desde el interior pujan hacia el exterior y que cesan, una vez descargada parcialmente la pulsión, para volver a iniciar el circuito. Pues bien, este circuito de búsqueda de un objeto para satisfacer una pulsión (imposible de satisfacer por otro lado), se produce de manera discontinua, por medio de cortes. Freud intuye que aquí se encuentra la base de la idea del tiempo. Pero más allá de esta intuición dibuja el movimiento temporal que sucede en el psiquismo, que se compone de diversos movimientos que en su devenir constituyen la subjetividad. El tiempo en su movimiento produce sujetos.[120]

LA IDENTIFICACIÓN AL PADRE: UNA ESCRITURA

Antes de escribir "El malestar en la cultura", Freud escribe un texto en el que una vez más aborda el parricidio. En "Dostoyevski y el parricidio", Freud destaca el lugar del asesinato del padre de la horda primitiva en la neurosis. No tiene que buscar muy lejos, gracias a la literatura, Dostoyevski construye en su libro *Los hermanos Karamazov*, la ficción del asesinato de un padre.

---

118 Freud, S. "El block maravilloso", en: OC, *op. cit.*, pp. 2810.

119 *Ídem.*

120 Esta idea será trabajada en la segunda parte, cuando aborde la teoría de Lacan.

Resulta interesante el vínculo que Freud propone entre la fantasía y la realidad y su anclaje en la inscripción de este encuentro con el deseo del Otro por un lado y su articulación en una ley que deja impresa una deuda que da contenido a una culpa primigenia. Está claro que las razones de esta culpa, que da lugar a la convivencia entre los hombres, no puede provenir más que del encuentro con el deseo del Otro. Para Freud: "El parricidio es... el crimen capital y primordial, tanto de la Humanidad como del individuo"[121] y por ello también, "...la fuente principal del sentimiento de culpabilidad...".[122] Crimen primordial que se inscribe en la articulación entre un pasado inexistente y un presente eterno. El mito otorga contenido a lo inexistente y así lo articula en la historia del sujeto.

La palabra crea la ausencia del objeto, al nombrarlo lo supone en alguna parte, pero no requiere de su presencia.

La identificación simbólica al padre, anclaje del psiquismo, parte tanto del amor como del odio, es una conjunción de ambos, muestra de la división subjetiva. El amor lo conserva, el odio lo destruye, con el amor se lo tiene, con el odio se lo sustituye.

No cabe duda que la identificación al padre tiene un lugar también primordial, como su asesinato, dado que: "Es acogida en el yo, pero se ubica en él como una instancia especial aparte de su contenido restante. A esta nueva instancia le damos entonces el nombre de "superyó"...".[123] Este superyó que, recordemos, cumple funciones tanto de castigo como de protección. Figura ambigua y compleja de la conceptualización freudiana. Este desdoblamiento se ve ejemplificado en su máximo exponente en la melancolía, pero también en los síntomas, que no son otra cosa que pedazos de objeto enquistado, el padecimiento ahí se hace patente.

Me resulta sugerente esta frase de Freud: "Has querido matar a tu padre para ocupar tú su lugar. Pues bien: ahora eres tú el padre,

---

121 Freud, S. "Dostoyevski y el parricidio", en: OC, Tomo III, *op. cit.*, pp. 3008.

122 *Ídem.*

123 *Ibíd.*, pp. 3009.

pero el padre muerto".[124] Me lleva a la siguiente pregunta: ¿Acaso se puede ocupar el lugar del padre sin matarlo? He aquí la encrucijada neurótica: asumir el deseo es matar simbólicamente al padre, ocupar su lugar. Y matarlo simbólicamente es asumir su división subjetiva, su humanidad, su castración; cuestión a la que la neurosis rehúye por cuanto deja así de ser hijo y por ello renuncia, para bien y para mal, a la protección que respecto a su deseo le atribuye a ese Otro omnipotente. En esta situación algo se obtura, el pequeño del Edipo tiene que, en algún momento, de alguna manera, ocupar también él el lugar del padre. Salir del Edipo no sería otra cosa, desde esta perspectiva, que asumir los lugares entre los que se desplaza el significante.

El escenario edípico estaría construido sobre la base de una lógica de sustituciones en torno a un elemento articulador. Freud lo dice así: "...la relación entre la persona y el objeto paterno se ha transformado, conservado su contenido, en una relación entre el yo y el superyó, constituyendo una reposición de la misma obra en un nuevo escenario".[125] Donde repetición y diferencia se incluyen en torno a un elemento que articula el libreto. La realidad psíquica parece imponerse para llevar al exterior la dinámica de su relato. Encontrarse continuamente con un Otro de ciertas características, verse envuelto en historias que parecen siempre concluir de manera semejante; son la puesta en escena del libreto particular de cada sujeto. De esta manera, la realidad exterior y la realidad psíquica se encuentran hasta confundirse.[126]

Señalemos este párrafo de Freud en el que parece indicar la necesidad de construir una ficción: "...sin atenuantes ni veladuras es imposible la elaboración poética. La confesión desnuda del propósito de suprimir al padre, tal como tendemos a conseguirlo en el análisis, parece intolerable sin una previa preparación analítica. En el drama

---

124 *Ídem.*

125 *Ibíd.,* pp. 3010.

126 Estructura temporal de un sujeto del inconsciente que se sirve de mitos individuales para construir su historia. La idea de que el pasado se repite en el presente es también una ficción que posibilita el relato.

griego la atenuación imprescindible queda magistralmente conseguida sin alteración alguna de los hechos, proyectando en la realidad el motivo inconsciente del protagonista como una fatalidad ajena a él".[127] Y de esta manera, añado, la realidad psíquica permanece oculta.

El tiempo en la cultura: ¿disyunción o conjunción?

La clave del texto "El malestar en la cultura" está en la figura del superyó, esta instancia, relevo del padre, gozador y protector. El superyó viene a instalarse ahí en el lugar de las fallas paternas, falla en el intento de articulación del deseo materno. Es por esto, otro de nuestros bordes ante lo real.

El superyó exige el máximo ideal, una renuncia total y completa al objeto incestuoso. La condición de esta renuncia está en la simbolización vía metáfora paterna del deseo materno pero ésta nunca es completa, deja siempre un resto que su palabra no alcanza. En ese intersticio de la simbolización se aloja el superyó, vigilante y exigente; en cuando el sujeto se incline más por el lado del goce, su rostro obsceno y feroz aparecerá para imponer el castigo. Es así el superyó, quien no permite que este goce se realice de forma placentera; goce sí, pero con sufrimiento. Compulsión a la repetición, reacción terapéutica negativa, síntomas, son los rostros de este superyó reinando en el silencio de la palabra. Será ahora al terreno de la cultura a donde Freud intentará llevar esta lógica. La guerra, el arte, la familia, el Estado, no se salvan de entrar en la mirada psicoanalítica bajo la figura del superyó.

¿Cómo articular desde la perspectiva del tiempo al superyó? ¿Cómo un no-tiempo? ¿Tiempo de origen? ¿Rastro de la división subjetiva? Algo se enquista cuando el superyó impera feroz en el psiquismo, la evidencia clínica de su presencia está en el silencio mudo que no tiene escapatoria: pensemos en el castigo cruel del Hombre de las ratas que se impone a su imaginación, o el recorrido

---

127 *Op. cit.*, pp. 3011.

insólito e imposible para realizar el pago de una deuda que asegura de esa forma, el no pago y el recorrido eterno en su propio laberinto. Pero el superyó, al mismo tiempo, promueve la renuncia en favor de la cultura. La época en la que florece el psicoanálisis muestra en carne viva las contradicciones del desarrollo. Las preguntas que plantea el texto son ambiciosas: ¿Cuál es el fundamento de la cultura? ¿Qué permite a los seres humanos organizarse socialmente? ¿Qué los lleva a romper los lazos sociales que ellos establecen?

¿Cómo se produce esta convivencia entre el tiempo en el que habita la cultura y aquel que descubre el psicoanálisis? Tiempo de giros, de cortes e interrupciones; tiempo de sueños y fantasías, lejos de los ideales del bien decir y bienestar, de la autonomía yoica que funciona a la par de un tiempo lineal. Freud dice que, "...hacia el exterior, el yo parece mantener sus límites claros y precisos".[128] No así hacia el interior en el que lo aguarda un ello ávido por satisfacer pulsiones. El yo entonces, es testaferro en la cultura, va y viene y actúa como si fuera el dueño, pero no lo es. Máscaras, vestimentas y personajes son las herramientas de un yo que debe camuflar las intenciones del ello.

El encuentro del sujeto con la cultura está determinado por una ley, una prohibición, no hay otra manera de ingresar. Es por otro lado, el mismo encuentro que lo engendra como sujeto, que determina las huellas de la subjetividad. Este texto resulta fundamental para el planteamiento temporal, por cuanto habla del lazo que la ley permite establecer, el desvío de la pulsión. En este desvío se construye al objeto que falta y por ello, lo interno pasa a figurarse como externo. El mundo exterior parece así configurarse de acuerdo a las pulsiones no satisfechas. El seno es recortado como objeto del cuerpo de la madre cuando falta, para decirlo de otra manera, su presencia obtura la posibilidad de simbolizarlo y por ello, de buscarlo en otra parte "...originalmente el yo lo incluye todo; luego, desprende de sí un mundo exterior".[129]

---

128 Freud, S. "El malestar en la cultura", en: OC, Tomo III, *op. cit.,* pp. 3018.

129 *Ibíd.,* pp. 3019.

El superyó estaría en la base de la cultura: "...el precio pagado por el progreso de la cultura reside en la pérdida de felicidad por aumento del sentimiento de culpabilidad".[130] Anterior a la culpa está el crimen, al menos en su sentido mítico. La culpa es la insignia de este crimen inaugural del cual sólo se es responsable retroactivamente.

¿De dónde proviene la culpa que Freud vincula a un mayor desarrollo de la cultura? Cada generación supera a la anterior en avances tecnológicos, desarrollos científicos, es la superación de los hijos a los padres. De esta forma, el padre (generación) que ocupó para el niño (nueva generación) el lugar del padre omnipotente, inalcanzable, que todo lo sabe, que todo lo puede, va mostrando sus fisuras y el hijo ocupará su lugar, frente a otros hijos. Es en suma un lugar social: jefes, entrenadores, maestros, jueces, presidentes y ministros, todos ellos ocupando un lugar ligado al padre. Esta destitución no puede sino llegar con algún malestar, pues al mismo tiempo nos indica nuestra condición de seres destinados a ser, a su vez, destituidos por otros hijos.

Ahora bien, todo este asunto tiene también su contraparte, el crimen no está a resguardo por la culpa. Más aún la culpa puede bien propiciarlo, dejando como saldo en el mejor de los casos, más culpa, en el peor, más crimen.

¿De qué depende que la culpa lleve a uno u otro recorrido? En el trabajo analítico podemos pensar que lo que ahí falla es la inscripción simbólica del padre, aquel que apacigua; cuando no media su palabra nos enfrentamos a su ferocidad, más allá de la ley: su venganza. La sublimación, pulsión desviada de sus fines, daría la posibilidad de tramitar este crimen, pagando al padre feroz con la renuncia y apaciguando la culpa. "...la necesidad de castigo, es una manifestación instintiva del yo que se ha tornado masoquista bajo la influencia del superyó sádico...".[131] No resulta difícil aquí reconocer en este sadismo a este padre cruel y furioso por el crimen cometido contra él.

---

130 *Ibíd.*, pp. 3060.

131 *Ibíd.*, pp. 3061.

El elemento que enlaza este período con el siguiente es un genocidio. El nazismo ya empezaba a levantar banderas, el exilio y la culpa serían parte de los restos legados a la civilización.

"A mi juicio, el destino de la especie humana será decidido por la circunstancias de si -y hasta qué punto- el desarrollo cultural logrará hacer frente a las perturbaciones de la vida colectiva emanadas del instinto de agresión y de autodestrucción. En este sentido, nuestra época actual quizá merezca nuestro particular interés. Nuestros contemporáneos han llegado a tal extremo en el dominio de las fuerzas elementales que con su ayuda les sería fácil exterminarse mutuamente hasta el último hombre. Bien lo saben, y de ahí buena parte de su presente agitación, de su infelicidad y angustia. Sólo nos queda esperar que la otra de ambas "potencias celestes", el eterno Eros, despliegue sus fuerzas para vencer en la lucha con su no menos inmortal adversario. Mas, ¿quién podría augurar el desenlace final?".[132]

---

132 *Ibíd.*, pp. 3067.

Al pie de un abismo

En la última década de su vida, Freud convive con el nazismo. Si bien desde los inicios de su descubrimiento, no le fue ajena la discriminación a la que se vio expuesto por ser judío, no digamos subterránea, pero sí más o menos velada. En la última década de su vida verá ir cayendo el velo del "odio a lo extranjero", que en su tiempo y ubicación geográfica, se centró particularmente en *lo judío*. Su vida concluye en el exilio, cuando a la edad de 81 años, en 1939, se marcha a Inglaterra. No fue una partida fácil, a pesar de los acontecimientos, a pesar del clima que se vivía en Viena, Freud no quería marcharse. Arrastramos, de la década anterior, la muerte de Fliess en 1928, para resaltar lo imposible en el duelo, vale la pena mencionarlo, no hay necrológica para este amigo del pasado en sus *Obras completas*. Y también traemos a esta década la "Gran depresión" de 1929, consecuencia de la caída de la bolsa en Nueva York. Parte del escenario que puebla la vida cotidiana de Freud.

La convivencia con el dolor, sobre todo por el lado de la prótesis que debía llevar desde su primera operación, no puede dejar de atravesar su posición subjetiva. Freud, quien gustaba de largas conversaciones, se iba quedando sin voz, la eterna lucha entre Eros y Tánatos se libraba ahora en su propio cuerpo.

Es en torno a lo imposible, a los límites: de la interpretación, del saber, a donde las conceptualizaciones freudianas parecen dirigirse en esta década, hacia el final de su vida. Desmenuzar las ilusiones humanas a través del estudio de las religiones, desde "El porvenir de una ilusión" hasta "Moisés y la religión monoteísta". ¿Qué lugar cumplen las ilusiones? En una carta a Oskar Pfister, define su empresa de esta manera: "No sé si usted ha adivinado el vínculo secreto entre "¿Pueden los legos...?" y "El porvenir...". Con el primero, quiero proteger al psicoanálisis de los médicos; con el segundo, de los sacerdotes".[133]

El psicoanálisis, entre el saber y la ilusión, se sitúa en un lugar que inaugura. El saber toma su inspiración en la pulsión del saber infantil, saber acerca de la diferencia de los sexos y el origen de la vida, en definitiva saber acerca de la sexualidad. La religión por otro lado, toma su forma de los deseos infantiles reprimidos, amor y castigo conjugados en el Padre todopoderoso. Religión como fantasía hecha institución tendiente a preservar la figura del Padre. Velo que recubre el vacío. "Nuestra ciencia no es una ilusión. En cambio, sí lo sería creer que podemos obtener en otra parte cualquiera lo que ella no nos puede dar".[134]

Así, una vez más, todo parece originarse en la pulsión, luego ésta se abre paso por el mundo, de la mano de la vida y del símbolo que nos constituye humanos.

En estos años vemos a un Freud cada vez más interesado en la cultura, en esta articulación siempre compleja entre el psicoanálisis y la sociedad. Para Peter Gay inclusive es "...una teoría psicoanalítica de la política enunciada de modo breve".[135] ¿Es posible acaso separar al individuo de la cultura? El planteamiento lacaniano del inconsciente como aquello que hace lazo social nos ubica en este mismo camino. El inconsciente haciendo lazo social es núcleo, condición y posibilidad de la cultura; puesto que en el inconsciente se articula, en esencia, el deseo del Otro, no hay entonces inconsciente en solitario. Si en el capitulo anterior de este trabajo se colocaba al superyó como base de la cultura, ahora se incluye al inconsciente

El inconsciente es el lazo que anuda un encuentro entre el sujeto y el Otro, hace discurso, puesto que el vínculo con el Otro se da en el discurso: la madre nombra el llanto del niño, nombra también su risa, lo inserta en un relato. ¿Cómo pensar la cultura sin este lazo

---

133   Gay, P. Carta de Freud a Pfister, *op. cit.*, pp. 586.

134   Freud, S. "El porvenir de una ilusión", en: OC, Tomo III, *op. cit.*, pp. 2992.

135   Gay, P. *Op. cit.*, pp. 608.

que subyace, que empuja a los individuos a encontrarse, a crear y producir? El inconsciente es tiempo que empuja al deslizamiento, persiguiendo lo imposible: el objeto de su deseo.

Resulta interesante, para pensar el lugar del psicoanálisis en la cultura, la lectura de Peter Gay sobre el texto "El malestar en la cultura": "El ensayo esboza el estatus del hombre freudiano en la cultura (en cualquier cultura). Es el hombre acosado por sus necesidades inconscientes, con su incurable ambivalencia, sus amores y odios primitivos, apasionados, apenas controlados por la imposición externa y los sentimientos interiores de culpa. Para Freud, las instituciones son muchas cosas, pero sobre todo diques contra el asesinato, la violación y el incesto".[136] Este hombre freudiano que a duras penas es reconocido en la sociedad, permanece oculto, habitando espacios virtuales y tiempos del mercado.

El lugar del discurso psicoanalítico es el lugar del despliegue de la subjetividad. ¿Qué es ser sujeto sino este estar atravesado por el símbolo que instala la prohibición, en tanto a partir de él, el objeto le es ajeno?

Freud era básicamente un crítico de la cultura que expuso el callejón sin salida que ésta plantea, desbaratando ilusiones y utopías, nunca desistió en el camino de la reflexión y el análisis de todo aquello que captara su interés. La cultura se origina sobre la base de un conflicto: encuentro entre un deseo que se resiste a ser todo simbolizado, pues no es todo simbolizable y una ley que es verbo interpuesto a mitad de camino, prohibición del incesto. En un recorrido que inicia con "Más allá del principio de placer" y continúa con uno de corte más clínico como es "El yo y el ello", Freud parece establecer así el nexo entre el sujeto que él encuentra en análisis y el sujeto social, dejando ver un hilo invisible que articula múltiples escenarios.

Pulsión de vida y pulsión de muerte parecen tejerse inseparables para dar cuenta del funcionamiento de una sociedad en conflicto. "Esa batalla es el contenido esencial de la vida como tal, y por lo

---

136 *Ibíd.*, pp. 609.

tanto la evolución cultural ha de describirse, en síntesis, como la lucha de la especie humana."[137]

Una batalla también reflejada en su mitología, en "Tótem y tabú", que deja siempre un saldo de culpa. Un resto del asesinato que mantiene a los hermanos congregados en torno a la figura del tótem, ese resto que es al mismo tiempo guardián contra la reiteración del crimen y ejecutor del castigo. Es un tiempo de origen mítico, al que una y otra vez retorna la humanidad. Como si su inscripción no terminara de realizarse, dado que es ese resto, también, el que reedita el crimen. Después de todo, y siguiendo el planteamiento del mito, sin este asesinato la sociedad no hubiera cambiado aquella estructura injusta: uno solo acaparando para sí todos los placeres, esa es la figura del padre de la horda primitiva. Su lado benévolo y propiciador de la cultura es en tanto padre muerto. Entonces, el articulador cultural es también el padre simbólico, que organiza la cultura en torno a un abismo, recordemos que detrás de este padre hay un vacío, el símbolo marca la ausencia del cuerpo del padre totémico.

DE LO FINITO A LO INFINITO

¿Cómo se concluye? ¿Acaso el tiempo es ajeno a un final? No resulta extraño que justamente en los últimos años de su vida, Freud profundice en estos temas. "Análisis terminable e interminable" plantea cuestiones que aún hoy se discuten tanto en el interior del psicoanálisis como fuera de él. A lo largo de estos años, otros han seguido el camino iniciado por Otto Rank y múltiples alternativas han ido emergiendo en respuesta al lento proceder de un análisis. Si ya en ese tiempo Freud hablaba de las prisas americanas, ¿qué diría de los tiempos que hoy nos toca vivir?

Una terapia psicoanalítica parece un despropósito en nuestra época, quién puede tomarse el tiempo para curarse de sus fobias, ataques

---

137 *Ibíd.*, pp. 612.

de pánico, anorexias o insomnios, con la lentitud que ofrece el psicoanálisis. El tiempo pues ha estado en primera fila desde siempre; ya sea en la peculiar manera en la que se hace oír el inconsciente, en la conceptualización y uso técnico de la transferencia como en la duración de un análisis o, como cita Freud refiriéndose al Hombre de los lobos, como una intervención directa en el análisis.

¿Qué pasa, temporalmente hablando en un análisis? ¿Qué concluye y qué no, cuando de psicoanálisis se trata? Podemos adelantar que ya en aquel entonces, el psicoanálisis dio muestras de una temporalidad en disyunción con las exigencias del mercado, algo en él se resiste a ser comercializado o lo que puede ser lo mismo, masificado. La idea de tomar cada caso en su particularidad plantea la dificultad para su integración. Cada caso daría cuenta, justamente, de lo nuevo, donde la media, las estadísticas o las fórmulas terapéuticas, no funcionan para el psicoanálisis. Por el contrario, su lugar parece ser justamente la frontera entre el individuo y la sociedad, de aquello que los enlaza, lo inconsciente.

Habría tanto del lado del individuo como de la sociedad algo que se resiste a ser domesticado, medido, educado, entrar por las vías de la razón. Una pura diferencia que emerge cuando más sentimos que tenemos todo bajo control, que las necesidades están satisfechas o que el éxito al fin es alcanzado. Algo que inevitablemente se escabulle para ser garante de una ruptura, siempre a la espera de ser nombrada. Algo termina, sí, con la muerte real, con un punto que no permite agregar nada más. Pero también, algo siempre reverbera en ese otro escenario que queda cubierto, durmiente, a la espera de un encuentro, de algo siempre por venir que lo reactive, que lo resignifique.

En "Análisis terminable e interminable", Freud plantea cuestiones interesantes en relación al tiempo: "Si un conflicto instintivo no es actualmente activo, no se manifiesta, no podemos influir sobre él ni aun con el psicoanálisis".[138] ¿Y qué haría que se activara?, recordemos una escena segunda que por enlace asociativo lo torne

---

138 Freud, S. "Análisis terminable e interminable", en: OC, Tomo III, *op. cit.*, pp. 3349.

actual. El pasado pero actualizado en el presente, ahora distinto. Esta es la razón por la cual un análisis tiene mucho de interminable, pues nada garantiza que un nuevo acontecimiento no rebalse la posibilidad de simbolizar lo traumático.

Al final de un análisis con lo que se enfrenta el paciente es con la castración simbólica, ya efectuada. Esta "roca viva" que resulta decisiva para la terminación de un análisis y que pone de manifiesto en toda su fuerza a la resistencia. Es interesante pensar en lo que dice Freud acerca de la resistencia: "...evita que aparezca cualquier cambio, que todo continúe como antes estaba".[139] ¿Es este punto de detención lo que sume al análisis en algo interminable? En la dificultad de atravesar la castración en el sentido de aceptarla como algo simbólicamente acontecido, como el rastro de la división en la que se funda la subjetividad.

La repetición se dirige a estas marcas que son lugares del recorrido pulsional y del deslizamiento significante. Producto del encuentro entre un deseo de alguien que le hace a ese sujeto un lugar en el mundo, y una ley que lo exilia de ese lugar y lo conduce por el camino de la búsqueda interminable de un objeto que causa ahora su deseo y lo lleve a fundar a un lugar inédito. La manera en la que este inédito surja en la vida de un sujeto dependerá de sus marcas significantes.

EDIFICAR UNA ESCENA VACÍA

El texto que sigue, "Construcciones en el análisis" plantea el complejo tema de la interpretación en psicoanálisis. A distancia de la traducción de lo manifiesto a lo latente, la construcción, tal y como la plantea Freud en este texto, parece andar más del lado de rellenar las lagunas mnémicas. No es que al paciente le falte recordar una escena, es que ésta falta. Esta laguna en la memoria va de la mano de la castración.

---

139 *Ibíd.*, pp. 3364.

¿Por qué colocar ahí una escena? En la imposibilidad del sujeto a renunciar ser el objeto que colme al Otro, Freud parece tentado a construir una escena que haga esto más tolerable. Esta construcción que el analista realiza a lo largo del análisis y que comunica al paciente, es la ficción de su advenimiento como sujeto dividido. La alucinación bien podría dar cuenta del efecto que tiene el rellenado mnémico.

El caso clínico del Hombre de los lobos, ejemplifica este proceder. Freud construye para el paciente una escena, que es su marca como sujeto y que irá desprendiendo a partir tanto de los síntomas como de la historia del paciente. Desmenuzada la historia del sujeto, queda una estructura simple que bien puede traducirse en la gramática del fantasma, en este caso: "un niño es mirado".

Rescatemos esta cita del texto clínico del Hombre de los lobos "Habremos... de tener en cuenta que la 'activación' de esta escena (evito intencionadamente emplear la palabra 'recuerdo') provoca los mismos efectos que si fuera un suceso reciente. La escena actúa *a posteriori*, sin haber perdido nada de su lozanía en el intervalo entre año y medio y los cuatro años".[140] Una escena que sólo puede suponerse, por eso se activa y no se recuerda, es sostenida por una mirada que la "crea" y en su creencia lo sostiene. Porque es una escena que temporaliza, en la resignificación cobra sentido, regresa como síntoma, sueño, determinando el modo de construir la realidad, la respuesta frente al deseo del Otro. No es un recuerdo, es algo que se activa por efecto de una segunda escena. No me quiero detener en el caso clínico, pero me parece importante señalar esta diferencia que ahí plantea Freud respecto a activar una escena en lugar de recordarla. Puesto que una escena tal es la que se pone en juego en la construcción.

Freud señala en este texto que: "...en ciertos análisis la comunicación de una construcción evidentemente acertada ha evocado en el paciente un fenómeno extraño al principio incomprensible. Se

---

140 Freud, S. "Historia de una neurosis infantil (el Hombre de los lobos)", en: OC, Tomo II, *op. cit.*, pp. 1963.

les ha provocado vivos recuerdos ...pero lo que han recordado no ha sido el suceso que constituía el objeto de la construcción, sino detalles relacionados con aquel".[141] El recuerdo así deja un lugar vacío, por efecto de la represión. Ese lugar vacío es el que viene a velar el fantasma, detrás de la escena primaria no hay nada, detrás de la mirada de los lobos.

Resulta interesante la comparación que realiza de estos recuerdos como efectos de la construcción y las alucinaciones, estableciendo como núcleo de dicha semejanza una verdad histórica tanto en el delirio como en el recuerdo que llega como efecto de la construcción.

"La transposición de material desde un pasado olvidado al presente o a una expectación futura es realmente una ocurrencia habitual en neuróticos no menos que en psicóticos. Con bastante frecuencia, cuando un neurótico es llevado por un estado de ansiedad a la espera de la llegada de un suceso terrible, en realidad se halla bajo el influjo de un recuerdo reprimido (....) de que alguna cosa que en aquel tiempo era terrorífica ocurrirá realmente."[142]

Punto de encuentro entre los tiempos, donde el pasado se incorpora al presente delineando el futuro: ilusiones que sin embargo tiene una "verdad histórica". Es el punto de llegada de la construcción histórica de la vida del sujeto. Su lugar en el mundo, (en el deseo del Otro). Este lugar prehistórico que habrá que articular *a posteriori*.

"En el neurótico nos encontramos como en un paisaje prehistórico por ejemplo, en el jurásico. Aún retozan los grandes saurios y las briznas de hierba son altas como palmeras."[143]

Estos dos textos, tan importantes para pensar la técnica psicoanalítica son de 1937, dos años más tarde Freud partiría hacia el exilio al que se vio llevado por las circunstancias en las que le tocó vivir. Me resulta difícil no pensar que mientras escribía estos textos, el acoso del nazismo era cada vez más siniestro. Freud, ya

---

141 Freud, S. "Construcciones en el análisis", en: OC, Tomo III, *op. cit.,* pp. 3371.

142 *Ibíd.,* pp. 3372.

143 Freud, S. "Conclusiones, ideas y problemas", en: OC, Tomo III, *op. cit.,* pp., 3431.

cansado, enfermo y más viejo, vivió para ver el desenlace de aquello que tanto le preocupaba. La invasión de los alemanes a Polonia llegó el 1º de septiembre de 1939. Freud murió el 23 de septiembre.

Un último aliento, para concluir

Es probable que nada destruya más los lazos sociales que una guerra. Cada acto de violencia altera el movimiento, rompiendo los eslabones de la cadena significante. No es como la interpretación que realiza un corte en la juntura del significante con el significado para que la escritura continúe. Aquí, a lo que asistimos, es a un desmembramiento de esta cadena, de este espacio que articula significantes y permite por ello, su deslizamiento. La guerra es trauma que irrumpe feroz, donde el decir es quizá, la primera baja que se produce. ¿Cómo se reconstruyen los lazos de una historia atravesada por la guerra? Será la pregunta que en suspenso dejan las reflexiones sobre la relación del hombre con la cultura.

Una guerra rasga lo cotidiano, la subjetividad queda en cuestión, ¿qué seremos cuando todo haya terminado? Pero aquí se va figurando más claramente esta temporalidad planteada por el psicoanálisis, donde el pasado no está dicho una vez y para siempre, transformándose así en un conflicto a resolver que dará salida a los síntomas. Ahora el presente activa nuevas escenas aún no dichas pero cuyas huellas podemos inferir en algún lugar entre el pasado y el presente, un lugar a la espera de un encuentro que permanece en potencia.

¿Cuál es el inédito que Freud con su deseo, nos legó en el tiempo? No es el pasado lo que configura el presente, es éste, que en su encuentro con el pasado permite su escritura.

No hay destino en el pensamiento freudiano, y esto es así porque cada instante abre un abanico de opciones. No es infinito, pues el pasado aún no realizado tiene una presencia muda que empuja en tanto trauma, a ser simbolizado.

Freud escribió con la pluma de su tiempo, sumergido en el laberinto de la psicología humana. Con su deseo, como su hilo de

Ariadna, fue dejando rastros por todos aquellos lugares por los que
pasó. Su viaje fue intenso, a la lista de lugares en la geografía del
mundo, sumó aquellos viajes de explorador, excavador, surcador
de abismos, que lo llevaron a los rincones del psiquismo humano.
El mapa que nos dejó como su herencia, es una brújula temporal
que hará de la escucha su mejor herramienta.

Segunda Parte

El sujeto en el tiempo

La constitución del sujeto del inconsciente

> *...comprenderán también porque les he hablado del inconsciente como de algo que se abre y se cierra -porque su esencia consiste en marcar el tiempo en que, por nacer con el significante, el sujeto nace dividido. El sujeto es ese surgimiento que, justo antes, como sujeto, no era nada, y que apenas aparece queda fijado como significante*
>
> Jacques Lacan, *El Seminario, Libro 11, Los cuatro conceptos fundamentales del psicoanálisis*

Para Lacan el inconsciente está estructurado como un lenguaje y es al interior de esta estructura donde se constituye el sujeto, una estructura que lo precede y que opera bajo ciertas leyes, las de la metáfora y la metonimia. Es el lugar del discurso del Otro, una de las definiciones que da Lacan del inconsciente.[144] También dirá que el deseo inconsciente es el deseo del Otro.[145] Estableciendo así este enjambre discursivo, deseante, a partir del cual se constituye el sujeto del inconsciente.

El sujeto entonces, estará sujetado a esta estructura inconsciente que está estructurada a la manera de un lenguaje, pero un lenguaje de marcas y movimientos, en cuyo seno el sujeto es producido pues como señala Lacan: "La esencia de la teoría psicoanalítica es un discurso sin palabras".[146] Es decir, no son las palabras y su significado convencional aquellas que configuran la subjetividad, por el contrario, el significante, soporte del discurso encuentra su significación en referencia a una posición subjetiva. Para ser más precisos, no es el significado de la palabra encontrada en el diccio-

---

144   Lacan, J. "Subversión del sujeto...", en: *Escritos 2, op. cit.,* pp. 794.

145   *Ídem.*

146   Lacan, J. *El Seminario, Libro 16, De un Otro al otro.* Buenos Aires, Paidós, 2008, pp. 11.

nario, sino de éstas en tanto representantes de la pulsión, esta es la articulación significante que escucha Freud en sus pacientes, las trazas significantes que van configurando los síntomas.

Entonces, el sujeto del inconsciente así articulado a la cadena significante, se constituye a través de encuentros con el deseo y con la ley; si estos encuentros no se producen, el sujeto del inconsciente no adviene. El deseo del Otro y la metáfora paterna serían los primeros elementos a identificar para delimitar la manera en la que se constituye el sujeto del inconsciente.

Si el sujeto se constituye en tanto dividido, esto es justamente aquello que define a la subjetividad: el sujeto no es una unidad, no surge a partir de la completud, sino de su fractura. ¿Qué es lo que viene del lugar del Otro y divide al sujeto? Su deseo, y la herramienta para producir el corte es el significante de este deseo, el significante fálico.[147] La falta del Otro, su deseo, es aquello que da la posibilidad de que un sujeto surja ahí donde no había nada.

Lo simbólico hilvana en una cadena significante aquello que llega del lado del trauma que para Lacan se ubica, primordialmente, en el deseo del Otro. Se trata de darle cauce al deseo del Otro que constituye el origen de la subjetividad. Ese deseo deberá ser atravesado por un significante que represente la ley y cuyo portador se ubica en posición de tercero respecto a la díada madre/hijo, es aquel significante que por su posición es capaz de interponerse entre ambos y ello implica el reconocimiento de esta palabra que viene del Otro también para la madre. Aquí radica lo fundamental en la articulación del Otro que no es un sujeto sino un lugar. Característica que Lacan postula a partir su Seminario *La Identificación* de 1961 y que formula de esta manera en 1969: "Del Otro... en tanto –puesto que no hay ningún Otro- la intervención del significante lo hace surgir como campo".[148] De esta forma se

---

147   Este significante que al inscribir la falta de objeto, es condición de la operatoria de sustitución. Como en el juego chino, el lugar vacío es aquello que permite el movimiento de las fichas estableciendo así la lógica de los movimientos posibles.

148   Lacan, J. *El Seminario, Libro 17, El reverso del psicoanálisis*. Barcelona, Paidós, 1992. pp. 3.

resuelve el callejón sin salida para la constitución subjetiva de que la madre sea el Otro primordial cuyo deseo constituye al sujeto y al mismo tiempo de lugar a la palabra del Otro de la ley, pues se trata de un lugar que ella tendrá que, en determinado momento, reconocer como el lugar de una ley a la cual ella también está sujeta. De esta forma trasmite el más allá de ella misma, su deseo articulado a una ley que la precede.

El sujeto se constituye, no se nace sujeto y se define en relación al deseo inconsciente. Encontrar los desfiladeros por los que discurre con su pluma temporal, sólo es posible por la vía del trazado significante. El sujeto es lo real articulado al significante, es lo real cortado por el significante.

EL SIGNIFICANTE EN-CADENA

Al descubrimiento del complejo de Edipo como elemento nodal en la constitución del psiquismo humano, Lacan le da una estructura lógica en tres tiempos o escenas que podemos encontrar también en "El Seminario sobre 'La carta robada'".

En este escenario de tres movimientos se teje la subjetividad al tiempo que se organiza la realidad del sujeto. A partir de aquí se puede leer este entramado del sujeto en términos lógicos temporales. Encuentros, sustituciones y movimientos darán cauce a la cadena significante en su tarea de articular el deseo inconsciente.

En el escrito "El Seminario sobre 'La carta robada'"[149] que Lacan produce sobre el cuento de Allan Poe del mismo nombre, trabaja la articulación del sujeto a la cadena significante y el lugar del significante fálico alrededor del cual se sostiene dicha cadena. De este significante que es consustancial a la constitución del sujeto pues si no hay sujeto del inconsciente, es justamente con la falta de la inscripción de este significante con lo que nos encontramos.

---

149 Lacan, J. "El seminario sobre 'La carta robada'", en: *Escritos 1, op. cit.,* pp. 24.

Lo que podemos apreciar en el texto de Lacan, es el lugar de pivote de este significante que soporta una historia que se construye en base a la repetición de una primera escena que da su movimiento por la circulación del significante fálico y que apreciamos en el relevo de los personajes de una escena a otra: "Si lo que Freud descubrió y redescubre de manera cada vez más abierta tiene un sentido, es que el desplazamiento del significante determina a los sujetos en sus actos, en su destino, en sus rechazos, en sus cegueras, en sus éxitos y en su suerte, a despecho de sus dotes innatas y de su logro social, sin consideración del carácter o el sexo, y que de buena o mala gana seguirá el tren del significante como armas y bagajes, todo lo dado de lo psicológico".[150]

La carta es el elemento que sostiene el relato, por lo tanto asume el lugar de este significante a partir del cual se mueven y desplazan los personajes; la carta que en su movimiento deja siempre una huella de su paso, aquella que recubre y señala su ausencia.

Me interesa sobre todo resaltar el desarrollo de estas escenas organizadas alrededor de tres lugares que van tejiendo la trama; pues es el deseo, la ley y el objeto lo que se perfila en cada movimiento.

Esta historia se compone de dos escenas de las cuales una es repetición de la otra. También hay tres tiempos y tres lugares. Los tiempos corresponden a la ordenación de tres miradas: una que no ve, una que se engaña creyendo que nadie ve y otra que descubre el engaño y se apodera del objeto. Tres lugares que equivalen a tres sujetos que en cada una de las escenas se hace portador de la mirada, pero también, de una ubicación temporal.

En ese relevamiento se va configurando la escena, ubicándose de acuerdo a una repetición que tiene que ver con la cadena significante, los lugares parecen dibujados, determinados desde un inicio, solamente habrá que elegir qué parte tomar en la escena: "Veremos que su desplazamiento está determinado por el lugar que viene a ocupar el puro significante que es la carta robada, en

____

150 *Ibíd.*, pp. 24.

su trío. Y es esto lo que para nosotros lo confirmará como automatismo de repetición".[151]

El automatismo de repetición que se refiere a la insistencia de la cadena significante, que en sí misma implica estos retornos siguiendo una ley que es la misma con la que se estructura el inconsciente, las del lenguaje, por lo tanto una insistencia en base a la temporalidad propia también del inconsciente. Aunque cabe señalar aquí que no la única, volveremos a esto más adelante.

Hay un significante, la carta que determina lugares de sujeto, pero hay también en esta historia un objeto que una vez andada la rueda sobra. En la primera escena es la carta dejada en la mesa para reemplazar la carta en cuestión y que la reina luego del movimiento podrá tirar al cesto de basura. En la siguiente escena será la carta dejada por Dupin en reemplazo de la anterior, la que ahora el Ministro podrá tirar al cesto. Una escena que sucede en una triangularidad, donde en cada movimiento deberá haber algo para que la carta pueda ser reemplazada, para que se deslice metonímicamente, posibilitando que los sujetos se ubiquen en distintos lugares en relación a esta. La carta, significante fálico alrededor del cual giran los sujetos, deja a su paso la sombra de una nada, de un objeto ausente, el significante es la huella de esa ausencia. El cuento pone en escena esta particularidad del significante, pues de la carta en cuestión sabemos poco; será su semblante el que ocupará su lugar en el deslizamiento y aunque su destino está en el cesto de la basura, resulta necesario para la circulación de la carta.

El Rey al ser quien principalmente deberá ignorar el contenido de la carta, es quien causa su desplazamiento. El lugar del Rey hace que la carta sea un significante que determina a los demás sujetos de la escena. La ley que prohíbe descubrir el objeto, la ley que vela el objeto. Un objeto enigmático en el que está implicado el deseo de la Reina que deja deslizar bajo la mirada de la ley a la cual, de esta forma, se sustrae asegurando su ocultamiento, pero también su deslizamiento.

---

151 *Ibíd.*, pp. 10.

Es justamente este acto de colocar la carta en la superficie más visible aquello que captura la mirada sigilosa del Ministro, es este acto lo que produce el brillo fálico de la carta pues ahí se oculta el enigma del deseo de la Reina, la cual queda a su vez dividida, en falta, en el acto mismo de ocultar la carta ante la mirada del rey. Un enigma que, por otro lado, habrá que seguir ocultando para sostener su poder, su brillo fálico.

Ya lo dice Lacan en este texto, el significante es "símbolo de una ausencia", y determina tres lugares que giran alrededor de esta presencia-ausencia, se la ve y no se la ve, como aquello que oculta y muestra en un mismo movimiento. Es entonces el significante de una ausencia lo que construye la historia, nos encontramos aquí con el agujero que causa el movimiento. El significante no es sin su resto, sin la ausencia que nombra.

El significante en-cadena al sujeto, lo condena a transitar por sus caminos "...es la carta y su desviación la que rige sus entradas y sus papeles. Del hecho de que se encuentre "en sufrimiento", son ellos lo que van a padecer. Al pasar bajo su sombra se convierte en su reflejo. Al caer en posesión de la carta -admirable ambigüedad del lenguaje-, es su sentido el que los posee"[152], la desviación de la carta, que no es otra que el desplazamiento significante, crea los espacios en donde al ser ocupados, se convertirán en personajes de una historia. Sin el lugar de la ley, no habría posibilidad de extravío de la carta y sin la posibilidad de perder algo, de dejar un desecho, no habría tampoco posibilidad de pasar a otra escena, aquella que en su repetición marca la diferencia. Eventos diferenciales que al enlazarse producen un discurso.

En este texto, Lacan da una definición del inconsciente que parece aclarar todo este proceso: "...el inconsciente es que el hombre esté habitado por el significante...".[153] Es así como el sujeto del inconsciente "habitado por el significante" sin embargo se encuentra en el intervalo. El sujeto no es un significante, pero está represen-

---

152 *Ibíd.*, pp. 24.

153 *Ibíd.*, pp. 29.

tado por uno y siempre para otro y se encuentra en esta alternancia, el movimiento mismo, el pasaje entre uno y otro, soporte de la
cadena significante.

La ficción edípica

Lacan, en su Seminario *Las formaciones del inconsciente*[154], des-
compone el complejo de Edipo en tres tiempos que, al igual que
el texto de la carta robada, articula tres lugares en función de un
cuarto término. Más adelante me detendré específicamente en este
cuarto término, aquí me centraré principalmente en su función de
corte.

Este cuarto término, en un primer tiempo, ingresa a la estructura subjetiva del niño a través de la palabra de la madre y en otro
por el padre, ambos ocupando el lugar del Otro. Pero, al igual que
en el cuento de Poe, el elemento principal hacia el cual dirigen su
atención los personajes de la trama edípica es el falo. Tanto en su
estatuto de significante que inscribe la ley, como de aquel que es
causa de deseo, el objeto a. Si bien Lacan aún no ha conceptualizado el objeto a en este Seminario, me parece importante situar
su lugar en la trama edípica.

El relato edípico consiste en esencia en una operatoria de inscripciones y sustituciones, de cortes, productos y restos. En cierta
forma, Lacan, con esta lectura lógica del complejo de Edipo, lo despoja de su contenido imaginario, ficcional, para dejar al desnudo
la matriz simbólica que sostiene la novela neurótica; su andamiaje
arraigado en lo real.

Para ir introduciendo los tres registros: si el relato es imaginario y por tanto también necesario, la inscripción es simbólica
tanto como la estructura es del orden de lo real. Con esto quiero
destacar la importancia de los tres registros para la constitución

---

154 Lacan, J. *El Seminario, Libro 5, Las formaciones del inconsciente*. Buenos Aires,
Paidós, 1999.

de la subjetividad, pues si el paciente accede a la verdad anudada en su síntoma a través del relato, el analista lee la matriz simbólica arraigada en lo real.

Para que el complejo de Edipo se constituya, el Otro, en tanto deseante, tendrá que estar constituido previamente, pues es en su campo donde se da la articulación edípica. Esto implica una pre-historia que solo podrá ser leída retroactivamente, pero sin la cual el ingreso en la ficción edípica es impensable. Esto sitúa al campo del Otro como algo esencial para la constitución del sujeto, pues es a partir de su deseo que éste adviene.

El complejo de Edipo nos dará las coordenadas del surgimiento del sujeto, pues es en el Edipo donde se desarrolla la trama de este encuentro. Es decir que los cortes, inscripciones y encuentros que determinan la subjetividad, tomaran forma en un relato que da cuenta de este surgimiento. De esta forma, la construcción del relato edípico se produce en un tiempo retroactivo como testimonio, desde la articulación entre lo simbólico e imaginario, del nacimiento en lo real de un sujeto.

Por otro lado, la estructura temporal del complejo de Edipo recuerda a la de la formación del síntoma expuesta por Freud. Dos escenas se enlazan y se actualizan de forma encriptada en el síntoma que se ubica, en tanto retorno de lo reprimido, en un tercer momento. Así, el sujeto como el síntoma, es el resultado inédito de un encuentro entre un tiempo primero y un tiempo segundo, o lo que es lo mismo, un S_1 y un S_2 que serían las marcas temporales del advenimiento del sujeto del inconsciente.

Un lugar en el deseo del Otro

Para que advenga un sujeto será necesario que un deseo lo convoque, es el deseo de la madre que le hace un lugar al niño (no olvidemos que el deseo en sí mismo implica ya la intervención de la ley simbólica que funda la ausencia, el lugar vacío). Así ingresará en el universo simbólico a través del deseo de la madre que aquí ocupa el lugar del Otro.[155] En este tiempo no opera para el niño el significante que nombre aquel objeto que la madre desea más allá del niño, está, por así decirlo, en espera. De cualquier manera, es justamente este más allá que aún no tiene inscripción simbólica, lo que abrirá la posibilidad al niño de dirigir su atención hacia esa dirección intentando ser para la madre el objeto que ella desea.

Lo interesante es que Lacan plantea el interés del niño no por la madre sino por su deseo, por aquello que causa sus idas y venidas. El objeto en juego no es la madre sino su deseo, el deseo del Otro. Es a partir de esta presencia/ausencia de la madre que se produce la primera simbolización, pero es una simbolización binaria, del deseo de esta madre que va y viene. Hay deseo pero aún no está metaforizado por el significante fálico que introduce al tercero, el padre. Aquí se establece el primer trazo para la constitución del sujeto dividido, se abre el ojal de la aguja por donde pasará el hilo que enlazará este primer trazo con una segunda marca.

El tiempo como corte en el espacio que inscribe la ley

El segundo tiempo es crucial para el sujeto. Si en el primer tiempo el sujeto estaba incluido en el deseo de la madre, aquí ella deberá, no sólo dirigir su deseo hacia otro lado, sino también, reconocer la ley que la rige también a ella. Por eso se dice que en este tiempo la metáfora actúa sobre la madre más que sobre el niño, porque abre en ella la condición para que el niño simbolice su deseo dentro de la lógica fálica, que implica la sustitución. El Otro que en el primer tiempo es todo para el niño, no es amo, hay una ley a la que la madre tendrá que sujetarse para no ser ella legisladora. El niño percibe entonces, que hay otro que posee ese objeto que la madre desea y que él intenta ser para ella. En este tiempo más que del

---

155 Trabajaré aquí principalmente el registro simbólico, lo imaginario será articulado en el próximo capítulo y lo real cuando trabaje la pulsión más adelante.

deseo se trataría de la prohibición de realizarlo, de su desviación hacia el intercambio simbólico. Ahora, aquello que la madre desea, que causa sus ausencias, lleva la marca del significante fálico, el niño percibe que ese algo más tiene nombre.

La metáfora corta, divide primero a la madre y al hacerlo deja libre el lugar del Otro para que sea ocupado por otro significante, no ya el del deseo sin nombre de la madre. Se sustituye el significante binario del deseo de la madre por un tercero respecto a la inscripción binaria de presencia/ausencia del significante y de esta forma, se establece un lazo entre significantes. Esto conlleva a la afirmación lacaniana que un sujeto sería aquello representado por un significante para otro significante.[156]

Si en el primer tiempo la simbolización era entre presencia de la madre, ausencia de la madre, presencia/ausencia del significante, el segundo tiempo en la constitución subjetiva, inscribe la sustitución significante en sí misma. De esta manera es como se metaforiza el deseo enigmático de la madre, aquello que causa sus idas y venidas y que el niño esperaba poder sustituir, por el significante fálico, es la inscripción de la terceridad como presencia. Aquí el inicio de la ecuación con la que sustituirá el niño a la madre por el padre en el tercer tiempo.

En este segundo tiempo cae la ilusión que sostiene el primer tiempo de ser objeto de deseo de la madre, por ello es fundamental la sustitución de la madre por el padre[157], pues es por esta vía que el niño accederá a la inscripción de este significante que atenuará la caída o más aún, evitará que sea arrastrado al vacío de la ausencia, el significante es soporte simbólico que permite construir por medio de la sustitución y circulación. El significante fálico, al sustituir al deseo de la madre, se constituye en la terceridad que hace de mediación ante lo real, lo que suele funcionar como elemento apaciguador.

---

156 Lacan, J. *El Seminario, Libro 17, El reverso del Psicoanálisis, op. cit.*, pp. 11.

157 Recordemos que estamos hablando de madre, padre, en tanto significantes: madre, significante de la inscripción binaria, padre, significante en posición de tercero frente la inscripción binaria, la afirmación primera en la que se inscribe el niño y que será resignificada por este significante de la ley de sustitución.

De esta forma, la intervención del padre torna simbólico el objeto del deseo de la madre. En el primer tiempo este objeto es del plano imaginario, por ello la identificación al objeto del deseo materno es imaginaria, identificación al falo imaginario que trabajaremos en el capítulo siguiente, y que es también un tiempo necesario para la constitución subjetiva. Es el tiempo del estadio del espejo, fundamental en la conformación del yo del sujeto.

Resumiendo, una vez simbolizada la madre como Otro que oscila entre la presencia y la ausencia, viene el segundo tiempo que resignifica esta simbolización primera, binaria, con un objeto ahora simbólico y por lo tanto sustituible, de tal forma que el niño sale de la captura imaginaria que la identificación al falo ofrecía con los elementos suficientes para no caer al vacío.[158] La intervención del tercero, el padre, desaloja al niño de este lugar volviendo imposible satisfacer el deseo de la madre. Este tiempo queda congelado, por decirlo de alguna manera, en el yo del sujeto, heredero de este lugar de niño fálico.

DEL SER AL TENER. LA PROMESA Y EL LUGAR VACÍO EN LA LÓGICA FÁLICA

Al deseo enigmático de la madre del primer tiempo, al ser metaforizado por otro significante, se accede por mediación simbólica. Es lo mismo que decir que a lo real del deseo del Otro se lo alcanza por medio de lo simbólico, de lo contrario es deseo voraz que aniquila al sujeto. Pero también hay otra vía que por el contrario captura, fija y tapona ese deseo, es la vía fantasmática por la que el sujeto busca hacerse falo imaginario del deseo del Otro. Es resto de un tiempo por siempre sido, hacia el cual sólo puede accederse

---

158   En este punto se ubicaría por ejemplo la fobia de Juanito (Sigmund Freud, "Análisis de la fobia de un niño de cinco años"). El caballo es un significante que le permite la salida de este lugar de identificación al falo imaginario. El hecho de que el niño sea capaz de colocar ahí al significante caballo, da cuenta de la inscripción simbólica de la función paterna.

por la vía del fantasma. Pues ahí el sujeto se hace objeto *a* para el otro en una ficción y de esta forma mantiene a su vez, a distancia el deseo del Otro.

Ser o no ser el falo es siempre una pregunta planteada en el registro imaginario. Para acceder al significante fálico primero habrá que haber establecido que no puede tenerse, en eso consiste la castración: aceptar esta carencia que supondrá también la asunción del falo en lo simbólico, como un significante; ya sea que se lo represente como en la posición femenina, como que se lo porte para la posición masculina. De cualquier manera, será siempre un significante que circula y que se pierde en el instante mismo de poseerlo, aquí la clave, otra vez, de la trama del cuento de la carta robada.

El tercer tiempo es aquel en el que se cierra el circuito, hace lazo entre el primer significante del deseo materno que el niño intentaba ser para la madre, falo imaginario y que es sustituido por aquel, no ya que lo es, como en el tiempo anterior, sino que lo tiene y por ello lo puede dar. Ahora no es sólo la palabra del padre, sino el padre en tanto real como portador de aquello que causa el deseo de la madre. Una vez que el falo está constituido como símbolo y la madre ha asumido su falta, la castración, otro podrá estar revestido con él, es decir, ser el portador del objeto de deseo de la madre. Así es como este lugar del padre como separador del niño de la madre del segundo tiempo, ahora toma cuerpo, por decirlo de alguna manera, en lo real. Es la lógica en la que se situará el niño a futuro por medio de la identificación con aquel que es portador del objeto de deseo. Es decir que para ser revestido de este símbolo en un tiempo posterior por el deseo del Otro habrá que aceptar no tenerlo, eso quiere decir, ser a su vez, deseante.

La lógica del tener que sustituye a la del ser del tiempo dos, implica que este objeto causa de deseo circula, entonces existe la promesa de adquirirlo, que es aquella que el padre trasmite al hijo. Pues es el Otro en posición de tercero quien porta aquí el falo, de esta manera el niño se identifica con aquel que lo tiene, con sus emblemas y entra en la lógica ternaria del deseo bajo la promesa, tanto para el niño como para la niña. Para ella recibirlo para perderlo y para él recibirlo para darlo, pero siempre en la lógica del movimiento, del relevo. Pasa así de la introyección del yo ideal, ideal de totalidad y completud de la madre, a la identificación a los significantes del padre, móvil, de un significante a otro. Lugar intervalar[159], es esto y también esto y luego esto, en contraposición a la definición única del estadio anterior. Es el deslizamiento fálico por oposición a la fijeza que ofrece el yo ideal, imagen especular petrificante.

Freud lo enuncia de manera clara al decir que: "...el niño lleva a cabo muy tempranamente una carga de objeto, que recae sobre la madre y tiene su punto de partida en el seno materno. Del padre se apodera el niño por identificación. Ambas relaciones marchan paralelamente durante algún tiempo, hasta que, por la intensificación de los deseos sexuales orientados hacia la madre, y por la percepción de que el padre es un obstáculo opuesto a la realización de tales deseos, surge el complejo de Edipo".[160] El Edipo así ofrece la ficción necesaria para enlazar ambos, el objeto y el significante, el deseo y la ley.

Desde la perspectiva lacaniana, la resolución del complejo de Edipo implica que el sujeto renuncie a ser el falo imaginario del deseo materno para aceptar la promesa de tenerlo simbólicamente y tenerlo simbólicamente es perderlo imaginariamente. Ahí el dilema neurótico que en esencia no es tal, pues si es neurótico esta operación ya ha sido efectuada y ser el falo imaginario de la madre es un fantasma con el que niega la castración.[161] Dado que la vía

---

159 *Cf.* Eidelsztein, A. *Las estructuras clínicas a partir de Lacan,* Volumen I. Buenos Aires, Letra Viva, 2008.

160 Freud, S. "Nuevas conferencias introductorias al psicoanálisis. Conferencia 31 La descomposición de la personalidad psíquica", en: OC, Vol. XXII, *op. cit.,* pp. 74.

161 Así se defiende del deseo del Otro, función yoica por excelencia, que entrega un objeto imaginario al ello para mantener a raya la insistencia pulsional. De esta forma el yo cumple una función defensiva al tiempo que hace de soporte en el encuentro entre lo imaginario y lo real, el lugar del falo imaginario, el cuerpo en tanto unidad.

metafórica supone darlo y con ese acto mismo, perderlo; porque lo que se da es una sustitución de significantes, una operatoria para sostener el deseo en circulación. La otra operatoria, como ya mencioné, es la que se ubica por la vía fantasmática y que obtura el discurrir. En realidad se trata más bien de entrar y salir más que de evitar una u otra. Si la vía fantasmática obtura, la metáfora despeja, ese es el movimiento y la alternancia en la que se configura y sostiene la subjetividad.

La metáfora y su producto

Si bien Freud destacó la atemporalidad del inconsciente, desde un inicio se encontró con un tiempo que se organizaba siguiendo una lógica diferente al tiempo que habita la consciencia. Desde la lógica del sueño, regida por el deseo inconsciente hasta su célebre afirmación: "Donde ello era, yo debo devenir"[162], vemos la impronta de esta temporalidad que sigue otros circuitos diferentes a la cronología a la que está habituada la consciencia, soporte del discurso social.

En "La interpretación de los sueños", Freud propone como mecanismos del inconsciente la condensación y el desplazamiento. Lacan leerá aquí a las leyes del lenguaje: metáfora y metonimia. Así tenemos que: metáfora, sustitución de un significante por otro y metonimia, enlace entre significantes, le dan movimiento a la cadena significante. Dado que hablamos de lugares, el movimiento está en los significantes, estos se sustituyen, se relevan. Uno es lo que el otro no es, perfecta analogía con el tiempo. No hay materialidad que los distinga, sólo la diferencia.

La idea sería la siguiente: hay un tiempo lógico en el cual el sujeto es inscrito en el lenguaje, por el cual el lenguaje es algo más que un sistema de signos que sirven para comunicar. Es como si

---

162 Freud, S. "Conferencia 31 La descomposición de la personalidad psíquica", en: OC, *op. cit.*, p. 23.

en este primer tiempo, el lenguaje quedará impreso en el cuerpo (el caso Elizabeth nos da un clarísimo ejemplo de esto que me interesa resaltar). Este lenguaje inconsciente tiene que ver con las pulsiones parciales, no es el sentido aquello que soporta la estructura, éste viene por efecto de la intersección con lo imaginario.

¿Cómo se produce esta inscripción?, por la intervención del Otro (el lugar de quien porta el deseo) que con su deseo deje huellas, marcas significantes en la piel del sujeto. Para ponerlo en términos freudianos: es la madre que con sus caricias y cuidados libidiniza el cuerpo el niño.

Hasta aquí tenemos al Otro, el deseo y la palabra. Ahora bien, este Otro toca con su deseo al sujeto, a través de la palabra, lo que en sí mismo implica un tercer elemento en juego entre el Otro y el sujeto, entre la madre y el niño. Siguiendo en este punto freudia-namente, no es que la caricia, el cuidado por sí solo libidinice al cuerpo del niño, es la caricia y el cuidado de un Otro portador de un deseo. La alternativa sería un cuidado mecanizado por ejemplo, en cuyo caso habría ausencia de deseo en el lugar del Otro

Siguiendo con Lacan, desde este lugar del lenguaje que nombra e identifica, el sujeto queda, al igual que el Otro, dividido; atrave-sado por la palabra que lo introduce en la subjetividad, que abre una brecha entre el sujeto y el Otro, entre el Otro y este sujeto que queda ubicado en el lugar del objeto que causa su deseo. Volviendo a la madre y al niño, esta queda separada de este niño que está ubi-cado en el lugar de aquello que causa su deseo, ocupa por ello, un lugar en su fantasma, un lugar fálico.

LAS TRES COORDENADAS DEL SUJETO: EL OTRO, EL SIGNIFICANTE Y LA IDENTIFICACIÓN

El sujeto se constituye en base a tres momentos: encuentro, corte y rasgo. Este movimiento respecto a tres lugares es lo que produ-ce el tiempo para el psicoanálisis y el tiempo retroactivo es su es-tandarte, es la herramienta que opera sobre estos elementos. Lo interesante aquí es que el tiempo del encuentro no existiría sin un segundo tiempo que lo haga surgir, pero en tanto inscripción es necesario que haya surgido primero que este segundo momento. El encuentro entre ambos momentos produce un tercero que hace móvil esta primera huella. Estamos hablando de un tiempo que produce un cambio, una diferencia y esto es lo esencial del tiempo que plantea el psicoanálisis, un tiempo productor de diferencias. La metáfora paterna ordena el espacio, lo estructura, produce los lugares significantes madre, padre, hijo. Aquí la configuración del complejo de Edipo en tanto ficción de este ordenamiento. Un tiempo que produce un sujeto y genera siempre un resto.

Aún hay otro elemento a considerar y es que al significante fálico no le es posible significarlo todo, algo se escapa, un resto no simbolizado; es el punto de goce que tiene que ver con la pulsión. El concepto freudiano de fijación puede darnos una pista de este lugar abierto por lo simbólico, que al mismo tiempo se sustrae al significante. Son las fallas del padre en lo simbólico, es decir, aquello que no quedó articulado al significante fálico; es el resto que queda sujeto a la ley sin estar en ella, el agujero en lo simbólico, circunscrito por significantes.

Como ya se señaló, el niño para nacer necesita que un deseo lo llame a ser. De esta forma, al nacer estará en el lugar del significante de un deseo S_1, un deseo que hace un lugar en el lugar sin lugares de lo real. Pero para que el niño advenga como sujeto de deseo tendrá que ser desplazado del lugar de objeto de deseo de la madre. La función del padre vendrá a articular el deseo materno con la ley, S_2, e introducirá al niño en la dinámica de sustituciones, en el intercambio simbólico; intercambio de significantes en donde, de ahora en adelante, quedará él como sujeto deseante.

El lenguaje liga significantes y articula faltas. Para esto, el juego del *fort-da* que Freud trabaja en "Mas allá del principio de placer" da una idea clara de la íntima relación entre el significante y la falta, donde se inscribe un significante se supone una falta (falta el objeto, está el significante). Es lo simbólico lo que hace agujero a lo real que abrirá el espacio para que el deseo se deslice a través de los significantes. Entre estos significantes y estas faltas se desliza el sujeto, es como se ve, un espacio delimitado, como un canal acordonado.

El tiempo del inconsciente, marcado por el advenimiento de un sujeto dividido por un significante, aquel que lo corta y lo deja separado del objeto de su deseo, es también el tiempo en el que el sujeto adviene como ausente, he ahí la posibilidad de ser representado. Momento inicial que se repite, un camino que retorna al mismo punto, al tiempo en el que se constituye el sujeto del inconsciente pero sólo para señalar la imposibilidad del reencuentro, la diferencia entre el momento inicial y su repetición.

Este efecto del tiempo retroactivo que produce un sujeto tiene lugar cada vez que se crea un sentido nuevo, cada vez que se produce una diferencia, puesto que el sujeto del inconsciente no es algo dado de manera permanente; se produce con la misma lógica de su gestación, extrayendo el objeto a, efectuando un corte por medio del significante.[163] Aquello que hace posible está producción subjetiva es que la inscripción primera y su metáfora, segunda inscripción o reinscripción, hayan tenido lugar; pues para producir efectos de sujeto éste tiene que encontrarse articulado en la cadena significante.

Entonces, el inconsciente más que atemporal, se manifiesta en una lógica temporal diferente en los significantes que siguen una cadena que ordena el discurso y permite que el sujeto dibuje en esas coordenadas, metáfora y metonimia, su propia historia de sujeto de deseo. En cierta forma, la consecuencia del inconsciente es la historia. El inconsciente atemporal al que se refiere Freud, al mover la cadena significante produce o provoca una escritura (de diferencias) y esto se traduce en la historia del sujeto. La escritura que se produce en el movimiento del inconsciente está hecha de trazos que se distinguen únicamente por el lugar, la única diferencia entre un trazo y otro es el lugar. En este pun-

---

163 A esto apuntaría la intervención analítica, punto que veremos más adelante.

to, no hay sentido alguno que diferencie a los significantes. Sin embargo, estos producen una articulación que da como resultado una historia particular.

Así es como encontramos el lugar fundamental de este sujeto del inconsciente para la articulación del tiempo que propone el psicoanálisis. Para hallarlo habrá que recurrir al relato. Ni la observación ni la experimentación, podrían dar cuenta de la manera en la que se articula el tiempo en la subjetividad. La escucha analítica, por el contrario, abre la puerta a este tiempo que de otra forma quedaría clausurado. Una escucha más bien, que lee las marcas que deja este sujeto en su deslizamiento entre significante y significante, construyendo *a posteriori*, la historia de un sujeto dividido por su deseo. Las marcas de este deseo están en los tropiezos, negaciones, lapsus, sueños, etc., elementos que se repiten e insisten en su inscripción siempre fallida.

La subjetividad es consecuencia del deseo del Otro

Como ya mencioné, aquello que viene del campo del Otro y divide al sujeto es su deseo. Este deseo del Otro que una vez dividido por él, el sujeto hará suyo: su deseo será en adelante el deseo del Otro, en ambos sentidos de la palabra, deseará al Otro y su deseo estará conformado por el deseo del Otro. Para complicar más el asunto, el sujeto es principalmente un sujeto intervalar, esto es, se lo localiza en el entre dos significantes; y el Otro es un lugar que podrá ser ocupado por diferentes sujetos en lo real. Así, quien ocupe este lugar sólo representará al Otro, lo cual implica de por sí una distancia, por el contrario confundirse con el Otro implica la obturación de este espacio que requiere estar vacío para la circulación del deseo.

Hay aún otro movimiento que será posible una vez constituido el sujeto. El deseo que atraviesa la cadena significante, que crea un nuevo lugar en el universo simbólico, corta en cierta forma con esta temporalidad marcada por la cadena significante (es lo que se entiende por automatismo de repetición que veremos más adelante). Cuando el deseo traspasa la cadena se produce un encuentro que en sentido estricto es fallido, pues lo que está en la base es la insistencia hacia el encuentro del deseo con su objeto. En lugar de este encuentro que está marcado por la imposibilidad desde el momento en el que el lenguaje nos atraviesa, se da un encuentro entre el deseo del Otro[164] y el Nombre del Padre (significante): entonces es posible inscribir algo nuevo, pero siempre al interior de esta estructura lógica. De otra manera, la cadena significante quedaría como un carrusel girando siempre de la misma forma. El deseo señala el lugar desde donde siempre es posible una irrupción, un corte en esta cadena. El deseo del Otro, al que el sujeto, intentará siempre ponerle un nombre.

El sujeto nace de un encuentro que lo enlaza al significante, así habita entre los eslabones de la cadena significante. Este encuentro se define partiendo de un origen mítico, por siempre desconocido, pues del origen sabremos sólo por sus efectos, es decir, una verdad a medias. Este origen mítico es, a nivel de lo simbólico, un agujero.[165] Ahora bien, será en este agujero donde se alojará el futuro sujeto como objeto causa del deseo del Otro, saldrá de ahí con la marca de un primer significante, S_1, que en este primer momento no tendrá aún articulación con otro significante, S_2. Mantendrá una relación por oposición con la ausencia, pero no con otro significante con el que posteriormente hará cadena.

Esta primera marca lo inscribe en una secuencia, pero para ingresar en el tiempo de la articulación y la retroacción, hace falta que ese significante Uno represente al sujeto para otro significante. Esta representación de significante a significante es lo que otorga el movimiento, puesto que el sujeto nunca podrá ser representado de forma total por un significante, siempre se precisará otro.

Lo interesante es que el segundo significante es quien hace ac-

---

164   El deseo del Otro hay que entenderlo como lo traumático definido por Freud, lo aún no simbolizado, o lo que es necesario que no cese de no escribirse, la relación sexual.

165   Volveremos a este punto cuando se articulen los tres registros: real, simbólico e imaginario.

tual al primero, como si lo despertara de un sueño eterno, de esta forma construye la versión mítica del origen. Aquello que introduce al sujeto en el movimiento significante de la representación es un encuentro entre dos significantes, el significante del deseo materno (enigmático, mítico) y el significante fálico, S_2 que resignifica el S_1 del deseo materno. Un encuentro entre un deseo y la ley que lo marca como imposible de realizarse.

Esta primera marca entra retroactivamente en asociación con un segundo significante que lo enlaza y por ello, le otorga movimiento. El sujeto del inconsciente nace por efecto de un tiempo retroactivo, si este encuentro no se produce, el sujeto no aparece representado en ningún lado, quedando descolgado de su propia historia.[166]

---

166 Sería el caso de la psicosis, pero excede los límites de este trabajo por plantear una problemática con el tiempo diversa a la del sujeto del inconsciente.

Un retorno que da inicio

En el capítulo anterior trabajé principalmente la constitución del sujeto del inconsciente a partir de la metáfora paterna y su articulación con el complejo de Edipo, el movimiento de este sujeto en la cadena significante que organiza una historia.

A continuación me centraré más específicamente, en la forma en la que el sujeto se enlaza al significante por medio de la identificación. Para ello trabajaré con el concepto de identificación desde dos vértices: el simbólico y el imaginario. Del lado de la identificación simbólica, con el concepto de rasgo unario y del lado de la identificación imaginaria, el ideal totalizante. Por último, puntualizaré algunas cuestiones en relación al concepto de repetición.

LA MIRADA DEL OTRO

La mirada del Otro lleva la marca de su deseo, es como una brecha que se abre en lo real, es el lugar al que adviene el futuro sujeto. El lugar en el cual se aloja el sujeto es simbólico y el brillo del deseo llega a través de la mirada, esta mirada es como la punta de la cuerda desde la cual se efectuará el lazo que articulará al sujeto con el Otro, por efecto de la metáfora paterna.

Esa mirada inscribe un rasgo, el primero, el que inaugura la cuenta. Es el nombre en el sentido en el que éste viene a nombrar al sujeto bajo el significante del deseo del Otro, su nombre lleva impresa la huella del objeto de deseo del Otro, cuya mirada se imprime en el cuerpo. Es este objeto que luego será recortado por la resignificación de esta mirada por un segundo significante, de ahí lo fundamental del concepto de repetición. Este significante es al cual se identifica el sujeto y que será, por una segunda intervención, su representante ante otro significante. Si no se articula a otro significante, es un significante mudo. Dice Lacan: "Esta mirada del Otro, debemos concebir que se interioriza mediante un signo. Con eso basta. *Ein einziger Zug*".[167]

El encuentro con la mirada del Otro bajo cuyo signo queda inscrito el sujeto en lo simbólico, tiene también una particularidad y es que la imagen en donde el niño busca reconocerse a través del Otro, es un reflejo de algo que ya no es; es bajo esta temporalidad que lo simbólico inscribe sus marcas haciendo rasgo del niño que estaba ahí. La dimensión temporal sitúa a este primer tiempo de completud como algo mítico. Se trata de fijar una ausencia, pues al entrar el niño al lugar del falo imaginario, la mirada del Otro, tanto como la del niño reconociéndose en ella, lleva implícita su fractura; de lo contrario tendríamos que pensar en una mirada inmóvil que todo lo abarca, que no es el caso ni aún en la psicosis. El niño no es idéntico al falo imaginario, aquello que queda fijado como falo imaginario es también un rasgo y la posibilidad de que esta operación de corte se produzca por parte del Otro permite la salida, la separación del niño del lugar totalizante. La problemática que respecto a este punto plantea la estructura psicótica es la resignificación de esta mirada, el elemento simbólico con el cual se encuentra el niño al salir del espejismo.

Esta es la identificación simbólica primera al rasgo unario que sostiene la imagen y la posibilidad de que en ese espejo se refleje el niño. Pues la imagen por sí sola sin el "estaba" que imprime lo simbólico, es petrificación que obtura, pero como dijimos, conlleva la amenaza de su caída. Sostenerse en la mirada del Otro únicamente supondría la locura, algo de lo que da cuenta el delirio psicótico, como aquel elemento que intenta articular una distancia con respecto a la mirada totalizante del Otro.

Entonces, "el símbolo se manifiesta en primer lugar como asesinato de la cosa, y esta muerte constituye en el sujeto la eterniza-

---

167 Lacan, J. *El Seminario, Libro 8, La Transferencia*. Buenos Aires, Paidós, 2003, pp. 395.

ción de su deseo...".[168] Este símbolo es la tumba de algo que nunca estuvo, ese objeto tras el cual el deseo va en búsqueda eterna es un objeto faltante creado por lo simbólico. La marca de ese objeto "siempre sido" es el rasgo unario, el nombre del sujeto que atestigua sobre aquello que en el deseo del Otro es eternamente "sido". La imagen es un reflejo de este "sido", objeto a que recorta lo simbólico que viene a ser el marco del espejo que sostiene la imagen. El objeto a es un agujero que la imagen fálica recubre otorgándole el brillo que le da su estatuto de señuelo para el deseo y el yo es el heredero de esta imagen fálica. A partir de entonces el yo siempre será otro, el niño que fue en la anticipación imaginaria que la mirada del Otro otorga.

EL ESTADIO DEL ESPEJO, LAS DOS CARAS DE LA IDENTIFICACIÓN

Lacan desarrolla un tiempo lógico en la constitución del sujeto al que llamó *estadio del espejo* y que consiste, de forma resumida, en el encuentro que se produce en el niño al verse reflejado en el espejo y bajo el reconocimiento del Otro, con la imagen completa de su cuerpo. Así nace la imagen especular del yo. Aquello que posibilita este reconocimiento especular está en la mirada y la palabra que viene de la madre. Dice Lacan que "...la relación simbólica define la posición del sujeto como vidente".[169] Ante el júbilo del niño frente a la imagen, la madre es convocada a pronunciarse: "Ese eres tú, Pedro". De esta forma le otorga un nombre al hallazgo del niño, al encuentro con su imagen; con la cual queda enlazado por medio de la palabra que viene a representar el deseo de la madre. Estarían expresadas así tanto la identificación simbólica al trazo significante "Ese eres tú, Pedro", como la imagen corporal, identi-

---

168   Lacan, J. "Función y campo de la palabra y el lenguaje en psicoanálisis", en: *Escritos 1, op. cit.,* pp. 307.

169   Lacan, J. *El Seminario, Libro 1, Los escritos técnicos de Freud.* Barcelona, Paidós, 1984, pp. 214.

ficación imaginaria, que el niño descubre en el espejo y que puede ser incorporada gracias al significante que llega de la madre. En suma, ese espejo está sostenido por la mirada del Otro. De esta forma se "imaginariza" el significante "Ese eres tú, Pedro" en un cuerpo completo.

El estadio del espejo plantea también una temporalidad peculiar dado que: "Este desarrollo es vivido como una dialéctica temporal que proyecta decisivamente en historia la formación del individuo: el estadio del espejo es un drama cuyo empuje interno se precipita de la insuficiencia a la anticipación...".[170] Lo interesante de este planteamiento es el doble movimiento temporal que forma el espacio identificatorio. La identificación anticipatoria de un cuerpo fragmentado en un cuerpo unificado, le otorga al sujeto la posibilidad de sostener en el agujero que soporta el espejo una ficción que constituya su yo, pero al mismo tiempo, establece la diferencia que lo funda como sujeto, es decir, la distancia que siempre habrá respecto del yo ideal que se vislumbra en la imagen especular. Entre ésta y el ideal del yo, proyectado al futuro, se instituye el intervalo necesario para la emergencia del sujeto.

EL MITO QUE INTRODUCE AL PADRE: LA FICCIÓN DE SU AUSENCIA

Retomaré aquí el mito que Freud plantea en el texto "Tótem y tabú", dado que me servirá de apoyo para ir articulando cómo se produce este encuentro entre el sujeto y el significante. Recordemos brevemente que Freud ubicó esta primera muerte, necesaria para el advenimiento de la cultura, en el asesinato del padre de la horda primitiva. Estos hermanos que unidos ante un padre que detenta el goce, le dan muerte con la ilusión de acceder así a él. Grande será la sorpresa cuando al eliminar el estorbo, el goce cobra todo

---

170 Lacan, J. "El estadio del espejo como formador de la función del yo (*je*) tal como se nos revela en la experiencia psicoanalítica", en: *Escritos* 1, *op. cit.*, pp. 90.

el estatuto de su imposibilidad: una vez muerto el padre, es ahora el retorno del amor al padre transformado en culpa, lo que vuelve imposible ocupar su lugar, aquí el goce mítico del Otro.

Pero no nos confundamos: nunca hubo tal padre. Freud desarrolla un mito. Este padre sólo existe en tanto está muerto. En su lugar se erige un tótem, una versión que lo supone, la fantasía de que es posible construirlo, hacerlo existir a cambio de entregarse a él. Siguiendo la metáfora que el mito nos entrega, para que el asesinato no vuelva a ocurrir será necesario que el lugar del padre quede vacío. La exclusión del padre, de allí su presencia en tanto significante y dice Lacan: "... tótem y tabú, el mito freudiano es la equivalencia del padre muerto y el goce. Esto es lo que podemos calificar con el término de operador estructural".[171]

El operador estructural en el que se apoya el mito edípico descansa sobre un real imposible, pues este goce supuesto a este padre ahora muerto, es del orden de lo imposible. "...lo real es lo imposible. No en calidad de un simple tope contra el que nos damos de cabeza, sino el tope lógico de aquello que, de lo simbólico, se enuncia como imposible. De aquí surge lo real".[172] Digamos que es de la intervención de lo simbólico en la naturaleza de donde surge lo real, lo imposible de nombrar, de abarcar por medio de lo simbólico, y es este encuentro lo que instaura un agujero en la simbolización.

Sigamos con el mito freudiano, para entender la articulación que aquí se establece con la identificación del sujeto y el lugar de esta primera muerte como operador de la estructura. Esta primera muerte del padre totémico introduce un nuevo discurso: los hermanos ahora tienen que legislar para conservar la especie, para poner un límite y acceder al reparto de bienes, pues de otra manera se irían eliminando unos a otros como lo hicieran con el padre. El lugar del padre quedó vacío, por ello en su lugar viene el símbolo equívoco que lo hace existir: la palabra. La palabra hace existir a este padre

---

171   Lacan, J. *El Seminario, Libro 17, El reverso del psicoanálisis, op. cit.*, pp. 131.
172   *Ibíd.*, pp. 131.

como muerto y no de otra manera. De esta forma, la verdad se articula en un mito que al mismo tiempo la recubre.

Sobre la base de este mito de la muerte de un padre todopoderoso se funda la cultura, la culpa es ahora borde ante el incesto; de no mediar esta culpa cualquiera de los hermanos podría ocupar el lugar del padre y el asesinato volvería a ocurrir. Reconozcamos el valor del mito, pues el goce es supuesto e imposible. Este sentimiento de culpa proviene del amor que retorna luego del asesinato y que antes no era reconocido; así el amor se transforma en un sentimiento culposo. Hay ahora una mujer a la cual no se puede acceder, la mujer del padre: la madre. Vemos así como se le va haciendo un lugar al objeto que falta por imposible.

El acto mismo de nombrar elimina al objeto, incluyéndolo en una lógica de sustituciones, ahora vuelto significante. El objeto es nombrado, mas no apresado; la palabra sólo lo representa. Aquello que se pierde, que la palabra no alcanza y que no puede así ser nombrado, lleva la marca de una muerte simbólica en tanto marca de lo que ya fue, de una ausencia. Es esta palabra que intenta capturar al objeto aquello que se interpone entre la imagen y el vacío. La podemos leer como Nombre del Padre o ley que prohíbe el incesto, será en todo caso aquello que preserva al sujeto de la locura, de la caída al abismo, al vacío que la imagen recubre. Es la identificación simbólica la heredera de esta marca, este nombre y esta ley del padre.

Continuando con Freud podemos decir que es a este padre al que se identifica el sujeto, a un significante, la marca de una ausencia. ¿Pues qué otra cosa es sino este padre muerto? Es ésta la primera identificación simbólica a la que Lacan llama *rasgo unario*, marca del advenimiento del sujeto del inconsciente; rasgo del padre como significante de su ausencia, lugar de la articulación significante. Todo hijo llevará ese Nombre del Padre como marca su advenimiento con el acto que instala la prohibición. Algo ya no es posible: satisfacer el deseo, ocupar el lugar del padre frente a La mujer, esa que para Lacan tampoco existe. Queda así establecida una continuidad entre el padre totémico (o más bien la que queda detrás de su ficción) e imposible y La mujer, ambos ubicados en el registro de lo real.

Retomemos el mito freudiano y pensemos en esto: ese lugar ocupado por el padre es un lugar simbólico, y es desde allí desde donde su palabra tendrá estatuto de ley, siempre en relación con el deseo materno. Esto implica que ya en el deseo de la madre está inscrita la palabra del padre (como operador simbólico en el discurso) y de esta manera la madre le da su lugar. Ahora bien, el Nombre del Padre lo que designa es un agujero.

El niño con su deseo mata al padre y lo torna significante, es así como el significante determina la ausencia del objeto. Porque el niño supone al padre en el lugar de aquello a lo que la madre dirige su deseo. Y como el padre es un significante, lo que queda allí ubicado es el significante primero, re-dicho ahora en el mito individual y así articulado, como significante fálico.[173]

Mientras para el niño la madre desea el falo, éste se va situando como aquello que representa su ausencia como tal, dado que el padre muerto del que habla Freud en "Tótem y tabú" no existe sino en tanto significante. Aquí la confusión: pues si el padre muerto es un significante y como ya se dijo, el significante viene al lugar del objeto ausente, el falo no lo tiene nadie. Esto quiere decir que, al ser un significante, se definirá por su función y no por la pertenencia.

Volviendo al estadio del espejo, a la frase: "Ese eres tú, Pedro", podemos agregar: "...lo que yo deseo". Destacando así este lugar fálico que el niño ocupa en el deseo de la madre. Es importante indicar aquí que éste es un lugar a ocupar para constituirse como sujeto, pero también es un lugar de sustituciones; ya que será necesario ubicar posteriormente otra cosa en ese mismo lugar para

---

173 Pensemos a este significante dicho por segunda vez, como la inscripción del mito en la estructura particular de cada sujeto, inscripción que será singular en cada caso, su estructura de ficción. Cada sujeto deberá producir su propia versión del mito descartando de esta forma el ideal de único modelo a seguir en el que se ampara la identificación del lado imaginario. La identificación simbólica aludiría bajo esta perspectiva, a la prooducción singular de un nombre propio.

que el sujeto se constituya como deseante. De esta forma el sujeto tiene la posibilidad de historizarse a través de los objetos que causan su deseo, un deseo que por medio del desplazamiento se dirige hacia objetos externos, mas ya no a la madre.

Este movimiento se produce vía la metáfora paterna: momento en el que, para el sujeto, la palabra del padre se articula al deseo materno y el significante fálico viene a resignificar al deseo de la madre. Es decir que el ideal materno al cual se identifica el niño es resignificado por el significante del padre, es el S_1 del deseo de la madre retomado por la autoridad que representa el significante del padre, la autoridad que prohíbe el acceso al objeto de goce y que señala la vía del deseo para su articulación.

A este tiempo se lo puede leer como repetición de ese primer encuentro significante que ejemplifica el mito freudiano. Es decir, es necesario que el encuentro se repita y en esa repetición, en su fallido intento por capturar el objeto (el codiciado y supuesto objeto del cual gozaría el padre de la horda primitiva), este cae como resto de la operación de la metáfora paterna. El sujeto del inconsciente se produce en el encuentro entre el deseo materno y la ley simbólica del padre. Lo que cae como resto de este encuentro es un objeto imposible de articular simbólicamente, algo que siempre se escapará al decir. Allí donde la prohibición del incesto se actualiza, el sujeto tendrá que buscar en los objetos del mundo, pero con la fuerza de su deseo hacia el único objeto al cual no podrá acceder. De esta manera nuestro pequeño sujeto se vuelve portador potencial de una ley a trasmitir en su ingreso a la cultura.

DE LA IDENTIFICACIÓN IMAGINARIA AL IDEAL TOTALIZANTE

Retomando la identificación imaginaria, aquella de la unidad corporal anticipada en el espejo y reconocida por la mirada del Otro. Resulta que el sujeto a veces prefiere confundirse con ese lugar fálico, olvidando que es un lugar que le da el Otro y creyendo de esta forma ser el falo que le falta al Otro. En este caso el sujeto se identifica al falo imaginario de la madre.[174]

En principio al cuerpo de la madre no le falta nada, si el niño puede atribuir esa ausencia es porque el significante la nombra como tal. Así, el falo como marca de una ausencia, la del objeto, es al mismo tiempo la marca significante que produce esta ausencia. La posibilidad de ubicar al falo como objeto quedaría, de esta manera, del lado de la imagen que supliría esta ausencia. Es así como se le da forma al vacío, se lo imaginariza, creando una imagen que haga más tolerable esta ausencia, de esta manera se construyen ficciones como: "Soy lo que el otro necesita para vivir, su paño de lágrimas, su salvadora". Si el otro se marcha, cambia de paño de lágrimas, no necesita más ser salvado o se las arregla para vivir solo, quien ocupó hasta entonces ese lugar quedará destrozado aunque antes se quejara amargamente; quedando en suspenso su lugar en el deseo del Otro.

Esto es un poco también lo que estaría jugándose en un proceso de duelo, pues aquello que se pierde es ese lugar que uno ocupó en el deseo del Otro: ¿Qué soy si no soy para el otro? ¿Qué soy si no soy ese "eres tú, Pedro" que la mirada nombra? Es preferible entonces ser algo que supla esta ausencia de respuesta.

El sufrimiento está marcado por la identificación imaginaria a la cual se aferra el sujeto en su intento de cubrir el vacío que la falta descubre: la castración. Contrario a esta suerte de detención imaginaria del discurrir, se trataría de circular por estos lugares que la identificación simbólica permite y que propone la lógica del deseo. De esta forma el sujeto estaría simbólicamente sostenido en un fluir en donde los ideales, identidades y objetos más que venir al auxilio de una subjetividad desfalleciente, funcionarían bajo la

---

174 No pensemos esta elección como un acto conciente cuya voluntad podría expresarse, si hay una elección ésta se produce bajo una lógica distinta. En todo caso, es la lógica del fantasma que se irá construyendo en la transferencia analítica. Recordemos también que esta identificación al falo imaginario cumple una función en la constitución del sujeto y será fuente de sufrimiento neurótico en la medida en la que el sujeto se aferre a ese lugar en contraposición al entrar y salir que propone la temporalidad de lo inconsciente.

misma lógica del deseo inconsciente: lógica de sustituciones en movimientos metafóricos y metonímicos; en contraposición a acentuar la vía imaginaria que siempre es plausible de desmoronarse.

Sostenerse en un "soy lo que le falta al otro" conlleva siempre la trampa de negar la castración y de esta forma sostener la existencia en el propósito de negarla, con las consecuencias que esto produce. Negar la castración es negar la muerte, la incompletud del Otro, lo incierto de la existencia, el límite del saber y la palabra. Rellenar estos agujeros que la castración denuncia es como inflar un globo suponiendo que es irrompible.

Detrás de esta "escena especular" podemos adivinar la presencia del vacío, la imagen detenida del niño que "ya fue", imagen entonces de una ausencia. Este vacío de imagen alude a la muerte, pero al mismo tiempo se lo puede pensar como el vacío del cual surge la creación, entendiéndolo como un vacío que se rebalsa, que insiste; esto es lo real.

La idea de un vacío que se rebalsa invitaría a pensar acerca de las consecuencias que se desprenden del intento de rellenarlo. Pues más allá de pensar al vacío como algo quieto y sin movimiento, nos encontramos en el trabajo clínico con aquello que insiste, se desborda, se hace oír; con el grito mudo que se aproxima a la palabra, en el límite de lo interpretable como señalara ya Freud al referirse a la roca viva de la castración.

Este vacío separa al sujeto de algo que a su encuentro podría tornarlo uno indivisible, idéntico a sí mismo. La temática de lo idéntico quedaría sustituida, en psicoanálisis, por la identificación. Al hablar de sujeto dividido nada será posible en torno a lo idéntico, aunque éste sea un lugar siempre soñado fantasmáticamente[175] por el neurótico. La imagen en el espejo no es otro ni es uno, sino un reflejo, una simulación de unidad. Imagen a la cual por otro lado, el sujeto se identifica sobre la base de, no lo olvidemos, la respuesta del Otro. Es decir que sin la mirada del Otro esta unidad no sería interiorizada. Es pues este soporte proporcionado por el Otro con

---

175 Volveremos sobre el tema de la construcción del fantasma en el siguiente capítulo.

su palabra, el que sostiene esta identificación. La identificación a esa imagen de sí mismo estaría articulada al deseo de un Otro que le otorgaría soporte simbólico, entendiéndola desde esta perspectiva como una pura diferencia, mientras que la identificación imaginaria a lo que apunta es a la semejanza.

LA MARCA DE UN RASGO

El rasgo unario es un concepto que Lacan trabajó a lo largo de su seminario sobre la identificación.

Si a la identificación imaginaria al falo le corresponde el estadio del espejo, primer tiempo de encuentro con el deseo del Otro, el rasgo unario es la marca simbólica de este encuentro resignificada. Subrayemos esto pues el rasgo unario, representante del sujeto para otro significante, se inscribe en la resignificación: "El rasgo unario surge *a posteriori*, en el lugar entonces del S_1, del significante en la medida en que representa a un sujeto para otro significante".[176]

Por otro lado, si la metáfora paterna es productora de sentido, el rasgo unario es nominación pura, el trazo que al redoblar su inscripción hará lazo, es el agujero en la nominación que efectúa el significante del Nombre del Padre y que el mito de tótem y tabú pone en escena. Si la imagen fálica obtura desde lo imaginario el agujero en la estructura, el rasgo unario lo hace desde lo simbólico.

"El propio sujeto se ubica con el rasgo unario. Este, de entrada, se señala como tatuaje, el primero de los significantes. Cuando este significante, este uno, queda instituido, la cuenta es *un* uno. El sujeto tiene que situarse como tal, no a nivel del uno sino del *un* uno, a nivel de la cuenta. Ya en esto ambos unos se distinguen."[177]

El rasgo unario es así la posibilidad de contarse, del deslizamiento que esto implica y aquí queda enlazado el sujeto al significante, como vimos en el capítulo anterior, habrá que volver sobre este primer significante. Recordemos las dos funciones del Nombre del

---

176   Lacan, J. *El Seminario, Libro 16, De un Otro al otro, op. cit.,* pp. 358.

177   Lacan, J. *El Seminario, Libro 11, Los cuatro conceptos…, op. cit.,* pp. 147.

Padre, como significante que inscribe la falta y que el rasgo unario viene a denotar y como aquello que articula al sujeto a la cadena significante y por ello, a la circulación fálica. Si desde la nominación se inaugura la cuenta, desde la metáfora se efectúa el lazo de esta nominación como un agujero en la cadena significante que permite la circulación fálica.

El rasgo unario es marca de una diferencia, inicio de la cuenta, el significante fálico resignifica esta diferencia, esta marca primera y al hacerlo, enlaza al sujeto con el campo del Otro, en cuyo espacio queda ubicado el objeto a.

Es también "la primera esquizia que hace que el sujeto como tal se distinga del signo respecto del cual se pudo constituir primero como sujeto. Por ello les enseño a no confundir la función del sujeto tachado, $, con la imagen del objeto a, ya que es así como, por otra parte, el sujeto se ve, duplicado –se ve como constituido por la imagen reflejada, momentánea, precaria, del dominio, se imagina hombre sólo porque se imagina".[178]

Como vimos en el primer capítulo de esta segunda parte, el sujeto ingresa al discurso porque el deseo del Otro lo introduce en él, le asigna un lugar. Un deseo que lleva la marca de un significante al cual se identificará el sujeto, ocupando de esta forma el lugar de objeto causa del deseo del Otro que se cubre con la imagen fálica. Pero el Otro es también el lugar desde el cual el sujeto se inserta en la estructura del lenguaje, de este lenguaje inconsciente que habla siguiendo ciertas leyes. Estas leyes son las de la metonimia del deseo, la lógica de su deslizamiento y su insistencia, y la metáfora del sujeto, de la creación de un sentido nuevo, productor de diferencias. Ambas leyes articulan un vacío inscrito por el significante fálico, punto de broche. Entonces, este ingreso del sujeto en el lugar del Otro se da por una significación fálica, el sujeto tiene valor fálico, esto quiere decir que toma su lugar en relación a este significante y de esta forma el sujeto queda articulado al inconsciente y sujeto también a sus leyes, que son las que lo hacen aparecer y desaparecer.

---

178 *Ibíd.*, pp. 148.

El sujeto se identifica a un significante: "...para nosotros analistas, lo que entendemos por identificación... es una identificación de significante".[179] Si el Otro es un lugar, el significante es un lugar, el sujeto se identifica a un lugar. "Un" lugar que sostiene la cadena significante.

Tal y como Freud trabaja en el texto "Más allá..." en el juego del *fort-da*, la identificación se realiza a una ausencia, el juguete que desaparece y porque desaparece, el sujeto puede ubicarse en su lugar. Pero como lo trabaja Lacan en el Seminario 11, la causa de esa desaparición es el carretel, el carretel es aquello que permite que en esa ausencia pueda aparecer algo en su lugar, aquello que causa el movimiento abriendo un espacio entre la ausencia y la presencia. Ausencia del objeto, presencia del significante y, en ese movimiento que el carretel causa, produce un sujeto; un sujeto que seguirá este mismo movimiento: apareciendo como significante, desaparece. Algo insiste y esa insistencia tiene que ver con la pulsión, a la que volveremos en otro capítulo.

La marca del sujeto es este aparecer para luego desaparecer, en donde el placer del juego está en la alternancia. El sujeto gira en torno a este movimiento causado por un real que lo impulsa a regresar al mismo lugar, este real que Lacan ubica en el carretel que produce el movimiento de aparición y desaparición del juguete: "... si la huella es borrada, el sujeto rodea su lugar con un círculo, algo que desde entonces le concierne. La marca del lugar en el que ha encontrado la huella..., tiene ahí el nacimiento del significante".[180]

Freud, en "Psicología de las masas y análisis del yo", distingue tres tipos de identificación[181]:

La primera mítica al padre y anterior a toda relación de objeto, donde podemos distinguir la identificación al padre que opera por retroacción. La segunda identificación que Lacan destaca como el rasgo unario, identificación que se produce por intervención de la

---

179   Lacan. J. *Seminario 9, La identificación*. Clase del 22 de noviembre de 1961, inédito.

180   *Ibíd.*, clase del 24 de enero de 1962.

181   Freud, S. "Psicología de las masas y análisis del yo", en: OC, Vol. XVIII, pp. 99-104.

metáfora paterna, por un abandono de objeto que inicia el recorrido del deseo, la introducción del sujeto al discurso, a la cadena significante. La tercera identificación de Freud, la identificación histérica, a un rasgo, identificación al deseo del Otro.

La identificación al rasgo unario es la que posibilita las otras dos, una identificación que se da por regresión y que implica una repetición, la repetición de una demanda inicial, una vez perdido el objeto, el sujeto se sumerge en la demanda al Otro de ese objeto e identificado a esa falta de objeto, significante fálico, S_1, se ofrece como el objeto de la demanda del Otro.

Una vez que la cadena se lanza, algo regresa, algo se repite. ¿Por qué se repite ese significante primero? Porque por ser significante de la falta es aquello que está en cuestión en la demanda. Como dice Lacan en el automatismo de repetición hace surgir la diferencia, "...que consiste en que algo sucedió en el origen, que es todo el sistema del trauma, a saber que una vez se produjo algo que tomó desde entonces la forma A, que en la repetición el comportamiento tan complejo..., no está allí sino para hacer resurgir ese signo A".[182] Para hacer surgir el rasgo que marcó el advenimiento del sujeto, la división, el trauma del encuentro con la falta del Otro.

El sujeto se enlaza a la cadena significante por medio de una marca, que lo nombra como sujeto en falta, un significante que se repite en su historia. El sujeto se constituye en el deseo del Otro, se constituye en su falta y esta falta lo determina como sujeto del inconsciente.

El rasgo unario es la marca de la identificación del sujeto al significante de la falta del Otro. Es el significante que sostiene, que inaugura la cadena significante, significante que hace de borde. Entonces es un lugar inaugural, un lugar de anudamiento, ahí se anuda el sujeto, ahí se anuda la cadena significante, ahí se anuda el inconsciente.

¿Cómo hacen los significantes para significar?, ¿cómo funciona este rasgo unario, primer significante que sostiene toda la cadena?

---

182 Lacan. J. *Seminario 9, La identificación*. Clase del 20 de diciembre de 1961, inédito.

El sentido es retroactivo y esta significación se produce en tres tiempos: el primero, rasgo unario o trauma, marca del deseo del Otro; el segundo o un segundo evento que se enlaza a este primero, que vuelve sobre su marca, esto es la repetición; y el tercero que es retorno de lo reprimido, del rasgo unario, ahora representando al sujeto en la cadena significante, esto es, para otro significante. El inconsciente habla, produce síntomas, causa sorpresa, pero no es sino en el efecto retroactivo que tiene el significante, en donde el sujeto puede articular algo de ese inconsciente que dejó su huella.

Para que exista un sujeto es necesario este movimiento en tres tiempos que actualiza al rasgo unario. Para que exista el universo simbólico es necesario que falte algo ahí donde no faltaba nada. Pero para que el sujeto tenga un lugar tiene que haber una segunda vuelta, la repetición de la falla del encuentro con el objeto de deseo, con ese objeto que al quedar fuera de la batería significante permite el deslizamiento. Así, en cierta forma, la realidad es la creación de una falta y esto es producto de la repetición. Es en el movimiento de repetición, al fallar el encuentro con el objeto, donde se produce la falta, segunda reinscripción del agujero inaugural ahora en el sujeto. Es a partir de este "un uno" instalado como significante, que falta el objeto que Lacan denomina objeto a.

Así, sujeto y objeto a se producen en el mismo espacio y al mismo tiempo, uno es efecto del significante que introduce la falta y el otro el producto de esa introducción.

REPETICIÓN

Al buscar ese significante que nombre el deseo, significante que el sujeto confunde con el objeto causa de deseo, estamos en el campo de la *repetición*. Es como si el sujeto al nacer con el significante quedara condenado a esa confusión que lo lleva a ubicar el objeto de deseo como el significante fálico. Entonces, intentando agarrarlo no hace más que remarcar la falta, en una repetición del objeto que falta. Intento siempre fallido, por ser este objeto ausente, sólo está su huella, S_1, por la que intenta volver el sujeto.

Se repite la demanda por el falo, pero ese falo es el significante de la ausencia, es decir que se repite el rasgo unario, la marca del advenimiento del sujeto. De esa demanda cae un resto, la demanda en su recorrido va dibujando al objeto causa de deseo. La demanda es repetición y en tanto pedido imposible, en su recorrido marca la ruta del deseo.

"Lo que se encuentra así enajenado en las necesidades constituye una *Urverdrangung* por no poder, por hipótesis, articularse en la demanda pero que aparece en un retoño, que es lo que se presenta en el hombre como deseo..."[183]

Es importante diferenciar al automatismo de repetición que se refiere a la insistencia significante, al regreso incesante de los significantes que no alcanza para satisfacer a la demanda, de la repetición que Lacan llama *tyché*, encuentro con lo real, con lo mismo del lugar de la falta.

El significante abre un agujero. Este agujero es lo real que siempre regresa al mismo lugar, al lugar de la falta. "La función de la *tyché*, de lo real como encuentro –el encuentro en tanto que es, esencialmente fallido– se presenta primero en la historia del psicoanálisis bajo una forma... la del trauma"[184] La repetición será intento de alcanzar el objeto y al mismo tiempo fracaso, la insistencia del inconsciente es esa repetición, y ese fracaso es escritura. Por ello, al mismo tiempo que la repetición es repetición de lo mismo, es repetición de lo diferente, lo mismo en tanto lugar al que intenta llegar, lo mismo en tanto insistencia significante, lo diferente en tanto escritura nueva, en tanto falla. En la repetición tiene que haber un tercer tiempo para que algo del sentido advenga, es este tercer tiempo el que marca lo nuevo, la escritura y el retorno del primero.

---

183 Lacan, J. "La significación del falo", en: *Escritos 2, op. cit.,* pp. 670.

184 Lacan, J. *El Seminario, Libro 11, Los cuatro conceptos..., op. cit.,* pp. 63.

Como dice Lacan: "...el complejo de castración inconsciente tiene una función de nudo".[185] Ese nudo es el falo[186] que produce tanto al sujeto como al objeto, la repetición es la vuelta de la cuerda que hace el nudo, de tal manera que, al marcar la falta, el sujeto se identificará con ese significante que podríamos decir tiene dos caras, su cara presencia y su cara ausencia. La identificación con la cara presencia, es el sujeto identificado al significante y la cara ausencia, es ese objeto faltante. Entre significante y significante, ahí donde existe una brecha necesaria para la articulación significante, está el objeto a. Ese vacío que articulado a la ley se traduce en deseo.

La repetición genera el espacio para la aparición del inconsciente, otorgando sentido a un tiempo lógicamente anterior que le dio nacimiento al S_1 que rasga lo real. Sólo con la repetición se abre la posibilidad de un sujeto, la repetición es el inconsciente que al querer volver sobre aquella primera marca, abre una brecha, una segunda falta.

"Una vez surgido S_1, primer tiempo, se repite ante S_2. De esta puesta en relación surge el sujeto, representado por algo, por cierta pérdida...".[187]

"Si el sujeto es el sujeto del significante... podemos imaginar la red sincrónica de tal manera que produzca en la diacronía efectos preferenciales. Entiendan que no se trata en este caso de efectos estadísticos previsibles, sino que la estructura misma de la red implica los retornos."[188]

El inconsciente se sirve del significante para producir un sujeto, y éste se desliza por la cadena significante a la espera de un encuentro que lo haga surgir. ¿Qué quiere decir que la estructura misma de la red implica sus retornos? ¿Cuál es la lógica de ese retorno? Sabemos que su causa es el deseo, demanda inicial que se

---

185   Lacan, J. "La significación del falo", *op. cit.*, pp. 665.

186   Resulta interesante señalar esta referencia realizada por Lacan al complejo de castración como nudo.

187   Lacan, J. *El Seminario, Libro 17, El reverso del psicoanálisis, op. cit.*, pp. 17.

188   Lacan, J. *El Seminario, Libro 11, Los cuatro conceptos..., op. cit.*, pp. 75.

repite, porque entre la satisfacción y la demanda quedó un resto que no será colmado. Se repite porque se desea, se repite y se llega al mismo lugar, al de la imposibilidad.

Repetición de un pasado que se actualiza en el presente, como diferencia. Repetición de la diferencia, del intento siempre fallido por alcanzar el objeto, por eliminar el vacío que propone al deseo, como su última garantía. Pero también, como dice Nasio: "El sujeto es el rasgo común de los objetos amados y perdidos a lo largo de una vida. Esto es, precisamente, lo que Lacan denominará el rasgo unario".[189] Rasgo unario, marca primera que el sujeto repetirá a lo largo de su vida y que dibujará en ese movimiento de la repetición el lugar del objeto causa de deseo, ausencia que marcada por la repetición, escribirá una historia.

Aún y cuando esto puede resultar paradójico, será la repetición de esta ausencia señalada por la marca del rasgo unario, ideal totalizante de la madre resignificado por el Nombre del Padre, el movimiento con el cual el sujeto escribirá su historia.

---

189 Nasio, J.D. *Cinco lecciones sobre la teoría de Jacques Lacan*. Barcelona, Gedisa Editores, 1993, pp. 115.

El sujeto del fantasma y el sujeto del inconsciente

Cuando Freud escribe a Fliess: "Ya no creo en mis neuróticos"[190] está descubriendo la estructura de ficción en la que se articula el deseo del Otro. Es una frase que muestra el cambio en la posición freudiana y que marca el inicio de la clínica psicoanalítica. Su neurótico, el de la teoría de la seducción, deja caer sus velos para dar lugar a esa otra escena, donde verdad, mentira, realidad, toman otro sentido.

"El Otro seductor" aparecía en los relatos de los pacientes con tanta frecuencia que captó por ello la atención de Freud. El abuso con carácter sexual por parte de un adulto hacia un niño, era la base sobre la cual se edificaba el relato a través de los síntomas. Freud descubre así que la realidad psíquica impone su autoría en la realidad material.

Con este descubrimiento se establece la posición psicoanalítica respecto al objeto y a la realidad. Los hechos que relata el paciente toman su importancia en relación a sus fantasías y no a una realidad, a la que se ajustaría más o menos. Lo que queda así figurado es que no hay significante que haga pareja al significante fálico, el significante que viene a representar el deseo del Otro y a sustituir, a partir de la intervención paterna, el significado de este deseo. La sexualidad humana queda enlazada al significante de tal manera que la relación sexual se establece entre Uno, que representa el deseo del Otro en tanto fálico y 0, lugar de la falta de un significado u objeto único que corresponda al deseo. En este lugar de la falta es donde se aloja el objeto *a,* es decir, un recorte del Otro (pecho, mi-

---

190 Freud, S. Carta de Freud a Fliess del 21 de septiembre de 1897, en: OC, Tomo III, *op. cit.,* pp. 3578. En la traducción de la editorial Amorrortu se lee: "Ya no creo en mi neurótica".

rada, etc.). El fantasma será aquello que hará de marco a esta falta, dando una versión que sostenga el deseo y a su vez, construya al Otro implicado en el deseo.

En este descubrimiento que Freud comenta a Fliess, destaca las razones que lo llevaron a dudar del relato del neurótico, destacaremos dos de ellas: Para aceptar como verdadero el relato de los neuróticos, había que reconocer al padre como perverso y además, en palabras de Freud: "...la innegable comprobación de que en el inconsciente no existe un 'signo de realidad', de modo que es imposible distinguir la verdad frente a una ficción afectivamente cargada".[191]

Recordemos que Freud inicia su aventura con el discurso histérico a través de un trauma que supone acontecido y por el cual la histérica enferma, dejando la siguiente escena: la seducción de un adulto hacia un niño que produce este trauma por retroacción, violentando la vida sexual del sujeto. Pero lo que en realidad le muestran sus pacientes, es el valor de la ficción que recubre una verdad: lo traumático del deseo del Otro.

El deseo del Otro es fundamental para que se constituya el sujeto y es necesario hacer algo con ese trauma inevitable. El fantasma será quien se encargue de recubrir este trauma y de esta forma hacer más llevadera la angustia que el encuentro con el deseo del Otro produce.

"El inconsciente es ese capítulo de mi historia que está marcado por un blanco u ocupado por un embuste...".[192] En esta definición que da Lacan del inconsciente queda indicado el lugar que ocupará el fantasma, pues es éste, en tanto ficción, aquel embuste que opera ocultando y marcando al mismo tiempo el surgimiento del sujeto del inconsciente.

El fantasma, tal como lo trabaja Lacan, se estructura en el momento en el que se produce un sujeto del inconsciente, es entonces lo que queda después de la intervención paterna, más exactamente la huella de esta intervención.

---

191 *Ibíd.*, pp. 3579.

192 Lacan, J. "Función y campo de la palabra...", *op. cit.*, pp. 249.

La escritura lógica del fantasma

Recordemos brevemente que Freud vincula la pulsión con la sexualidad infantil en sus "Tres ensayos…", una sexualidad definida principalmente como carente de objeto y de fin. En el siguiente texto en el que aborda ampliamente el tema de la pulsión, "Las pulsiones y sus destinos"[193] por otro lado, vincula la pulsión a la gramática y propone cuatro destinos posibles: vuelta sobre sí mismo (no lo amo, me ama), vuelta a lo contrario (no lo amo, lo odio), represión y sublimación. La gramática pulsional será retomada posteriormente en Freud en su texto de "Pegan a un niño".[194] Este texto, en definitiva, ubica a la pulsión en el origen de la existencia subjetiva.

¿De qué está hecho el fantasma? Empecemos por ubicar su estructura lógica, la cual incluye como elementos, un $, un a y un rombo, quedando el rombo separando y articulando $ y a. Ese rombo representa la operación por medio de la cual el sujeto queda dividido. El rombo es el significante que hace de borde y que produce a, resto de la operación. En tanto que alienación, conjunción, deseo del Otro que le da lugar al sujeto, y separación, disyunción, metáfora paterna que separa al sujeto del Otro; tachándolo, marcando su falta con el significante fálico.

Los elementos que componen el fantasma son: el sujeto dividido (sujeto del inconsciente), significante de la alienación en el campo del Otro, el que reúne, significante de separación del campo del Otro, de corte y el objeto a.

Primera falta que podemos identificar con el nacimiento de un ser en lo real: el sujeto alienado en el campo del Otro que lo precede y lo incluye en la red significante, le asigna un lugar simbólico. Segundo momento: resignificación de esta falta en el momento de separación, de intervención de la metáfora paterna, separación que divide tanto al sujeto como al Otro y deja caer un resto, a, produc-

---

193 Freud, S. "Las pulsiones y sus destinos", en: OC, Vol. XIV, *op. cit.*

194 Freud, S. "Pegan a un niño. Contribución al conocimiento de la génesis de las perversiones sexuales", en: OC, Tomo III, *op. cit.*

to de la separación entre ambos. Es así como *a* se encuentra en el punto de intersección entre el sujeto y el Otro, es recorte del Otro y falta en el sujeto.

El fantasma se ubica como velo que oculta la falta, pero es también bisagra que sostiene al sujeto y al objeto *a*, por medio del significante articulador, el falo. Con las dos operaciones que definen al fantasma, alienación en el campo del Otro, el sujeto es en el campo del Otro y separación de su ser, de donde cae el objeto que lo define. Separado pero alienado, separado de su objeto, pero alienado en él, en tanto es aquello que lo constituye, aquello que es. Pues en el fantasma el sujeto es aquello que lo constituyó, es decir, aquello que perdió para ser sujeto de deseo.

Ahora bien, en la fórmula del fantasma vemos que el sujeto está separado de su objeto, separado por ese significante primero y la *a* del otro lado representa el resto, la falta que el significante nombra, resto que cae en un nombramiento eterno que el fantasma intenta detener otorgándole un semblante a esa falta. Si bien el fantasma intenta detener el movimiento, también se encarga de que éste no se detenga al soportar al deseo, asegurándose de que haya falta.

El fantasma, el Otro y el deseo

Dice Lacan: "La sexualidad tal como es vivida, tal como opera, es en esta dirección algo fundamental en todo lo que subrayamos en nuestra experiencia analítica, algo que representa un "defenderse" de dar curso a esta verdad: que no hay Otro".[195] El fantasma, al venir a dar respuesta al deseo del Otro, ubicándose en el lugar de su falta, construye un Otro completo. El fantasma es así la invención de un Otro que pretende que el sujeto sea de una u otra forma, que cumpla con tal o cual requisito. Es la atribución a otro del libreto

---

195 Lacan. J. *Seminario 14, La lógica del fantasma*. Clase del 25 de enero de 1967, inédito.

que el sujeto representa en su vida. Freud interroga a Dora respecto a esta posición fantasmática.[196]

Juntemos estas dos afirmaciones que da Lacan: "No hay Otro", y "El deseo es el deseo del Otro". El Otro no existe completo sino en tanto falta, es decir, su falta causando el deseo, de ahí que el objeto *a* que se desprende de la operación del fantasma esté en el lugar del Otro, como aquello que le falta, como aquello que desea y que lo completaría. Es este objeto supuesto el que se busca en la repetición, que no es más que repetición del origen del advenimiento del sujeto del inconsciente. Como dice Lacan, la repetición constituye al sujeto, desdoblándolo, dividiéndolo en su vuelta, en busca de lo idéntico, produce lo diferente.[197]

Especifiquemos brevemente los estatutos del objeto de acuerdo a los tres registros. Tenemos al objeto en tanto ausente, del lado de lo real. Tenemos al falo simbólico, significante del objeto ausente. El falo en tanto imaginario, como aquel objeto con el que el sujeto en su fantasma cree completar al Otro, el falo imaginario de la madre, aquella imagen especular del niño que fue. Como vemos uno no es sin los otros, objeto en tanto falta, significante que articula esa falta simbólicamente y espejismo del falo ausente, con el que el sujeto vela su falta y la del Otro, completándolo imaginariamente, en un intento de satisfacer lo que supone como demanda en el Otro.

El fantasma es la construcción de un escenario que permite sostener esta ilusión de completar al Otro entregándole un espejismo, pero al mismo tiempo, es una manera de defenderse de este deseo que en sí mismo es traumático y esto porque, entregándole un objeto, el sujeto preserva su división y se pone a resguardo al mismo tiempo que le da consistencia. Es así como puede controlar la angustia que el deseo del Otro genera; ahí la trampa neurótica, pues se es objeto imaginario para el Otro y a cambio, preserva su posición subjetiva. Mientras el Otro demande, la posibilidad de

---

196　Freud, S. "Análisis fragmentario de una histeria....", en: OC, *op. cit.*

197　Lacan. J. *Seminario 14, La lógica del fantasma.* Clase del 26 de abril de 1967, *op. cit.*

satisfacerlo con un objeto existe y al mismo tiempo, se pone en evidencia la falta en el Otro. De esta forma al preservar la falta del Otro, preserva también la tuya, en un movimiento que implica dar y pedir para cerrar y abrir el agujero que la falta de objeto determina: "...el sujeto viene al análisis no para demandar alguna exigencia actual sino para saber qué demanda; eso lo conduce precisamente a demandar que el Otro le demande algo".[198]

El sujeto anticipa en la demanda que reclama al Otro la respuesta a su deseo, entregándose como objeto. El fantasma es esa creencia de que el Otro necesita ese objeto para existir, el sujeto se sacrifica en aras de un Otro sosteniéndolo con su fantasma pues nada lo aterra más que su desaparición. Es así como genera los eventos de su historia, en el supuesto de que un Otro lo reclama, le demanda ser objeto, ahí donde simplemente hay un agujero y de esta forma, asegura también la existencia del Otro que le evita el encuentro con su propia falta. El lugar del objeto en el fantasma le sirve de soporte ante la falta de un significante que nombre el deseo, es por esta razón que el objeto a es también obturador. Tenemos que pensar aquí al objeto a en torno al cual gira la pulsión y que determina la relación entre el sujeto y el Otro. Por ejemplo, el objeto anal, oral, etc. no como estadios evolutivos, sino como modos que toma el vínculo con el Otro.

"La subjetivación del sexo sólo engendra desgracias. Pero lo que ya produjo, que nos es dado de manera unívoca en la experiencia psicoanalítica, es ese desecho del que partimos como del punto de apoyo necesario para reconstruir toda la lógica de la díada. Dejándonos guiar por eso de lo que este objeto es causa, lo saben: el fantasma."[199]

Esta díada que, según Lacan, corresponde al falo y al Otro y en medio de ambos surge el sujeto que en su intento de suprimir esta

<hr>

198 Lacan. J. *Seminario 14, La lógica del fantasma*. Clase del 15 de febrero de 1967, *op. cit.*

199 Lacan. J. *Seminario 14, La lógica del fantasma*. Clase del 26 de abril de 1967, *op. cit.*

distancia, entre el falto y el Otro, construye su fantasma. Siendo el falo la metáfora del objeto faltante, del a, se convierte en su medida, aquello que hay que representar para que haya acto sexual. Este objeto que imaginariamente el sujeto intenta soportar en su fantasma, escenario destinado a preservarlo.

El objeto *a* en el fantasma

En la configuración del fantasma quedará reflejado el lugar del Otro como siendo una parte, un objeto, aquel objeto perdido que se sitúa en el campo de intersección entre el sujeto y el Otro. Para ser más precisos, el inconsciente es el lazo, el discurso que articula al sujeto con el objeto *a* extraído en su encuentro con el Otro. Recordemos que el sujeto nace siendo otro, llega al lugar del objeto *a* para el Otro, la operación de corte, de intervención simbólica, sitúa este objeto *a* como algo desprendido del sujeto tanto como del Otro. El sujeto buscará a través de la escenificación de su fantasma el reencuentro con este objeto. Es así como el fantasma completa al Otro, a ese Otro mítico, es la simulación de una reunificación supuesta, dado que si hablamos de objeto *a*, de falta, no hay reunificación posible en el plano de la subjetividad. Tampoco en la psicosis esto sería posible, puesto que llegado el momento en el que el Otro pudiera incorporar al sujeto, el psicótico realiza un corte, pero lo hace en lo real. En la neurosis el corte se plantea en lo simbólico, es como reiterar la castración en el momento mismo en el que el sujeto sea reintegrado al Otro. En la psicosis, al no haberse producido la inscripción simbólica de este corte con el significante fálico, la vía que queda es el corte en lo real.

De esta forma, el fantasma contiene la angustia al poner un límite infranqueable. Ser para el Otro algo identificable, su mano derecha, su paño de lágrimas, es la ficción que soporta y recubre la falta al mismo tiempo. La soporta porque mantiene a distancia la posibilidad de ser reintegrado en el Otro, algo así como devolverle el pedazo que le fuera sustraído, pero al mismo tiempo, recubre el agujero que dicha falta abrió en el Otro.

Ahora bien, esta falta, este objeto supuestamente extraído del Otro, pertenece también al campo del sujeto, es una parte de él mismo y el fantasma viene a demostrar este campo de intersección. El Otro es un lugar en la estructura subjetiva, el sujeto buscará ubicar en ese lugar algo que sostenga la ficción del Otro y para ello, necesita organizar un escenario donde el lugar de la falta esté presente y velado al mismo tiempo.

El fantasma es el guión de la vida del sujeto, es el armazón con el que se vincula a otros seres humanos, con el que particulariza la relación con los otros. En este sentido, resulta bastante gráfica la manera en la que lo expresa Lacan: "El *a* es el niño metafórico del Uno y del Otro, en tanto nace como desecho de la repetición inaugural, la que por ser una repetición exige esta relación del Uno al Otro, repetición de donde nace el sujeto".[200] Repetición inaugural, repetición del acto imposible, Un acto fallido que produce al sujeto, como metáfora del objeto que falta.

El niño viene al mundo como resto que cae del acto, ese resto que será la causa del deseo, resto que queda separado del cuerpo. Pero como el falo llega para ubicarse como el significante de esa falta, es bajo este error que se intentará reencontrar ese objeto. El *a* quedará deslizándose por la cadena significante entre el Uno y el Otro, significante primero que lo hace ingresar a la cadena pero como ausente, ya que cubriéndolo sostiene su deslizamiento.

Ya dijimos que el Otro, en el fantasma se ubica en el lugar de *a*. A ese lugar de objeto del deseo, es a donde el neurótico intenta acceder a través de su fantasma, imaginarizando el significante fálico, entregando ese objeto desprendido del cuerpo. El fantasma finalmente articula un lugar, el lugar de la falta representado en su escritura por *a*.

Dice Lacan: "El cuerpo mismo es originalmente este lugar del Otro, puesto que ahí desde el origen se inscribe la marca en tanto significante". Marca en tanto significante que es la del Uno, la del rasgo unario.

____

200 *Ibíd*

El fantasma es el intento de suplir la ausencia de relación sexual haciendo posible la pareja entre el falo y el Otro, el sujeto siendo el falo completa al Otro y realiza imaginariamente la relación sexual, pero finalmente repite su imposibilidad dado que no hay significante que cierre esta búsqueda.

El deseo está sostenido por el fantasma y ambos están estructurados como un lenguaje: "...el fantasma está más estrechamente, que todo el resto del inconsciente, estructurado como un lenguaje; ya que el fantasma, al fin de cuentas, es una frase con una estructura gramatical, que parece articular la lógica del fantasma".[201] El deseo es sostenido por esta frase en voz pasiva y tiempo presente: "un niño es pegado", el sujeto entra en la escena en tanto otro y el verbo que denota la acción es el significante Uno que opera de corte y produce el resto. Quien pega es el padre simbólico que da entrada al sujeto del inconsciente, el pegar es el resto no simbolizado, pedazo de real, que siempre dejará fuera la intervención simbólica. De no ser así, tendríamos que tomar como algo posible la completa y total simbolización de lo real, algo así como una superposición de lo simbólico *a* lo real.

Lo simbólico está agujereado y es aquí dónde lo inconsciente se manifiesta, en el instante mismo que denota este agujero de lo simbólico, en su falla: lapsus, sueños, síntomas. Estas formaciones del inconsciente que justamente, dan cuenta de la imposibilidad de una simbolización cerrada.

La palabra separa porque marca una ausencia, pero no es una separación completa, porque el significante no puede significarlo todo, hay falla, hay resto y ese resto, por la operación simbólica, queda como extraño. Es justamente la brecha abierta que causa el movimiento, la promesa imposible de cumplir gracias a la cual existe el deseo. El fantasma viene a solventar esa promesa imposible.

Analicemos esto: el fantasma es un tiempo presente, su estructura gramatical da cuenta de ello. Es el fantasma quien configura el

---

201 Lacan. J. *Seminario 14, La lógica del fantasma.* Clase del 14 de junio de 1967, *op. cit.*

escenario en donde tiene lugar la historia del sujeto, la invención en el presente de algo que nunca existió. Pero a diferencia del tiempo retroactivo del inconsciente, de la resignificación de esta primera escena, el fantasma con su reiteración, cierra.

Dice Lacan en el Seminario 7: "...el deseo no es más que la metonimia del discurso de la demanda"[202] y continúa más adelante: "...esa relación propiamente metonímica de un significante con el otro que llamamos el deseo, no es el nuevo objeto, ni el objeto anterior, es el cambio de objeto en sí mismo".[203] El deseo es un deslizamiento, el movimiento por el cual la cadena discurre. Si la demanda es siempre demanda de otra cosa, es el deseo quien la comanda al abrir ese espacio entre lo que se demanda y lo que se recibe. Porque como lo dijimos anteriormente, el objeto que es su causa está ausente, es el "sido", el deseo es el "habrá", donde un "habrá sido" se conjuga para destacar que la causa de lo que será está en un pasado mítico y el futuro algo que se leerá en tanto haya sido; el cambio de objeto en sí mismo, el movimiento por el cual al deseo no se lo puede leer sino en sus rastros, en sus efectos, en sus consecuencias, *a posteriori*.

El fantasma, en cierta forma, detiene este cambio de objeto perpetuando un tiempo mítico. Pensemos en el fantasma de Edipo, el de la muerte del padre, se esconde el deseo de asesinar al padre, acto que destruye al Otro. Edipo huye de su padre, de su deseo de matarlo para encontrarse con el acto al que lo lleva su deseo en otro momento, en otro lugar, matando al padre encuentra la verdad de su deseo. Ese padre que Hamlet no puede asesinar es el padre que a Edipo le abre la puerta hacia su deseo. Fue preciso matar al padre, acostarse con su madre, tomar sus posesiones y ocupar el lugar del padre para encontrarse con el saber. Tuvo que construir un fantasma para luego ir más allá de él y asumir la consecuencia de su deseo. Edipo quiere saber y por eso emprende la ruta, velan-

---

202 Lacan, J. *El Seminario, Libro 7, La ética del psicoanálisis*. Buenos Aires, Paidós, 1988, pp. 350.
203 *Ídem.*

do las razones de su deseo, se dirige a él; quitando el velo que su mirada cubre. Así, podemos afirmar que el deseo es edípico en tanto está enmarcado en esa estructura imaginaria que se encuentra en el fantasma.

EL TIEMPO DEL FANTASMA Y EL TIEMPO DEL INCONSCIENTE

Aquí se plantea una dicotomía en términos temporales, el fantasma apunta a recubrir, a reiterar, a simular, el inconsciente a trastocar, a interrumpir, a cortar. Entre uno y otro pareciera haber una posición irreconciliable y aún así, ambos interactúan al punto de quedar también confundidos.[204]

El sujeto en el fantasma es el que soporta el deseo, el que construye al objeto para garantizar así su falta, pero también el que construye al Otro, confundiéndolo con un pedazo (pechos, mirada, voz y otros) única forma de sostenerlo. Existe un vaivén de la estructura del fantasma: corte y separación del Otro y alienación y completud del Otro. Uno sigue inmediatamente al Otro.

¿Cómo articular este sujeto del fantasma con el sujeto del inconsciente? Una temporalidad fija, que corresponde a la de la pulsión que se encalla, a la repetición de lo igual y otra que es la temporalidad retroactiva, la de la formación de síntomas, de las escenas que se enlazan en tiempos discontinuos. Un tiempo que corta, un tiempo que fija. Dos temporalidades que corresponden también, a los dos tiempos lógicos de la constitución del sujeto. El tiempo del encuentro con el deseo del Otro y el de la metáfora paterna. Ambas escenas siguiendo la lógica del tiempo retroactivo, pues ambas están enlazadas por la resignificación. Es más sin este enlace, que es lo que formará el nudo, ni el fantasma ni el sujeto del inconsciente se constituyen.

---

204 La separación que realizamos aquí entre fantasma e inconsciente es con el fin de hacer más clara la exposición dado que, en estricto sentido, el fantasma es también inconsciente.

¿Cuál es la relación del presente con el pasado? El pasado como aquello que se repite en tanto no olvidado y que se actualiza en transferencia, tiene su andamiaje en las identificaciones imaginarias. Así dicho, el paciente se queja de la reiteración de algo que se rehúsa a ser olvidado. Es así, el fantasma, aquello que coloca al pasado en un presente permanente. De tal manera que el presente es una reiteración constante. Ahora bien, desde Lacan entendemos que el fantasma no es un producto a eliminar pues éste cumple también otro propósito, que es el de sostener el deseo por medio de la ficción que lo define, la de ser tal objeto para el Otro. El fantasma es, por último, escenificación de la relación fantaseada con el Otro.

El circuito de la pulsión

> *Es evidente que la gente con que tratamos, los pacientes,*
> *no están satisfechos, como se dice, con lo que son. Y no obs-*
> *tante, sabemos que todo lo que ellos son, lo que viven, aún*
> *sus síntomas, tiene que ver con la satisfacción. (...)*
> *En conjunto y en una primera aproximación, diremos que*
> *aquello que satisfacen por la vía del displacer, es, al fin*
> *y al cabo, la ley del placer –cosa por lo demás admitida.*
> *Digamos que, para una satisfacción de esta índole, penan*
> *demasiado. Hasta cierto punto este "penar de más" es la*
> *única justificación de nuestra intervención*
>
> Jacques Lacan, *El Seminario, Libro 11, Los cuatro*
> *conceptos fundamentales del psicoanálisis*

En su texto "El malestar en la cultura", Freud deja claro que el núcleo de la problemática que plantea la civilización del ser humano gira en torno a la pulsión. Si por un lado la civilización cumple la función de reprimir a la pulsión, pues ésta atenta justamente contra el propósito civilizador o más exactamente, civilizar consiste en dominar o al menos disfrazar la insistencia pulsional. Por otro lado, sabemos que esto es imposible pues la pulsión mana de una fuente perenne cuya meta ha sido desdibujada por el significante.

Este es el origen del malestar inherente a la condición humana, de su presencia en la constitución de la subjetividad. La pulsión, que no se detiene ni se extingue, buscará satisfacerse cual máxima inapelable y será la contradicción misma aquello que la identifique, esto es: placer y displacer al mismo tiempo. ¿Cuáles son las vías que la civilización, en su función legisladora, ofrece para el recorrido pulsional? ¿Y cuál la articulación de la subjetividad con esta pulsión cuyo propósito está más allá de los ideales sociales? Estas serán las preguntas que guíen el desarrollo de este capítulo.

El concepto de pulsión nos conducirá así a trabajar el lazo entre la subjetividad y la sociedad, un lazo que ya vamos definiendo bajo una lógica temporal. Pues este "hacerse" con el que Lacan define la actividad de la pulsión[205] es el lazo que forma la pulsión en su circuito. Aquí se presenta la relación de la pulsión a la gramática tanto como la del sujeto al Otro. Esta relación entre el sujeto y lo social se caracteriza por una disyunción necesaria, que define la lógica del vínculo que sostienen, ambas se oponen pero se necesitan. La pulsión embiste contra el proyecto civilizador y al mismo tiempo auspicia su ingenio y creatividad, beneficiándose de uno de los cuatro destinos pulsionales propuestos por Freud: la sublimación.

La pulsión sigue siendo un concepto difícil de situar, no es un significante, pero se hace representar por él; no es un instinto, pero se apuntala en el cuerpo. Freud definió a la pulsión como "concepto fronterizo entre lo anímico y lo somático, como un representante psíquico de los estímulos que provienen del interior del cuerpo y alcanzan el alma, como una medida de exigencia de trabajo que es impuesta a lo anímico a consecuencia de su trabazón con lo corporal".[206] Lacan sin embargo, aparta al concepto de pulsión de cualquier vinculación biológica y se apoya justamente en la fuerza constante: "La constancia del empuje impide cualquier asimilación de la pulsión a una función biológica, la cual siempre tiene un ritmo. Lo primero que dice Freud de la pulsión... es que no tiene ni día ni noche, ni primavera ni otoño, ni alza ni baja. Es una fuerza constante".[207]

Por otro lado, Freud en su prólogo a la tercera edición de "Tres ensayos para una teoría sexual" de 1914, la define como: "La agencia representante psíquica de una fuente de estímulos intrasomática en continuo fluir (...) uno de los conceptos del deslinde de lo anímico respecto de lo corporal".[208] Este fluir permanente mana

---

205 Lacan, J. *El Seminario, Libro 11, Los cuatro conceptos...*, *op. cit.*, pp. 202.

206 Freud, S. "Pulsiones y destinos de pulsión", en: OC, Vol. XIV, *op. cit.*, pp. 117.

207 Lacan, J. *El Seminario, Libro 11, Los cuatro conceptos...*, *op. cit.*, pp. 172.

208 Freud, S. "Tres ensayos para una teoría sexual", en: OC, Vol. VII, *op. cit.*, pp. 153.

del desencuentro con un objeto capaz de eliminar el empuje, la insistencia pulsional. La pulsión se ubica así, en este punto en el cual se produce la falta inaugural por efecto del lenguaje.

La pulsión no tiene ley, ni historia, aún más, es indiferente a las expectativas y ambiciones civilizadoras; pero al no tener objeto, en su insistencia, produce un sujeto. Ahí donde el objeto está ausente, un sujeto se gesta. Es el significante, en la resignificación de esta diferencia de la que el sujeto es fruto, aquel que divide al sujeto. ¿Cómo se vincula la pulsión al significante, si no es desde la ley que instaura el deseo? "La pulsión es el eco en el cuerpo de la presencia del significante."[209] Pero esto implica también una ausencia, la del objeto que rodea la pulsión. Entonces, separar a la pulsión del significante es una tarea imposible.

La pulsión es el exponente más claro de la contradicción en la que se funda la subjetividad, pues genera la subjetividad tanto como la anula. No por nada Freud siempre mantuvo su dualidad a lo largo de su obra, si los elementos fueron modificándose, no así su alternancia.

Abordemos el concepto de pulsión como lo toma Lacan, en su Seminario 11. No me detendré mayormente en las diferencias entre la conceptualización freudiana y lacaniana de la pulsión, sin embargo señalaré algunas que permitirán avanzar sin confundir los planteamientos.

Comencemos por señalar que si Freud sostiene una dualidad pulsional, por otro lado, destaca la primacía de la pulsión de muerte. Lacan dará un pequeño giro a esto y dirá que la pulsión es una, un circuito, en todo caso, con dos caras: satisfacción e insatisfacción.[210]

La pulsión no va por el lado del sentido, no es por ello, interpretable, su insistencia es muda y constante. ¿Cómo reconocerla entonces? Freud la identificó primero en la sexualidad infantil, en la

---

209 Porge, E. *Jacques Lacan, un psicoanalista. Recorrido de una enseñanza.* Madrid, Editorial Síntesis, 2000, pp. 247.

210 Lacan, J. *El Seminario, Libro 11, Los cuatro conceptos…, op. cit.,* pp. 207.

parcialidad del objeto, en las zonas erógenas como la fuente de la cual parte y en la satisfacción como única meta. Pero sobre todo, en la clínica con la compulsión a la repetición, como algo que no alcanza a inscribirse, algo que insiste aun a pesar de causar gran daño al sujeto. Los sueños traumáticos y los ataques de pánico, también dan cuenta de ese agujero sin fondo en torno al cual circula la pulsión. Desde esta perspectiva se entiende que Lacan diga que la pulsión es una ficción[211], pues solo puede suponerse dado que: "La pulsión de muerte es lo real en la medida en que sólo se lo puede pensar como imposible".[212] Se erige como un más allá del significante pero que produce su entramado, está del lado de la causa pero no es el objeto del deseo; es el artefacto con el cual se extrae el objeto a pero sólo en su encuentro con el Nombre del Padre. Pues es la pulsión aquello que extrae un objeto del Otro y produce los agujeros en el cuerpo simbólico. Siendo en el Otro donde encuentra su punto de partida.

El circuito de la pulsión y el sujeto del inconsciente

Para delimitar el inmenso y complejo campo que implica el concepto de pulsión, me centraré principalmente en su circuito y su vínculo con el sujeto. Su circuito como una temporalidad circular y asimétrica[213], que se corresponde con la pulsación temporal del inconsciente, de apertura y cierre, cuyo movimiento implica siempre la posibilidad de la gestación de un sujeto. En relación al sujeto, trabajaré el concepto de pulsión vinculado a su constitución y al fantasma que los articula. En este sentido, resulta interesante

---

211 *Ibíd.*, pp. 170.

212 Lacan, J. *El Seminario, Libro 23, El sinthome*. Buenos Aires, Paidós, 2008, pp. 123.

213 Dado que a primera vista esto puede sonar contradictorio, cabe aclarar que la circularidad tiene que ver con la zona erógena que recorre la pulsión y la asimetría, con el tiempo de placer y de displacer que definen los distintos trayectos del recorrido pulsional.

aquello que destaca Lacan en su lectura de Freud: "...las tres voces, activa, pasiva y media ...no es más que el cascarón... lo fundamental de cada pulsión es el vaivén con que se estructura".[214]

Este vaivén, circuito pulsional condición de la transferencia, es condición también de la producción del sujeto, de su constitución y es por último, la posibilidad del deseo de ser "...actuado en la pulsión".[215] La pulsión es silencio que reverbera en la gramática. Los significantes seguirán así la ruta pulsional. ¿Cómo? Por medio del fantasma que, en esencia, es esta estructura gramatical a la que se refiere Lacan y que Freud trabaja en el texto "Pegan a un niño". En esta construcción gramatical la pulsión actúa el deseo, la marca de la división del sujeto, del límite de la simbolización. Por medio de esta estructura gramatical, el sujeto sostiene la relación con el objeto que falta, que causa su deseo y al que la pulsión contornea. Un objeto que como ya dijera Freud: "...es lo más variable en la pulsión; no está enlazado originariamente con ella, sino que se le coordina sólo a consecuencia de su aptitud para posibilitar la satisfacción".[216]

La variabilidad del objeto y la fuerza constante, así como la vinculación de la pulsión a la gramática en dos de los destinos pulsionales propuestos por Freud: el trastorno hacia lo contrario y la vuelta hacia la propia persona[217] llevarán a Lacan a continuar con el planteo de una pulsión que no pertenece al campo de lo biológico.

Si la pulsión recorre los bordes de las zonas erógenas no es por un mecanismo biológico que la conmina a ello, sino por efecto del encuentro con el lenguaje. El cuerpo simbólico, agujereado por la pulsión que parte del Otro, rodea la falta de objeto y completa su circuito regresando al lugar de donde parte. De este movimiento se desprende el objeto *a*, causa de deseo, pues si la satisfacción de la pulsión se da en el recorrido por el borde que rodea la ausencia

---

214   Lacan, J. *El Seminario, Libro 11, Los cuatro conceptos...* , *op. cit.,* pp. 185.

215   *Ibíd.,* pp. 251.

216   Freud, S. "Pulsiones y destinos...", en: OC, *op. cit.,* pp. 118.

217   *Ibíd.,* pp. 122.

de objeto y éste en sí resulta indiferente, el deseo imprimirá una condición al objeto *a* que será puesta en escena por el fantasma. En cierta forma, la actividad de la pulsión se traduce en el fantasma dado que ésta como especifica Lacan, carece de toda lógica.[218] Entonces, la pulsión parte del campo del Otro así como la ley que la organiza.

Dice Lacan: "El objeto de la pulsión debe situarse en el plano de lo que llamé metafóricamente una subjetivación acéfala, una subjetivación sin sujeto, un hueso, una estructura, un trazado, que representa una faz de la topología. La otra faz es la que hace del sujeto, debido a sus relaciones con el significante, un sujeto agujereado. Estos agujeros, estos huecos, han de provenir de alguna parte".[219] La relación con el significante que es introducida por el Otro.

De este desencuentro del ser humano por efecto del significante con el objeto que satisfaga sus necesidades surge la pulsión, engendrada en este desencuentro, es lanzada a vagar constante en busca de algo que no está, recorre así su ausencia y escribe, pues es a través del lenguaje que localiza esta falta. A diferencia del instinto, la pulsión no se satisface con un objeto que le corresponde, pero puede bien estancarse recorriendo una y otra vez el mismo borde. El concepto de fijación al que hace referencia Freud como: "Un lazo particularmente íntimo de la pulsión con el objeto... pone término a la movilidad de la pulsión contrariando con intensidad su desasimiento"[220], da cuenta de este estancamiento al quedar planteada su vinculación con la compulsión a la repetición y la entrada en el campo del más allá del principio de placer, de la pulsión de muerte. De esta forma, la fijación se vincula a la satisfacción con un objeto desaparecido y es justamente éste el único objeto posible para Lacan, el objeto ausente.

El instinto por otro lado, por ejemplo el hambre, satisface su necesidad con el alimento. Cuando se trata de la pulsión no es el

---

218 Lacan, J. *El Seminario, Libro 11, Los cuatro conceptos...* , *op. cit.*, pp. 176.

219 *Ibíd.*, pp. 191.

220 Freud, S. "Pulsiones y destinos...", en: OC, *op. cit.*, pp. 118.

alimento el objeto capaz de saciar su ansia, más aún, no existe objeto capaz de saciarla, la ruta alternativa que se ofrece a este empuje devorador es la vía significante. Por esta razón la pulsión es sufrimiento cuando se estanca en un señuelo, o mejor dicho, no encuentra límite en su recorrido; límite que se establece a partir del corte significante que recorta un agujero, el objeto *a*. Podemos imaginar en esta situación que esta tensión sin límite alguno, se termina devorando a sí misma.

Esta diferencia con el instinto lo marca el encuentro con el lenguaje. Visto así, la pulsión es una fuerza constante que se inscribe en el lenguaje. Es el desfasaje entre el cuerpo y la palabra, de un encuentro que se ciñe en el desencuentro. Por eso la pulsión en su recorrido crea al objeto, deja un agujero, los bordes son su huella y por ahí volverá a intentar, una y otra vez, la incesante captura para volver a fallar.

"A la pulsión tenemos que considerarla bajo el acápite de la *kontstante kraft*, que la sostiene como tensión estacionaria... algo que sale de un borde, que duplica su estructura cerrada, siguiendo un trayecto que retorna y cuya consistencia sólo puede asegurarla el objeto, el objeto como algo que debe ser contorneado."[221]

La pulsión no tiene objeto, no se descarga al satisfacerse, puesto que esto nunca se logra completamente, pero es este lugar del objeto que falta indispensable para sostener su trayecto.

La pulsión es empuje, deriva constante que desde el campo del Otro se articula como demanda y es como tal, imposible de satisfacer, de la diferencia entre la necesidad del futuro sujeto y lo que recibe de la demanda, surgirá el deseo. Ahora bien, la demanda es insistencia que encuentra su límite en el deseo que escribe la diferencia entre la necesidad y la demanda. Si el Otro demanda, se impondrá una diferencia en la respuesta que reciba. Del otro lado, cuando el bebé llora, no será su necesidad cubierta sin fallas. En uno y otro caso es el deseo el que se interpone en la adecuación y la identidad entre lo que se demanda y lo que se

---

221 Lacan, J. *El Seminario, Libro 11, Los cuatro conceptos...* , *op. cit.*, pp. 188.

recibe. La falta pone límite a aquello hacia lo que la pulsión se dirige, el goce.

"La castración quiere decir que es preciso que el goce sea rechazado, para que pueda ser alcanzado en la escala invertida de la ley del deseo."[222]

¿Cómo se articula esta exigencia pulsional con la subjetividad? Este empuje llega al sujeto a través del Otro que lo introduce en el mundo. El sujeto entra como objeto causa de deseo del Otro, es por ello, rodeado por la pulsión. Para que el sujeto se constituya como sujeto del inconsciente tendrá que moverse de ese lugar, será así cortado por el significante una segunda vez, o mejor dicho, la primera es marca, la segunda es corte. Ahí es donde la pulsión encuentra un límite en el significante fálico. De esta manera, como señala Lacan: "...Freud nos revela que es gracias al Nombre del Padre como el hombre no permanece atado al servicio sexual de la madre, que la agresión contra el padre está en el principio de la ley y que la ley está al servicio del deseo que ella instituye por la prohibición del incesto".[223]

Volvamos al juego del *fort-da*[224] en el que se reproduce el encuentro, la recuperación del objeto (madre) por la única vía posible, la vía significante; al estar el objeto por estructura ausente, se repite la pérdida que permite acceder a él a través del significante. Por medio del significante que marca su ausencia, su huella, esta huella que luego será borrada por un segundo significante, el que produce la metáfora paterna, el significante fálico que señalizará el lugar donde localizar su ausencia; un significante en posición tercera respecto a esta simbolización binaria que instala la falta como el campo de encuentro entre el sujeto y el Otro. En este encuentro primero y su reinscripción, está la articulación de la pulsión al deseo que produce un sujeto.

---

222 Lacan, J. "Subversión del sujeto y dialéctica del deseo en el inconsciente freudiano", en: *Escritos 2, op cit.,* pp. 807.

223 Lacan, J. "Del trieb de Freud y del deseo del psicoanalista", en: *Escritos 2, op. cit.,* pp. 831.

224 Freud, F. "Más allá...", en: OC, *op. cit.*

Veamos lo que dice Lacan: "Hay que hacer la distinción entre el regreso en circuito de la pulsión y lo que aparece –aunque sea, por no aparecer- en un tercer tiempo. O sea, la aparición de *ein nenes Sunjekt,* que ha de entenderse así –no que hay ya un sujeto, el de la pulsión, sino que lo nuevo es ver aparecer un sujeto. Este sujeto que es propiamente el otro, aparece si la pulsión llega a cerrar su trayecto circular. Sólo con su aparición en el otro puede ser realizada la función de la pulsión".[225]

En esta cita se desprenden varias ideas, por un lado, que el sujeto es algo a producir y que esta producción tiene que ver con la pulsión. Pero quizá lo más interesante es que la pulsión se realiza en su aparición en el otro. Este otro en este caso, pareciera referirse al objeto *a,* siguiendo el gráfico en el que Lacan sitúa este movimiento.[226] De esta forma, el circuito de la pulsión, al realizar su función produce un agujero y un resto de su recorrido, el objeto *a*. Este lugar de la falta que así enlazado constituye el campo de intersección con el Otro, el lugar que designa la falta, aquel objeto que el sujeto deberá perder para constituirse como sujeto dividido y por el deseo que lo determina.

En este trayecto de la pulsión que Lacan define, el objeto *a* queda fuera de la zona erógena, este objeto que aparece en tanto el recorrido pulsional cierre su trayecto. Hay una razón para colocar a este objeto *a* en el mismo lugar que el sujeto del que habla Lacan en esta cita, y es que ambos se producen al mismo tiempo: si hay sujeto dividido, hay objeto *a*. Aclara Lacan que la meta de la pulsión es esencialmente este "… regreso en forma de circuito".[227] La tensión como lazo y el sujeto situado donde finaliza el lazo. El objeto es el agujero, en torno al cual esta tensión gira.

Podemos entender así, cómo es que la represión de la satisfacción pulsional lo que produce es la compulsión a la repetición, el imperativo superyoico que conlleva al goce, puesto que lo que

---

225 Lacan, J. *El Seminario, Libro 11, Los cuatro conceptos… , op. cit.,* pp. 185.
226 *Ídem.*
227 *Ibíd.,* pp. 186.

la represión evita es justamente el cierre del trayecto pulsional del que habla Lacan y que produce un sujeto y su falta, es decir, el objeto *a*.

"Es... más bien el asumir la castración lo que crea la carencia con que se instituye el deseo"[228], si esta falta es colmada, lo que queda abolido es el deseo, "...deseo de deseo, deseo del Otro..., o sea sometido a la ley".[229]

Rescatemos esta idea: la pulsión en su retorno hace lazo, anuda, su cuerda está hecha de significantes; el sujeto, como el objeto *a*, habita en las ranuras entre hebra y hebra. La subjetividad en psicoanálisis sería una manera de articular este silencio pulsional. En su circuito, la pulsión puede "hacer aparecer un sujeto", siendo de esta forma cómo el sujeto queda articulado a la cadena significante, pues es el deseo inconsciente aquello que, al efectuar el corte, relanzará nuevamente el recorrido.

"El paso de la pulsión oral a la pulsión anal no es el producto de un proceso de maduración, es la intervención de algo que no pertenece al campo de la pulsión –la intervención, de la demanda del Otro."[230]

El sujeto es articulación de esta red asociativa o cadena significante. Es un núcleo móvil, pues nunca está en el lugar donde se lo espera. Esto no es simplemente un eufemismo, es más bien aquello que define a este sujeto del inconsciente, algo que aparece y desaparece, algo a producir y la producción subjetiva hace dique a la insistencia pulsional; haciéndola virar hacia la diferencia, hacia la producción en su recorrido de un sujeto, a su desprendimiento de la Cosa, intervención simbólica en lo real. Siguiendo la metáfora de Lacan, al completar el recorrido que parte del Otro para volver a atravesarlo, se pasa de la subjetividad acéfala a la producción de un sujeto dividido por el significante.

---

228 Lacan, J. "Del trieb...", *op. cit.*, pp. 831.

229 *Ídem.*

230 Lacan, J. *El Seminario, Libro 11, Los cuatro conceptos...* , *op. cit.*, pp. 187.

El sujeto irrumpe en este automatismo de la cadena significante, sin la interrupción del sujeto esta cadena sería infinita en su movimiento, continua. El deseo se localiza en este corte significante, en la escena que vira hacia otra cosa; la discontinuidad, el lapsus. Corte que divide al sujeto y por tanto lo produce, pues es la división aquello que instaura al sujeto del inconsciente.

Todo este movimiento articula una temporalidad que es la del sujeto. La pulsión en sí misma no tiene historia y lejos de tener un sentido, lo desbarata, es el movimiento sin más cuyo único propósito es alcanzar su objeto. Meta imposible por cuanto ese objeto que la satisfaga no existe, los señuelos vienen a ocupar su lugar de forma siempre insuficiente.

EL SUJETO Y EL OBJETO a EN LA PULSACIÓN TEMPORAL

El tiempo ofrece la misma dificultad que el sujeto del inconsciente: cuando llega el instante es cuando se desvanece, cuando queremos alcanzarlo, se nos sustrae. Nuestra sociedad ofrece metáforas maravillosas para ocultar su esencia. El reloj es un artefacto que con su excesiva presencia es quien mejor logra ocultarlo y al mismo tiempo, develarlo. De esta forma, socialmente, el tiempo está regulado.

¿Pero cómo se articula el tiempo con el sujeto, cómo lo afecta, cómo lo produce? Ya dijimos que la pulsión por ser a-histórica no está sujeta al sentido, pero se hace representar por significantes en su intento de capturar el objeto. En esto consiste el tiempo que la define, pues al fallar el objeto produce un sujeto y esta falla se da bajo la lógica inconsciente, la del deseo que antes que seguir el recorrido pulsional se sirve de él para inscribir la diferencia por medio de la función de corte del significante.

La pulsión se fija al significante y el deseo divide al sujeto efectuando un corte en la fusión del sujeto con el significante que corresponde a la fusión con el ideal materno. Así, para Lacan, la pulsación temporal consiste en "...un movimiento del sujeto que sólo se abre para volver a cerrarse..." y la ubica como "...más radical que la inserción en el significante, que sin duda la motiva, pero que es primaria a nivel de la esencia".[231]

Para ubicar este enunciado con lo que hemos venido trabajando, podemos situar esta primera inserción del sujeto "más radical" en el primer tiempo de la constitución del sujeto. El tiempo del encuentro con el deseo del Otro, el de la alienación en el campo del Otro. Inserción en la "Otredad radical" que implica la simbolización de este vaivén pulsional que modula la presencia/ausencia del significante, orificios que se cierran y se abren por medio de un significante que oficia de obturador, el rasgo unario. Aquel que suple la falta de objeto, aquel que soporta el semblante del objeto en el fantasma materno. De esta forma, quedan implicados los tres registros en la dialéctica entre el sujeto y el Otro.

Será este vaivén pulsional, de apertura y cierre por donde el sujeto aparece y desaparece, la puerta de entrada a la inclusión en lo simbólico que se hará a partir de la ausencia, en el corte que se produce a partir de la repetición que la reinscribe, en tanto, la insistencia pulsional, interceptada por el deseo articulado a la demanda "...duplica su estructura cerrada, siguiendo un trayecto que retorna y cuya consistencia sólo puede asegurarla el objeto, el objeto como algo que debe ser contorneado".[232]

Recordemos que la pulsión es producto del desencuentro entre lo simbólico y lo real; por lo tanto es efecto del lenguaje. La pulsión viene a dar cuenta de esta forma enigmática que tiene el lenguaje de encarnarse. En esta línea, Freud se encontró con lo peculiar del síntoma en la histeria: Un cuerpo trazado por significantes.

En la lógica del trauma planteada por Freud, se resignifica el encuentro con una segunda escena y ahí es cuando se produce el retorno de lo reprimido en forma sintomática, es decir, significante y pulsión anudados. Ese resto no simbolizado es lo que retorna en el síntoma. Síntoma, finalmente, como metáfora de este encuentro que articula significante y goce, al intentar pacificar lo traumático,

---

231 *Ibíd.*, pp. 132.
232 *Ibíd.*, pp. 188.

lo más primario de la estructura subjetiva, el tiempo de gestación: la pulsación temporal.

Lacan plantea: "...el movimiento circular del empuje que emana del borde erógeno para retornar a él como a su blanco, después de haber girado en torno a algo que llamo el objeto a. Yo asevero que así es como el sujeto llega a alcanzar la dimensión, propiamente dicha, del Otro con mayúscula...".[233] A través de este objeto a, perdido, que el sujeto supone en el campo del Otro. De esta forma, en el recorrido pulsional, se desprende, no solamente el objeto a, causa de deseo, sino también el Otro, en ese lugar que corresponde al objeto a, un Otro construido a imagen de un objeto parcial de la pulsión.

Lacan dice que en este movimiento circular de la pulsión hay heterogeneidad entre la ida y la vuelta y que esta heterogeneidad revela una hiancia en su intervalo.[234] Este circuito a pesar de ser circular, produce una diferencia. La pulsión rodea la ausencia del objeto, su agujero, recorriendo el borde de la zona erógena, la fuente de la pulsión. De ahí emana la tensión, que la relanza a su recorrido circular.

De esta forma, la pulsión produce al sujeto y al Otro, como lugares, en su circuito, pero sólo en su encuentro con el significante en tanto resignificación, repetición y demanda articulada al deseo de otra cosa.

Si el borde es la fuente de la pulsión, Lacan dirá también en este Seminario, que la estructura del significante se basa en la función del corte "...y que ahora..., se articula como función topológica de borde".[235] De esta forma el significante es corte en lo real y su función topológica de borde se articula a la de la pulsión, que recorre un borde. Aquí tenemos la yuxtaposición que los encuentra; representado en los matemas del fantasma $\$ \lozenge a$ y de la pulsión $\$ \lozenge D$.

---

233 *Ibíd.*, pp. 201.

234 *Ibíd.*, pp. 201.

235 *Ibíd.*, pp. 214.

Siendo el rombo (◊) función significante que circunscribe un agujero en el fantasma y el borde erógeno en la pulsión.

"Articulé el inconsciente como algo que se sitúa en las hiancias que la distribución de las investiciones significantes instaura en el sujeto, figuradas en el algoritmo como el rombo que coloco en el centro de toda relación del inconsciente entre la realidad y el sujeto. Pues bien, la pulsión desempeña su papel en el funcionamiento del inconsciente debido a que algo en el aparejo del cuerpo está estructurado de la misma manera, debido a la unidad topológica de las hiancias en cuestión."[236]

Hay de entrada un desencuentro de la pulsión con el objeto que la satisfaga por efecto del lenguaje, son los agujeros en lo simbólico que la pulsión produce al no haber objeto posible para su satisfacción, es la pulsión de muerte freudiana que buscando su nirvana se anula a sí misma. Lo interesante aquí es pensar aquello que articula estas hiancias, las del sujeto con las del cuerpo pulsional. Este es el punto donde se coloca el significante fálico y posteriormente, el *sinthome*.

Se trataría así, de dos trayectos interceptados, el de la pulsión que se sitúa en la simbolización primera, binaria, del Otro, presencia/ausencia del significante materno primero, inserción del sujeto en el orden significante. El segundo trayecto es aquel que se funda en el encuentro con un significante en posición de terceridad respecto a esta simbolización primera, no ya desde la alternancia entre presencia/ausencia, sino el de la articulación entre significantes cuyo soporte es el significante del deseo, el significante que introduce la metáfora paterna, el significante fálico. Este significante produce un corte entre el Otro y el objeto imaginario que lo completa resignificando una falta estructural. Esto es lo que lleva a diferenciar dos agujeros: el agujero en lo simbólico perforado por la pulsión y el que es ocupado por el objeto a, un semblante de un objeto posible de situar imaginariamente que es recortado por la resignificación significante y cuya pérdida se efectúa en cada

---

236 *Ibíd.*, pp. 188.

producción subjetiva. Esto es: cada vez que el sujeto aparece dividido por su deseo.

Estos dos circuitos se enlazan y constituyen el *sinthome* o nudo y es el agujero aquello que permite este enlace. Del encuentro de ambas cadenas se gesta el sujeto del inconsciente, que es en esencia un sujeto temporal en tanto no es permanente, a diferencia de lo que se puede sostener respecto a un individuo. El sujeto del inconsciente es un sujeto a producir; si es que fue primeramente constituido. De cualquier manera, inclusive en la psicosis se trataría de producir algo que sustituyera a este lazo, aunque como veremos en el capítulo dedicado al *sinthome*, a diferencia de lo que sucede en la neurosis, se trataría aquí de un nudo sin movimiento.

DE LA PULSIÓN AL DESEO

Aunque en este Seminario, en muchas ocasiones, pueda parecer que la pulsión y el deseo son una misma cosa, quizá convendría aclarar que el deseo es justamente aquello que vincula la pulsión al significante fálico, y esto es, a la sexualidad subjetivada.

"Yo sostengo que con el análisis... debe revelarse lo tocante a este punto nodal por el cual la pulsación del inconsciente está vinculada con la realidad sexual."[237] Realidad sexual que Lacan define como la realidad del inconsciente y establece una articulación entre el objeto del deseo inconsciente y el de la pulsión: "...el objeto del deseo es la causa del deseo y este objeto causa del deseo es el objeto de la pulsión, es decir, el objeto en torno del cual gira la pulsión".[238] Para la pulsión, el objeto o mejor su lugar de ausencia, funciona como una suerte de imán y para el deseo, esta ausencia causa su deslizamiento metonímico. Como se ve, aunque topológicamente coinciden, no operan de la misma forma, uno atrae y el otro motiva la sustitución.

---

237 *Ibíd.*, pp. 160.
238 *Ibíd.*, pp. 251.

Lacan ubica dentro de la experiencia analítica dos extremos, en uno aquello que corresponde a la represión primordial que tiene que ver con el deseo de la madre y es un significante, S_1, rasgo unario al cual queda identificado el sujeto en la resignificación y que denota la carencia del ser. En el otro extremo, a la interpretación que: "...concierne a este factor dotado de una estructura temporal especial que traté de definir mediante la metonimia. En su término, la interpretación apunta al deseo, al cual, en cierto sentido, es idéntica. En resumidas cuentas, el deseo es la interpretación misma".[239] La sexualidad continúa, está en el intervalo. El deseo es interpretación del deseo enigmático de la madre. Resignificación que articula el deseo del Otro al significante que articula la falta de objeto, las pulsiones parciales.

Este intervalo, aquel que se produce por la resignificación del S_1, es efecto de la metáfora paterna, así este objeto causa de deseo queda articulado al significante fálico. Y continúa más adelante diciendo que la sexualidad así planteada, como pulsiones parciales, realidad inconsciente que habita en el intervalo, es la misma tanto para los niños como para los adultos dado que: "... todos se enfrentan sólo con la sexualidad que pasa por las redes de la constitución subjetiva, las redes del significante, la sexualidad en los desfiladeros del significante- la sexualidad sólo se realiza mediante la operación de las pulsiones en la medida en que son pulsiones parciales, parciales respecto de la finalidad biológica de la sexualidad".[240] De esta forma la subjetividad queda ligada tanto al circuito pulsional como a la red significante, una sexualidad no ya biológica sino remanente de la inserción significante del sujeto, de su inserción en el campo del Otro.

Quizás resulta más sencillo separar la pulsión en dos, como hacía Freud, una pulsión de vida que enlaza y otra de muerte que, por el contrario, destruye. Lacan propone pensar una sola pulsión con dos caras. Una parte del recorrido donde hay satisfacción y

---

239 *Ibíd.*, pp. 183.
240 *Ibíd.*, pp. 184.

otra donde habría insatisfacción, o mejor dicho, una satisfacción que se satisface en el displacer. Estas dos caras nos acercan a otros conceptos lacanianos fundamentales para entender la subjetividad: el deseo y el goce.

El deseo y el goce son también dos lados de la misma moneda, como lo atestiguan el síntoma y el fantasma. El fantasma es soporte del deseo en tanto pone a resguardo la falta y también es goce, dado que tapona con un objeto imaginario esta falta. Esta contradicción, este conflicto, que podemos reconocer en el origen del psicoanálisis, da cuenta de la característica de la subjetividad en tanto dividida.

DE LA PULSIÓN COMO MITO A LA REALIDAD COMO FICCIÓN

Decir que la realidad tiene su soporte en el fantasma implica no sólo su cualidad de ficción, sino también una lógica temporal. Para Freud la realidad es una construcción psíquica y esto determina que sea algo que puede perderse. Para Lacan por otro lado, la realidad es también efecto de la articulación de los tres registros, estos son su soporte, lo atestigua el hecho de que cuando en la psicosis estos se sueltan la realidad se desordena. Es el anudamiento y la construcción fantasmática aquello que sostiene a la realidad en el punto en la cual ésta siempre puede ser puesta en cuestión, es decir, en el agujero en torno al cual se organiza. Lo incognoscible, lo no dicho, Dios y el enigma, son rostros de este agujero recubierto por la construcción del fantasma que a su vez regula la relación con este vacío, le da respuesta y circunscribe al goce pulsional.

Los términos que utiliza Lacan para escribir la fórmula del fantasma, serían básicamente trazos del encuentro entre el sujeto y el Otro, tiempos en los que se constituye el sujeto. El fantasma es el marco del vínculo que los enlaza y este marco es el soporte fundamental del sujeto y de la realidad que con ello articula. De esta manera, la realidad normalizada es aquella enmarcada. En la neurosis este marco es el fantasma, en la psicosis el delirio toma ese oficio de soporte de la realidad; el delirio acota, delimita, da cuenta más claramente del agujero en la estructura.

Recordemos los elementos que componen el fantasma: $\$ \lozenge a$. En ellos están incluidos los conceptos fundamentales que constituyen al sujeto. En medio del $\$$ y el Otro que ocupa el lugar de a se inscriben las dos operaciones lógico temporales del encuentro del sujeto con el Otro. Ambas operaciones significantes, primero en tanto alienación en los significantes que vienen del Otro, identificación al ideal materno, para lo cual el sujeto se ubica primero en el lugar de a en el fantasma materno, como aquello que causa y sostiene su deseo. Luego, vel inferior, operación de separación que es también repetición y corte entre ambos, corte del que resulta una falta a para el nuevo sujeto que queda situado en el campo del Otro; una operación inversa, pero no simétrica. Estos dos momentos establecen el lazo entre el $\$$ y el Otro, o mejor dicho, entre el sujeto y el recorte que la operación significante realiza, el a. El objeto a es tanto el sujeto para el Otro, como el Otro para el sujeto, es el punto de intersección entre ambos sin ser propiamente de uno o del otro, pues es el semblante de la pérdida de un objeto mítico.

Si articulamos esta fórmula a la de la pulsión donde $\$ \lozenge D$, donde D equivale a la demanda, también situada en el campo del Otro y colocado por el sujeto como objeto a. El agujero quedará inscrito en el interior del rombo tanto para el recorrido pulsional como para el significante que bordea el agujero. La "comunidad topológica" entre el sujeto y la pulsión, de la que habla Lacan. De esta manera quedan también representadas ambas fórmulas en los dos tiempos de la constitución subjetiva. El fantasma, con su escritura significante, se superpone a la de la pulsión por efecto de la intervención de la metáfora paterna.

Este es el espacio que representa el rombo en la fórmula del fantasma tanto como en la de la pulsión, en el primero es la falta que instaura la metáfora paterna al dividir tanto al sujeto como al Otro y en el segundo es borde por donde circula la pulsión. Tanto en uno como en otro, es la falta aquello que sostiene el recorrido.

Tomemos a esta falta que propone el psicoanálisis como constitutiva de la subjetividad, como un agujero que se rebalsa y a la ley significante e inconsciente, como la articulación de este desborde. El tiempo estaría en ambos, en el desborde y la articulación que le da cauce, el objeto *a* que de acuerdo a Lacan es fundamental para sostener el recorrido pulsional.

¿Habría que suponer que cuando este objeto *a* y su contraparte, el sujeto dividido, no se producen, la pulsión no gira alrededor del objeto ausente? Esta pregunta se vincula directamente con el lugar del psicoanálisis en las sociedades contemporáneas y de la especificidad de su clínica.

Imaginemos esta energía constante que arremete en busca de su objeto y hace un agujero, aquello que hace límite para que no se rebalse es el deseo y el deseo encuentra su suporte en el fantasma. A través de la demanda del Otro que está sostenida por los significantes constitutivos del sujeto y a la manera de un bucle que al intentar retomar sus pasos se aleja un poco de ellos, duplicando así, como en espiral, el recorrido. De esta manera, el recorrido pulsional incluye al Otro al mismo tiempo que aspira desprenderse del significante para alcanzar la cosa, en el sentido freudiano del término. La pulsión sin este límite que proporciona la metáfora paterna atenta contra el lazo social, es voracidad sin objeto que la sacie, el significante fálico relanza el circuito desviando su destino. En la psicosis, podemos pensar el pasaje al acto como aquello que instituye este límite.

El deseo que podemos tomar como la pulsión desviada de sus fines, se diferencia de la pulsión que es goce y que en sí misma es camino hacia la muerte.[241] La prohibición recrea el objeto ausente, pues detrás del espejo aguarda lo insondable, la nada y de este lugar, la autoridad del significante paterno rescata al hijo al metaforizar el ideal materno como otra cosa diferente a sí mismo. No es ya el objeto fálico del Otro, este objeto se desprende de la

---

241 Lacan, J. *El Seminario, Libro 17, El reverso del psicoanálisis, op. cit.*, pp. 17.

repetición de su demanda, como una pérdida cuya recuperación se instituye como imposible. Así, la identificación al falo imaginario es un tiempo de constitución del sujeto, pero su fijación más allá de cierto límite, al anular el intervalo en el que habita el sujeto, lo abisma hacia la muerte, al congelamiento de una imagen también imposible. La vida es tiempo circulando, inscrito en el lenguaje y al mundo lo tocamos por medio de este lenguaje, lo real atravesado por el significante, eso define lo humano.

La pulsión fallando su objeto va dejando agujeros a su paso, ese movimiento que desgarra al Otro, la voracidad sin límites. El significante hace valla, y a esto se refiere Lacan con que el deseo es barrera frente al goce. Para que este significante oficie de barrera frente al goce, tendrá que entrar de una manera particular, como S_1, este significante primordial que hace lazo con la pulsión. Imaginemos que la pulsión es una aguja dispuesta a perforar y se encuentra con este hilo con el que en todo caso, tejerá su movimiento, hilvanando agujeros. Es S_1, la primera inscripción significante en el deseo del Otro, aquello que permite el nacimiento de un sujeto, pero aún hará falta un segundo encuentro de la pulsión para que se articule un sujeto a la cadena significante y con ella, la producción siempre posible de este sujeto. Este sería un segundo lazo, que volviendo sobre el primero, deja sin embargo un espacio entre S_1 y S_2. Entre estos dos significantes, habita el sujeto en potencia y se desliza el objeto *a* hilvanado ahora entre significante y significante.

La transferencia: un lugar para el tiempo

...la transferencia es una relación esencialmente ligada al tiempo y a su manejo

Jacques Lacan, "Posición del inconsciente"

Aun cuando la transferencia está íntimamente vinculada a la pulsión, requiere ser tratada en un capítulo aparte. Distintivo por excelencia de la clínica psicoanalítica, aquello que la separa indiscutiblemente de las disciplinas del campo de la salud mental, es también el espacio en donde el tiempo psicoanalítico muestra su recorrido y sus efectos.

Fue su descubrimiento como vector de la cura, lo que consolidó al psicoanálisis como una clínica del sujeto en oposición a una clínica de síntomas liderada por la psiquiatría en aquel entonces. Fue así mismo, el reconocimiento de la transferencia en la cura, lo que inició el largo recorrido por intentar situar el lugar del analista en el proceso. Si el saber por medio del cual opera no es consciente, si tampoco el analista en la cura es un sujeto, qué sostiene este lugar y sobre todo cómo y desde dónde interviene para llevar al paciente a modificar su posición subjetiva y el malestar que lo lleva a demandar un análisis.

En este capítulo se articulará el espacio transferencial con la pulsión por un lado, como aquello que permite que ella se instale y, con el lugar del analista y la función que en la estructura del sujeto tiene su intervención. Dado que es éste el espacio en el que es posible retomar los hilos de la temporalidad, que tiene en su horizonte la producción de un sujeto.

Dice Lacan que "...la transferencia es la puesta en acto de la realidad del inconsciente".[242] Recordemos también que define esta realidad como sexual. Una sexualidad definida por la parcialidad del objeto, es decir, pulsional. Lo que se pone así en acto en la trans-

---

242 Lacan, J. *El Seminario, Libro, 11, Los cuatro conceptos..., op. cit.*, pp. 152.

ferencia es el recorrido pulsional. Sin olvidar también que ésta se inscribe en los significantes.

"El inconsciente es los efectos que ejerce la palabra sobre el sujeto, es la dimensión donde el sujeto se determina en el desarrollo de los efectos de la palabra, y en consecuencia, el inconsciente está estructurado como un lenguaje. Esta es... la dirección indicada para evitar que cualquier aprehensión del inconsciente tenga como mira una realidad que no sea la de la constitución del sujeto."[243]

DE LA IMAGEN DETENIDA A LA PRODUCCIÓN DEL SUJETO

Todo análisis pone en juego el encuentro con esta palabra (rasgo unario) carente de significación, cicatriz del encuentro que engendró al sujeto, marca de la ausencia del objeto. Toda vida humana es escritura, el intento de articular el tiempo de este encuentro.

Dice Lacan: "...si la transferencia es aquello que de la pulsión aparta la demanda, el deseo del analista es aquello que la vuelve a llevar a la pulsión y, por esta vía, aisla el objeto a, lo sitúa a la mayor distancia posible de I...".[244]

Detengámonos en esta cita donde I se refiere al ideal, aquello a lo que el sujeto aspira para ser amado por el Otro. El ideal busca la identidad, el objeto a señala el fracaso de tal empresa; resto inasimilable que atestigua el desencuentro, aquello que impide al sujeto alcanzar su ideal, el punto negro en la foto perfecta.

Tal como lo señala Lacan: "El objeto a minúscula no es el origen de la pulsión oral. No se presenta como el alimento primigenio, se presenta porque no hay alimento alguno que satisfaga nunca la pulsión oral, a no ser contorneando el objeto eternamente faltante".[245] Por esta razón, el ideal está condenado al fracaso, no hay objeto posible que satisfaga a la pulsión, objeto que colme al Otro.

---

243 *Ibíd.* pp. 155.

244 *Ibíd.*, pp. 281.

245 *Ibíd.*, pp. 187.

El objeto es ausente y cuando está presente es en alguna de sus formas imaginarias y se convierte por ello, en una presencia en exceso. Esto nos lleva a un punto medio que no existe, entre la falta y la presencia de más. Es sobre esta distancia donde opera la intervención analítica pues es ahí, en este intersticio, donde se aloja el sujeto. En el tiempo que transcurre entre uno y otro el movimiento retroactivo corta la fusión, divide al sujeto y lo enlaza con la falta, el objeto a. El objeto a queda ahora reservado al Otro, un lugar a ocupar por los semblantes posibles. Semblantes que a su vez, serán recubiertos por la ficción del fantasma y de esta manera se garantiza su permanencia, la del Otro y su ilusoria completud.

¿Alrededor de qué gira la pulsión? La pulsión gira alrededor de las zonas erógenas diríamos con Freud, del objeto a, decimos con Lacan. Este objeto que toma el relevo de las zonas erógenas enunciadas por Freud y a las que agrega la voz y la mirada. Objetos que aluden a una pérdida. Por eso, cuanto más se intenta alcanzar el objeto más se pierde, pues el recorrido genera siempre un resto inconmensurable. No hay aquí posibilidad de intercambio o repartición. Por ello es que la fijación a la zona erógena genera malestar más que placer, o como diría Freud, la ganancia de un placer de otra índole, de aquello que no parece tener fin.

La transferencia abre el espacio y soporta el despliegue de este circuito. ¿Cómo lo abre? Convocando al decir que gira en torno a este lugar del sujeto supuesto saber, que es una de las ficciones que utiliza la neurosis para recubrir el agujero. La transferencia, sosteniendo el enigma de lo que significa este saber supuesto, permite el montaje necesario para que la pulsión haga su recorrido (recordemos que lo que dilata al recorrido pulsional es el desencuentro con el objeto de goce). Es lo que vimos en el recorrido freudiano, cómo a partir de escuchar en la transferencia, de dejarse envolver por este recorrido pulsional, se pone en acto la estructura psíquica y esto es posible al poner el saber en suspenso. Freud tiene más preguntas que respuestas y cuando intenta dar una respuesta, equivoca el recorrido produciendo el cierre del inconsciente. En este sentido, la respuesta al padecimiento del sujeto está más del lado del fantasma en tanto cierra el circuito de la pulsión y lo fija al objeto que es afirmado en la respuesta, dejando así prisionero al sujeto en el fantasma.

Ahora bien, ¿qué sucede cuando la pulsión se fija a una zona erógena? Estamos en el campo del goce, fijación a un objeto caduco, pues en el momento mismo del corte que divide al sujeto, este objeto es ya resto. La fijación de la pulsión en esta zona erógena torna excesivo el goce que se vuelve así sufrimiento. Es la insistencia en la recuperación de ese supuesto objeto, por ello ideal, de ese lugar en el deseo del Otro, cura de todos los grandes males. Por eso el enamoramiento puede eliminar momentáneamente el sufrimiento, pues se apoya en esa fascinación que produce el espejismo de un encuentro con el ideal.

La palabra daría cauce a que el deseo se actúe, pulsión mediante, que el fantasma arme su escenario sobre la tarima que recubre la ausencia. Este entramado que Freud supo leer en la red asociativa que se organizaba alrededor de un núcleo patógeno.

El enigma a sostener en la transferencia ofrecerá la posibilidad de que esta ruta se sostenga, de que el inconsciente se abra y se cierre siguiendo el vaivén pulsional. El cierre es fijación siempre fantasmática porque el fantasma es tapón a la falta. El inconsciente es articulación y por lo tanto, interespacio. Aquí se plantea la contradicción, el conflicto del cual surge el sujeto. Cuando Lacan dice que el inconsciente se abre y se cierra, se entiende que ésta es su manera de manifestarse, en este movimiento. Esto supone la necesidad tanto de la apertura como del cierre, pues es en esta alternancia donde se produce el sujeto. Si el deseo propicia la apertura, el fantasma la cierra. Pero al mismo tiempo, el fantasma es soporte del deseo, porque en cierta forma custodia la falta que recubre. Momentos que a su vez corresponden al de la intervención de la metáfora paterna y el lugar del falo imaginario de la madre. Así mismo y dado que el fantasma es tanto tapón como salvaguarda de la falta, es a partir de éste desde donde se puede intervenir para propiciar la apertura. Hay que arribar al encuentro con el objeto que el sujeto se hace ser para el Otro, para que el sujeto sea determinado no por el semblante de a, sino por su ausencia.

Por otro lado, tenemos esta idea de que el sujeto del inconsciente es algo a producir. Siguiendo a Lacan, el inconsciente, al igual que la pulsión, no pertenece a un sujeto. Antes bien, es el sujeto quien se amarra al inconsciente y es la pulsión, en su recorrido, aquello que potencialmente puede producir un sujeto. La pulsión perfora en su recorrido de búsqueda del objeto que falta, arranca una parte a ese Otro, y en esa falta se constituye un sujeto. El sujeto así es algo a producir y el inconsciente en tanto deseo, algo que produce.

De esta manera, el inconsciente historiza esta pulsión ahistórica y sin sujeto. Aquí radica la importancia del espacio analítico para tramitar el malestar en la cultura, el desencuentro entre el fin pulsional y la potencia civilizadora del amo. Desde esta perspectiva resulta interesante la idea de Nasio[246] que sugiere pensar al análisis como uno de los destinos posibles de la pulsión.

EL ESPACIO TRANSFERENCIAL ES TIEMPO

Estamos habituados a pensar a la transferencia como un espacio. La representación del consultorio como el lugar donde el espacio psíquico es puesto en escena. Pero cómo pensar a la transferencia como una puesta en escena de esta temporalidad que sucede sin que tengamos noticias de ella, hasta que un día, rompemos en llanto sin saber la causa, o nos encontramos detenidos en la calle por un súbito ataque de angustia, o nos damos cuenta que la persona que tanto amamos ya no causa nuestro deseo. Los tiempos oscuros del duelo o las urgencias de consumir, son esbozos de esta temporalidad que el psicoanálisis hizo evidente. Es el tiempo que nos inserta en el lenguaje, más aún el tiempo de este encuentro en acto.

La transferencia es esencialmente de un orden muy distinto a cualquier relación intersubjetiva. Es el espacio en donde la subjetividad podrá desplegar sus amarras, por el que transitarán los

---

246 Nasio, J. D. *Cómo trabaja un psicoanalista*. Buenos Aires, Paidós, 2000, pp. 54.

hilos que tejieron la subjetividad, sus puntos de apoyo, sus nudos, su circuito. Y será sobre estos amarres donde el analista, desde el lugar que le es dado a ocupar, intervendrá para que este tiempo silenciado encuentre por dónde discurrir.

Si para Freud la transferencia crea una zona intermedia entre la enfermedad y la vida, para Lacan posibilita la apertura y el cierre del inconsciente.

"El objetivo de la interpretación no es tanto el sentido sino la reducción de los significantes a su sin-sentido para así encontrar los determinantes de toda la conducta del sujeto."[247] Esta zona intermedia donde circula la pulsión, determinante de la conducta del sujeto, punto de intersección en el vínculo con el Otro.

La transferencia pone los elementos fundamentales para que el circuito pulsional tenga lugar; y para ello, el lugar del analista y su intervención serán fundamentales para propiciarlo dado que conforman el eje en torno al cual gira este circuito.

En la medida en que "la esencia de la teoría psicoanalítica es un discurso sin palabras"[248] que apunta a lo real, la intervención en la transferencia tiene efectos sobre el sujeto, apunta a desbaratar aquello que se encalla en el sentido. Es discurso en movimiento, pero un movimiento que dibuja una geografía de nudos y trayectos. En cierta forma, el sujeto, la realidad, el objeto *a* y el deseo, son maneras de articular este tiempo figurado en la pulsión de muerte freudiana, en el goce; es un tiempo sin historia, sin principio ni final pero que tiene un circuito a partir del cual se producen encuentros. De estos encuentros surgen el sujeto y el objeto *a*, tanto como la realidad. Si la pulsión falla su objeto, ésta se inscribe en la vida: hace lazo social, produce un sujeto del inconsciente. La pulsión circula a través de la palabra.

La puesta en acto del inconsciente, es en esencia "pulsionar temporal", empuje constante, sin meta ni objeto. Pulsionar cuyos ritmos se marcan con la inscripción significante. Pulsionar tempo-

---

247 Lacan, J. *El Seminario, Libro 11, Los cuatro conceptos...*, op. cit., pp. 219.

248 Lacan, J. *El Seminario, Libro 16, De un Otro al otro*, op. cit., pp. 11.

ral alrededor de orificios. Agujeros cuyos bordes están delimitados por significantes. Así, el significante también es último elemento ante el vacío, corte entre la pulsión y su objeto ficticio. En la transferencia es esto lo que subyace a los decires, a las identificaciones y la fantasmática del paciente.

El lugar del analista

Aquello que diferencia la transferencia analítica de cualquier otra modalidad de transferencia, es el lugar del analista.

Recordemos que un psicoanalista sería aquel que en la transferencia ocuparía el lugar de objeto *a* en la estructura psíquica del sujeto y este objeto, desde siempre perdido, "sólo puede ser retomado en la función de la pulsación".[249] La idea de retomar este objeto en tanto pulsación, nos remite a otra idea que es: la causa de deseo. La pérdida de este objeto sólo será retomada como objeto causa de deseo y no como objeto a recuperar. La división del sujeto es constitutiva de ésta y cerrarla es obturarla. El lugar del psicoanalista viene a evocar este movimiento y al ser parte de la realidad psíquica del sujeto, se entiende que al final de un análisis este lugar quede a su vez, vacío.

Esta pérdida, al ser retomada en la pulsación temporal que bordea el espacio de su ausencia, es recorrida siempre diferente. Sería la caída de esta ficción que sostiene al fantasma, que es la de poder recuperar este objeto en el vinculo con el Otro, haciendo del Otro el objeto o ubicándose como objeto del Otro. Recordemos que el fantasma, al mismo tiempo que sostiene al deseo, al Otro en falta, torna posible, en la ficción propia del neurótico, que este lugar vacío sea llenado con la ficción que asegura una distancia respecto el deseo del Otro. La ficción que monta el fantasma es una manera de pacificar lo traumático, aquello que se rebalsa, otra forma de contener el silencio de las pulsiones. Con esto quiero subrayar que

---

249 Lacan, J. *El Seminario, Libro 11, Los cuatro conceptos…, op. cit.,* pp. 133.

el fantasma no es algo a eliminar, no se trata de curar al paciente eliminando su fantasma. Pero al igual que sucede con la transferencia que es motor y resistencia, el fantasma propicia la apertura del inconsciente, es decir la producción subjetiva. Tiene, como la pulsión, el síntoma y la transferencia, dos vertientes que lo componen: ser soporte del deseo y obturación de la falta.

Dice Lacan que se puede "...concebir el cierre del inconsciente por la incidencia de algo que desempeña el papel de un obturador".[250] Siguiendo esta línea, para que se vuelva a abrir es necesario desalojar este obturador y es desde ahí, donde interviene el psicoanalista, pensándolo siempre como formando parte del inconsciente del sujeto y tomando en cuenta que el inconsciente en este Seminario es aquello que "...aparece en la pulsación temporal".

La intervención analítica no sería la de crear el fenómeno de la transferencia que en sí misma se produce siempre que se ubique al Otro en el lugar del sujeto supuesto saber, lo que la distingue es justamente esta apertura del inconsciente, pues como dice Lacan, la transferencia es cierre del inconsciente. El paciente pondrá en escena su fantasma que es, en resumen, la escenificación de la falta en el Otro y su posibilidad de completarlo obturando así la falta. El analista, al dejar este lugar sin respuesta y sin imagen, abre la posibilidad de otra cosa, otra temporalidad que en su circuito podrá producir un sujeto del inconsciente, abriendo el campo del deseo inconsciente como opción a la sujeción de los ideales del Otro (identificación imaginaria) con los que el sujeto fue constituido y a los que quedó alienado.

De esta forma, la intervención analítica quedaría del lado de la operación que Lacan menciona como segundo momento constitutivo del sujeto, el tiempo de separación (se separa al sujeto de la demanda del Otro). Se trata aquí del significante de corte, posición tercera respecto a la presencia/ausencia, por ejemplo: devorar/ser devorado, que plantea el campo de la pulsión. Una vez efectuado el corte, existe otra ruta posible: estar causado por esta falta y no

---

250 *Ibíd.,* pp. 151.

por los ideales maternos. Esto supone en el plano fenomenológico por ejemplo, que no sea el destino quien cause los avatares de la vida del sujeto sino su deseo. Este movimiento tiene consecuencias fundamentales como dar lugar a lo inédito, a lo singular. En la otra posición, lo que se acentúa es el automatismo de repetición que apunta a lo mismo, a ser como el padre, como la madre; sin opción de articular en acto, de una manera propia, los significantes con los que el sujeto quedó inscrito en un orden generacional.

El automatismo de repetición tiene la particularidad de anular el deseo, la posibilidad de lo diferente, con la incertidumbre que ello implica. Inscribir algo nuevo supone un riesgo porque lo que se abre ante la posibilidad de lo nuevo es el vacío. Y es que, para que algo nuevo se geste en lo real, tendrá que llevar la marca del deseo. El lenguaje nombra ese deseo siempre generando al mismo tiempo un resto que queda fuera del nombre. Por eso el rasgo unario, S_1, es huella, trazo ante el abismo de lo mismo, ahí lo real. El deseo imprime una diferencia a través del lenguaje.

El paciente en transferencia con el analista, produce significantes que vehiculizan su demanda de amor y aquello que causa este despliegue de significantes para demandar algo al Otro significativo es efecto del deseo del Otro. Lo primero que demandará el paciente será un saber sobre su síntoma, sobre su malestar. El analista al poner en suspenso toda demanda, da lugar a que la pulsión circule, a que el paciente ponga en escena su fantasma, pues a falta de respuesta por parte del Otro, será él quien poblará de objetos imaginarios el silencio del Otro.

Esta es justamente la inversión del psicoanálisis respecto a otras técnicas terapéuticas, no hay en este espacio que pone en escena al sujeto, más que un sujeto, el otro ser humano ahí implicado evocará al objeto ausente. Para ello, básicamente, tendrá que ser capaz de silenciar sus propias demandas de amor. La demanda al Otro consiste en reclamar para sí ese lugar de objeto que colma la falta en el Otro, ese lugar en donde el sujeto supone es amado por el Otro, para ello está dispuesto a llegar a los mayores sacrificios. Pero si el Otro desea, esto supone que lo que se demanda no es lo que se desea, entonces hay otra alternativa a por ejemplo, devorar/ser devorado.

Para retomar lo expuesto anteriormente, esto equivale a decir que el Otro, la madre, desea otra cosa, giro que permite la inscripción del significante fálico que hace de puerta giratoria, dando salida a la captura del deseo del Otro.

Pensemos en Juanito y su multifacético caballo: la estaca en la boca de la madre que impide justamente "el ser devorado", ya que mientras la boca no se cierre, el sujeto está a resguardo. Lo que sucede con el significante fóbico es que éste nunca es suficiente para dejar abierta esa boca; de ahí que la angustia que da la voz de alarma vaya poblando cada vez más espacios. Aquí queda muy bien ejemplificada esta función del significante fálico de apertura, de separación y corte respecto al deseo del Otro, que permita la salida del sujeto de ese lugar en torno al cual gira la pulsión. Este es también, un ejemplo de cómo el tiempo puede detenerse cuando no hay circulación hacia otros objetos.

Dado que para estar en posición deseante, es fundamental que el objeto falte, el neurótico hará todo lo posible para que este lugar quede vacío, justamente para colmarlo con un objeto imaginario con el cual él se sostiene. De esta manera, tal como le sucede al Hombre de las ratas puede transcurrir toda su existencia.

En esta dirección opera la interpretación analítica, no aquella interpretación freudiana que amarra el sentido en los puntos donde éste se mostraba fallido o insuficiente. Para Lacan, el significante en tanto marca es como un hito de este movimiento pulsional que es preciso mantener. La interpretación corta ahí donde no hay discontinuidad entre la pulsión y su objeto, ahí donde se encalla este empuje constante.

Lacan destaca que la pulsión invocante, la de la escucha, es la única que tiene un agujero que no se puede cerrar y nos da la pista sobre la materia de lo que está hecho el lugar del analista. Lugar donde el fantasma no podrá sostenerse inmóvil por mucho tiempo. Es el semblante de objeto idóneo para que la pulsión circule y la intervención analítica haga corte, geste un sujeto.

La intervención del analista

¿Cómo se inserta el analista en este "discurso sin palabras" que soporta los decires del paciente? ¿Cómo es posible que una intervención desde el lugar del analista tenga el efecto muchas veces, de reorientar la vida del sujeto? Por otro lado, efectos de este tipo no necesariamente se manifiestan de forma inmediata, es el tiempo de reelaboración freudiano, la cuerda que enlaza un significante con otro para producir un sentido nuevo. Pero también, "se trata de remiendos y de suturas" que van tejiendo sobre lo no simbolizado aún y que permiten llevar al paciente al abandono gradual y lento de sus identificaciones imaginarias, aquellas ficciones que sirven de coartada para eludir, no sin sufrimiento, la falta del Otro.

El psicoanálisis da cuenta de la constitución de un sujeto, nacimiento que se produce en otra temporalidad diferente al del nacimiento biológico. Pero si el sujeto del inconsciente es algo a producir, este nacimiento no se da de una sola vez y para siempre, lo que se anuda en la estructura es la posibilidad de su gestación.[251]

¿Qué se pone en escena en la transferencia? Con Freud diríamos que sucesos olvidados, fantasías sexuales infantiles. Lacan por otro lado, lo define así: "...la transferencia es la puesta en acto de la realidad del inconsciente".[252] ¿De qué se compone esta realidad inconsciente? Un elemento esencial del cual partir es justamente el lugar del analista, eje alrededor del cual gira la transferencia dado que: "La propia presencia del analista es una manifestación del inconsciente".[253] El analista forma parte de la realidad del inconsciente, que se despliega en acto en la transferencia.

No se trataría aquí de una relación intersubjetiva, pues el analista ocupa un lugar en la estructura psíquica del paciente. Gracias

---

251 Dejamos de lado aquí el enorme tema que plantea la estructura de la psicosis, puesto que no estaríamos hablando ahí de un sujeto del inconsciente y por lo tanto, tendríamos que pensar al sujeto inmerso en una temporalidad diversa.

252 Lacan, J. *El Seminario, Libro 11, Los cuatro conceptos...*, *op. cit.*, pp. 155.

253 *Ibíd.*, pp. 131.

a ello es que la transferencia, cuando hay ahí un analista que escucha lo inconsciente[254], se vuelve el lugar privilegiado para el movimiento de la pulsación temporal. Esto permite que quien ocupa este lugar de analista, al formar parte de la estructura psíquica del paciente, pueda intervenir en acto. Esto es, no desde la atribución del sentido, sino del corte, entre el sujeto y el falo imaginario, ideal materno, que al efectuarse produce un sujeto dividido y por tanto, el resto de su división: el elemento que queda ajeno al sujeto, pero siendo al mismo tiempo parte de él, de aquello que fue en el deseo del Otro, o mejor dicho, aquel lugar ocupado en el fantasma de los padres. Pues se trata, reiterémoslo, de la realidad del inconsciente del sujeto. Serán así sus fantasmas, el objeto causa de su deseo, los significantes determinantes en su historia, aquello que el analista desde este lugar que le es dado a ocupar, propiciará su puesta en acto en la transferencia.

Va de la instauración del sujeto supuesto saber que permitirá el despliegue fantasmático del sujeto, es decir, la ficción de su lugar para el deseo del Otro, al acto analítico, el desalojo del objeto ficticio para dejar lugar a la falta como causa del deseo. En esa configuración subjetiva que Lacan ejemplifica con la banda de Moebius, este exterior que a su vez es interior, la intervención analítica por excelencia, el acto analítico, tendrá como efecto que aquello que para el paciente se presentaba como el afuera, se sitúe adentro, esto es el objeto a. La banda de Moebius da una continuidad temporal a este movimiento que la intervención analítica introduce.

El recorrido analítico se orienta hacia el encuentro con ese instante de constitución del sujeto del inconsciente. Un encuentro al que se llega a través de la palabra, a través del relato y las asociaciones del paciente. En esta especie de red donde la intervención

---

254 No me refiero al acto racional y dirigido de la escucha. Esta posición de escucha que es propiciada por el deseo del analista, se desprende de la atención flotante que Freud señaló para el analista en consonancia con la asociación libre del paciente. La propuesta de asociación libre implica en sí misma dar lugar al desorden de los acontecimientos, al despliegue de la cadena significante. El lugar del analista es aquello alrededor de lo cual se organizará esta cadena significante.

del analista realizará un corte, ahí donde hay obturación de la falta, donde el sujeto ubicándose en el objeto que supone completa al Otro, le da consistencia, despojándola de sentido en cada movimiento para arribar al punto de encuentro; ahí donde se hizo lazo entre lo simbólico y lo real.

El acto analítico destaca la inconsistencia del Otro. Aquí el neurótico muestra su atolladero, como el significante no alcanza a nombrarlo, sólo lo hace en un medio decir, entre un significante y otro, el sujeto busca su definición en el objeto *a* y de esta forma cree garantizar su ser y la consistencia del Otro al mismo tiempo. El acto analítico pone al descubierto esta ficción dejando ese lugar vacío. Para alcanzar estos puntos de fijación, la intervención analítica despoja a la palabra del sentido que la coagula. El sujeto se vinculará a la falta y no al objeto que la recubre. Esto supone que para que la intervención analítica tenga efectos en la posición subjetiva, es a nivel de la pulsión y no en el sentido donde interviene.

Se podría pensar el acto analítico junto con los actos fallidos, el sueño, el chiste, el lapsus, porque dan cuenta de la falla en el encuentro con el objeto y son por ello manifestaciones del deseo. El analista, al ocupar el lugar del objeto *a* en la estructura psíquica del paciente, puede sustraerse de ese lugar dejando al descubierto la ausencia de objeto y así convocar al deseo.

La transferencia se apoya en la lógica pulsional, de ahí la idea freudiana de hacer actual la neurosis tornándola en una neurosis de transferencia, dado que en cierta forma lo que se pone en juego en la transferencia es este recorrido pulsional que irá dando cuenta de los orificios alrededor de los cuales transita y de los semblantes que ha tomado para su satisfacción. Para que se instale la transferencia analítica es necesario que el analista esté en el lugar del objeto alrededor del cual gira la pulsión y es justamente, porque su intervención dejará este lugar vacío por lo que tendrá efectos en la subjetividad. Por esta razón, tal como dice Freud: "Otra ventaja que nos ofrece la transferencia es conducir al paciente a que despliegue claramente, ante nuestros ojos, un fragmento importante de su historia. Todo ocurre como si el paciente actuara delante de nosotros, en lugar de informarnos".[255] Lo que se pone en acto son los modos en los que el sujeto se vincula al Otro, por medio del objeto *a*.

El sujeto se constituye en el deseo del Otro. Pues bien, es esta constitución subjetiva, la manera particular en la que se fue tejiendo, en su respuesta al deseo del Otro, lo que se pone en acto en la transferencia. No es pura repetición, tomando la idea freudiana, es creación de una neurosis de transferencia, la manera singular en la que el sujeto construye su realidad subjetiva: de perdedor, abandonado, traicionado o excluido, el punto alrededor del cual sostiene y oculta su división. Es una actualización permanente del encuentro con el deseo del Otro. El sujeto del inconsciente encuentra el espacio para dar cauce a esa pulsación temporal que queda encapsulada, atorada en los síntomas y el fantasma.

La interpretación apunta a la causa del deseo, nunca nombrado sino poniéndolo en acto como aquello que divide al sujeto. Así, la interpretación toma su posición como a produciendo un sujeto dividido, momento mismo en el que por este acto el analista queda caído de su lugar de a, al producirse un sujeto, cae un resto. Pues es ahora como el paciente, por un instante, quedará identificado a la causa de su división.

El analista entonces, es resto a perder. Este es el movimiento temporal de un análisis. Un movimiento que como espiral se repite fallando su encuentro con lo real, y en esa diferencia, escribe.

En cada vuelta en la que el fantasma muestra su fibra de ficción, es la movilidad de la pulsión la que toma lugar. La pulsión que empuja e insiste, es aquello que el montaje fantasmático pretende fijar en un sistema donde sea posible regular el deseo del Otro.

---

255 Freud, S. "Esquema de psicoanálisis", en: OC, Tomo III, *op. cit.*, pp. 1036.

El *sinthome*: el lazo del tiempo

Las formulaciones del nudo Borromeo y del *sinthome*, forman parte de las últimas conceptualizaciones de Lacan: el nudo Borromeo es introducido en el año 1972[256] y del *sinthome* no hablará sino hasta su Seminario, que lleva el mismo nombre, en el año 1975.

Podemos establecer un paralelo con el recorrido freudiano y las temáticas planteadas en sus últimos trabajos en "Análisis terminable e interminable" y "Construcciones en el análisis": al encuentro con la roca viva de la castración, aquello renuente a ser analizado, el ello pulsional, manifestaciones de lo real.

¿Qué función cumplen estos ineludibles y refractarios a la simbolización en la constitución del sujeto? ¿Son soporte del sujeto y al mismo tiempo producen síntomas y patologías psíquicas? Dado que están en la causa del sueño, tanto como en la del lapsus o una fobia.

Si tanto la realidad como el sujeto, están sostenidos por este cuarto elemento que anuda los otros tres (real, simbólico e imaginario) entender su lógica y su consistencia resulta determinante para establecer el vínculo del sujeto con el tiempo. Lacan se sitúa en esta etapa de su elaboración, ensayando con las cuerdas y los nudos, intentando descubrir la forma en la que este nudo ciñe la subjetividad. El Nombre el Padre, el objeto *a*, el síntoma mismo, se resignifican a partir del anudamiento de este cuarto lazo. Dando lugar a lo más singular del síntoma, la firma, escritura del sujeto; el punto del cual surge el entramado, la cadena significante, la red asociativa, el deseo del Otro. Es decir, el agujero que denuncia la no relación sexual en tanto pareja unívoca entre dos elementos hechos el uno para el otro. A partir de aquí, Lacan dirá que la relación entre dos elementos está dada por el nudo.

---

256 Lacan, J. *Seminario 19, O peor*, inédito.

De este desencuentro radical del que parte el anudamiento se desprende el tiempo. Más aún, es el tiempo mismo el movimiento que realiza este anudamiento apoyado en el circuito pulsional por un lado y la resignificación por el otro; en el deseo del Otro y el Nombre del Padre.

Para introducir este concepto pensemos al *sinthome* como el corazón del síntoma. Freud empezó destacando el sentido oculto del síntoma, su cara significante, maravillosamente reflejado en el caso Elizabeth. A medida que fue avanzando en su trabajo se encontró en la clínica con la parte resistente al análisis, a la interpretación: el silencio de las pulsiones, la roca viva de la castración, son algunos de los rostros de esta parte del síntoma que se resiste a toda significación. Es lo real que irrumpe a través del circuito pulsional, indiferente al progreso y a los ideales de toda época. Esta brecha abierta que nos separa irremediablemente de una reunión con el Otro.

Sin embargo, es por medio de este nudo que los elementos diferentes se relacionan. Si acaso es el *sinthome* quien se vincula al falo, dejando por ello al descubierto la imposibilidad de un encuentro armonioso. Desencuentro que soporta la relación del significante fálico con el Otro sexo, con el despliegue siempre posible de semblantes y sustituciones significantes. Es aquello que custodia el elemento ausente que permite el movimiento, de aquí su vinculación al Nombre del Padre.

Con este término, Lacan desmitifica la primacía de uno de los tres registros: simbólico, real o imaginario. Será así el *sinthome* quien desbarate la ilusión de una trinidad milagrosa y salvadora, la del Padre todopoderoso; que no sería otra cosa que el anhelo neurótico del reencuentro con el Otro primordial: la madre. Llega así para desbarrancar una ilusión de armonía bajo el reinado, no ya de la madre, sino del padre. Es punto de desencuentro y por ello, posibilidad de lazo más que de unión. Nudo en movimiento que articula los tres registros que sostienen una realidad siempre agujereada.

¿Cómo ingresa este irrepresentable en la subjetividad? Lo desarrollaremos a lo largo de este capítulo.

El síntoma en psicoanálisis

El psicoanálisis sigue siendo la única disciplina en el campo de la Salud mental que toma al síntoma como un intento de curación. Desde los inicios de su encuentro con la histeria, Freud pudo darse cuenta que al eliminar un síntoma lo que se conseguía era producir otro y que aún la transferencia misma, era fuente de producción de síntomas. Esto nos lleva a suponer que el síntoma es una respuesta del sujeto a la relación con el Otro, con la vida. Esto no quiere decir de ninguna manera que el fóbico tenga que resignarse a vivir con una fobia inamovible o que el neurótico obsesivo se acomode a sus absorbentes rituales. Se trataría por el contrario, de hacer discurrir el síntoma, que circule y se destape aquello que el síntoma intenta contener. Ahora bien, Lacan en este Seminario nos muestra esta función del síntoma que más allá de lo patológico, cumple una función primordial en la constitución subjetiva.

A lo largo de este capítulo tomaré al síntoma como sinónimo de *sinthome*, apoyándome para ello en esta cita de Lacan: "...el padre es un síntoma o *sinthome*... Plantear el lazo enigmático de lo imaginario, lo simbólico y lo real implica o supone la existencia del síntoma".[257]

No es ya el síntoma freudiano, que puede curarse por medio de una interpretación que le otorgue sentido. Lacan va en otra dirección planteando que es este síntoma el pilar de la estructura subjetiva, el síntoma que se resiste a una significación. Nudo en la estructura, es también nombre del sujeto. El síntoma representa el conflicto psíquico que llevará a Freud a postular el inconsciente: solución de compromiso o marca inaugural del sujeto, única vía de entrada a la subjetividad.

Todos tenemos síntomas con los que hemos aprendido a convivir; conciliamos y negociamos. A veces, se distingue alguno que se suelta de esta convivencia, hasta cierto punto pacifica, da muestra de seguir sus propias leyes y ante cualquier intento de razonar de-

---

257 Lacan, J. *El Seminario, Libro 23, El sínthome, op. cit.,* pp. 20.

muestra su insistencia. Este síntoma ocupa un lugar privilegiado, es el nombre, la marca indeleble del sujeto.

Una manera de entender el síntoma es tomarlo como una palabra aislada de la cadena discursiva. El síntoma en su repetición insistente, funciona como una ruptura, un punto de goce excesivo, algo que no se diluye en el discurso. El fantasma al sostener la ficción, mantiene el goce a raya; pero a veces, algo irrumpe, el fantasma trastabilla, el goce inunda el escenario y el sujeto es tomado por su síntoma. La vida pasa a girar en torno al síntoma que se impone, el sujeto nada puede hacer para evitarlo.

Ahora bien, el síntoma así planteado es nudo, pero ¿qué es lo que produce este nudo y por qué puede decirse que el lazo que lo produce está en movimiento? El síntoma, al sustituir al nudo de tres es articulador de los tres registros que son soporte del sujeto. El síntoma sustituye a un nudo endeble. Es el rasgo inaugural desde donde se teje, ese tejido que volviendo sobre esta marca inicial, falla su encuentro y sigue tejiendo.

Volvemos a encontrar este lazo que articula la cadena significante el S_1 (rasgo unario) con el S_2. Hay un puente entre ellos que no es exactamente lineal. El síntoma es marca de la inscripción del Nombre del Padre, es litoral. Una marca que en su inscripción abre un agujero, que inicia la cadena entre los significantes que así articulados, dirigen su deslizamiento hacia la captura del objeto a, evanescente como el sujeto.

Lacan dirá que "...lo real sólo tiene existencia si encuentra el freno de lo simbólico y lo imaginario".[258] Este freno que se traduce en anudamiento entre los tres, lo real que queda por fuera de la estructura subjetiva por el contrario, es mítico. Esta existencia de lo real a la que se refiere Lacan, se produce por efecto del desalojo que produce el Nombre del Padre, su función nominativa, este nombre que inscribe un significante primero y por ello, también, un agujero. La función metafórica del padre, renombra este significante, volviendo sobre su marca, crea otro agujero, el de la cadena.

---

258 *Ibíd.*, pp. 50.

El sujeto se produce por efecto de este anudamiento quedando el *sinthome* como el eslabón último de la cadena en la cual es representado, es por ello su marca, su nombre. Es la versión del padre, de su falta, de su deseo. El primer corte significante es en el Otro, el segundo, en el sujeto; pero una y otra falta quedan enlazadas y el nudo que las sostiene es el *sinthome*.

EL ANUDAMIENTO DE LA ESTRUCTURA SUBJETIVA

El término real no coincide, aunque forme parte sin duda, con el de realidad. Si la realidad es una construcción que supone una adecuación o punto de encuentro entre lo que el sujeto piensa o ve con el objeto, lo real por su parte apunta al desencuentro, a lo no simbolizable ni cognoscible y al no serlo, retorna siempre al mismo lugar, insistente en su presencia. Sin embargo, algo de lo real se introduce en la subjetividad, forma parte de la realidad construida en la articulación de los tres registros, en la escenificación fantasmática del deseo, lo real está ahí, tras el semblante del objeto *a*, en el circuito pulsional que falla la captura del objeto y recorre bordes. Si no hay adecuación entre el sujeto y el objeto para el psicoanálisis, es justamente porque la subjetividad se constituye por efecto de ese desencuentro, por efecto de la ausencia misma del objeto, una presencia simbólica que implica un agujero y que da lugar a que cada sujeto se inscriba en la vida de una manera diferente.

Para entender la consecuencia de este lazo que hace nudo, es necesario seguir la estructura subjetiva articulada por los tres registros. Dice Lacan: "El carácter fundamental de esta utilización del nudo es ilustrar la triplicidad que resulta de una consistencia que solo está afectada por lo imaginario, de un agujero fundamental que proviene de lo simbólico y de una existencia cuyo carácter fundamental es que pertenece a lo real".[259]

---

259 *Ibíd.*, pp. 37.

Lo central para la constitución del sujeto está situado en el nudo Borromeo. Dice Lacan: "No se puede cortar sin disolver el mito del sujeto -del sujeto como no supuesto, es decir, como real-, al que no distingue cuerpo aislable como *parlêtre*, cuerpo que sólo tiene un estatuto respetable... por este nudo".[260] De este sujeto mítico, cuyo soporte es el inconsciente, tenemos noticias por los efectos. De esta manera, si el nudo se desata lo que se disuelve es la posibilidad de producir este sujeto del inconsciente. Se entiende que también el deseo estaría en cuestión.

Sobre cómo se produce este sujeto, ya fue abordado en los capítulos anteriores. El deseo del Otro, la metáfora, la repetición e identificación, son los materiales que permiten que se suponga este sujeto, actuado en el fantasma que no es otra cosa que la escritura lógica del complejo de Edipo. En lo que me voy a centrar ahora es en el movimiento que efectúa el lazo y que concluye en este nudo que Lacan denomina *sinthome* para diferenciarlo de la cara significante del síntoma, ofrecida al desciframiento y al Otro.

El *sinthome* articula los tres registros y los vuelve diferenciables, sin el *sinthome* estos tres registros se confunden entre sí, son intercambiables. Al mismo tiempo, establece relaciones interdependientes ya que los tres registros son en función de su vinculación a los otros dos. ¿Cómo pensar lo simbólico sino es en conjunción con lo real? Si bien están diferenciados, no por ello son independientes uno de otro. Cada uno de ellos es soporte de la articulación de los otros dos y tiene por ello, un efecto. El registro de lo real es soporte para la articulación de lo simbólico y lo imaginario donde se produce el sentido. Lo simbólico por otra parte, es soporte de la articulación entre real e imaginario donde se produce la imagen fálica. Por último, en la articulación entre lo real y lo simbólico de la cual es soporte lo imaginario, lo que hay es un agujero, donde se aloja el significante fálico.

En este caso, tendríamos a los tres registros enlazados de manera borronea. Esto, en esencia, significa que si uno de los tres registros se suelta lo hacen los otros dos también. Lo que lleva a

---

Lacan a decir que aquí más que de un nudo, se trata de una cadena. La cadena nudo[261] es una articulación precaria, siempre posible de desbaratarse quedando así la diferencia disuelta. El sentido se extravía en un laberinto interminable de significaciones, la imagen corporal se desintegra, dejando a la vista la multiplicidad de órganos que la componen. Lo oculto sale a superficie, lo real inunda a manera de un goce mortífero.

Por el contrario, la función del cuarto término, el *sinthome*, es precisamente que este desanudamiento encuentra siempre una manera de anudarse utilizando para ello alguno de los nombres posibles del padre, esto es: real, simbólico o imaginario o, siguiendo a Freud, inhibición, síntoma o angustia.

Esta desarticulación de la cadena borromea es lo que sucede en la psicosis. Aunque aquí también, la estructura tenderá a su reanudamiento a través del delirio. Las voces, el cuerpo de órganos de los que da testimonio Schreber, nos llevan a este territorio en donde los tres registros desanudados se alocan. ¿Cómo unir estos tres registros para instaurar un cierto orden? Se unen con una suplencia y el delirio es su máximo representante. Un intento de curación, decía ya Freud.

Veamos cómo se vinculan estos cuatro términos para entender los efectos que produce su desarticulación. Real e imaginario mantienen una relación de opuestos. Para entender esto pensemos en el falo imaginario que es en esencia, la imagen de un vacío. Lo imaginario como ficción de este real, le otorga una imagen, una consistencia. La oposición entre ambos radica en un desencuentro absoluto, pues aquello que sostiene esta imagen es lo simbólico que recorta este vacío. Lo simbólico es aquello que permite darle una imagen a este vacío. El falo imaginario sería la consistencia que aporta lo imaginario sostenido por lo simbólico que produce el agujero. Del mismo modo, Lacan ubica al símbolo en relación con el síntoma, y a ambos entre real e imaginario, es decir, articulando este desencuentro radical.[262]

---

261 *Ibíd.*, pp. 71.
262 *Ibíd.*, pp. 22.

LA NO RELACIÓN SEXUAL GESTA UN SUJETO

Dice Lacan que el lenguaje agujerea lo real y que "a partir de esta función de agujero, el lenguaje opera su captura de lo real".[263] "... Las pulsiones son el eco en el cuerpo del hecho de que hay un decir".[264] Las pulsiones son resultado del encuentro de lo real con el lenguaje. La pulsión regresa al cuerpo recorriendo sus bordes, hilvanando a la palabra, ésta atenderá a una lógica de sustituciones que hará de su trazo una marca y esta letra es límite de la pulsión que ingresa en la subjetividad como "eco". Es decir, retorno de una voz que se extiende al infinito, no la voz, sino su resto, el sonido que reverbera sin destinatario. De esta manera, el decir se anuda al cuerpo a través de sus agujeros, anclaje de la pulsión. Estos agujeros que el lenguaje produce en lo real, punto de encuentro entre el significante y la pulsión.

¿Esta captura de lo real es constante? Propongo pensar que este movimiento se detiene cuando la producción subjetiva no tiene lugar, cuando el sujeto duerme bajo la manta de su división, ocupando el lugar del señuelo objeto a ahí donde la pulsión encalla en el vacío, en lugar de girar en torno a él. Entonces hay reiteración de lo mismo, en una producción del lenguaje que no implica una inscripción y por lo tanto, no opera como freno a lo real.

El lenguaje constituye al sujeto, mejor dicho, lo constituye al dividirlo. Pero también, el lenguaje en su movimiento agujerea lo real. Este agujero en lo real es aquello de donde surge el sujeto. Si el sujeto está agujerado, es a través de estos agujeros por donde ingresa la pulsión. Así volvemos a la idea anterior, "...el lenguaje ligado a algo que agujerea lo real"[265] y al hacerlo, divide al sujeto, lo agujerea. Estos agujeros por otra parte, le dan consistencia. Una consistencia que se sostiene en la marca del lenguaje.

---

263 *Ibíd.*, pp. 32.

264 *Ibíd.*, pp. 18.

265 *Ibíd.*, pp. 32.

Uno habita un cuerpo biológico del que nada sabe y tiene un cuerpo imaginario y un cuerpo agujereado por la pulsión; es la sexualidad infantil de los objetos parciales, la relación sexual, que no existe para Lacan por efecto de lo simbólico, en donde existe al menos un significante que no hace pareja, que señala la falta de aquel que inscribiría de una vez y para siempre, la relación, la adecuación entre los sexos.

"La no relación es que no hay verdaderamente ninguna razón para que él considere como su mujer a una-mujer-entre-otras..."[266] Esta posibilidad de sustitución está dada por el nudo que suple la no relación, que vincula un elemento cualquiera con otro. De esta manera, la relación entre los elementos se produce mediante un lazo que implica un agujero: "Sólo el nudo es el sostén concebible entre una relación entre cualquier cosa y cualquier cosa".[267] El nudo es aquello que soporta la relación entre los elementos y los vuelve diferenciables.

En lo real no hay lugares, diferencias, sentido. Pero en el encuentro del lenguaje con lo real, atravesando con este trazo significante "lo imposible" se gesta algo nuevo y este encuentro produce la primera marca que dará lugar a que la subjetividad se constituya. Lo simbólico introduce la diferencia, el orden y la ley. Lo imaginario viste con un rostro este real imposible.

Para que se constituya este sujeto en potencia, como vimos anteriormente, hará falta un movimiento, una vuelta que hace nudo en la estructura y es lo que hará que este agujero en lo real sea retomado por la función de borde del significante.

LA NOMINACIÓN DEL PADRE CREA UN AGUJERO

El *sinthome* viene del padre, es el movimiento mismo que produce la división del sujeto. Más emparentado con el rasgo

---

266 *Ibíd.*, pp. 68.
267 *Ibíd.*, pp. 38.

unario, es también, dice Lacan, escritura del sujeto. Compartirá así su estatuto de supuesto y de artífice. Por ello, es lo más real del sujeto.

Pero, tal como vimos en capítulos anteriores, con la intervención de la metáfora paterna que reinscribe el Nombre del Padre para el sujeto, se produce tanto un sujeto dividido, como su resto, el objeto a. Para comprender mejor a qué se apunta con el *sinthome*, hay que tomar ambos.

El objeto a es el semblante de este objeto desde siempre ausente, ahora resignificado, nombrado metafóricamente con el significante paterno. De esta manera al extraerlo, se lo subjetiva y queda como campo de intersección entre el sujeto y el Otro. Ahí se alojaran los semblantes relucientes por efecto del significante fálico, el del padre, el que nombra: "es eso lo que quieres y no podrás tener nunca". Este lugar vacío será punto de encuentro entre el Otro y el sujeto. Ser mirada para el Otro, ser mirado por el Otro. Esto es, en esencia, la clave del fantasma que inscribe en una estructura gramatical el circuito pulsional.

Ahora bien, si el Nombre del Padre, por efecto de la metáfora paterna, coloca ahí, en este lugar vacío al significante fálico, no por ello lo sustituye completamente. El valor de resto, lo que hace es organizar este circuito pulsional alrededor suyo, aquí la dupli- cidad de los trayectos, de la pulsión y el deseo, que transita por la metonimia significante. La pulsión va de un polo a otro, mirar/ser mirado, devorar/ser devorado, el deseo gira alrededor de un ele- mento tercero, el que ocupa este significante fálico. El padre nom- bra el deseo de la madre como fálico, pero algo se escapa a este nombre, algo del deseo no es en el falo. Este "no es", este resto que se escapa, es el objeto a.

"La esencia de la cadena borromea descansa en la verificación del falso agujero, en el hecho de que esta verificación lo transfor- ma en real."[268] Y el falso agujero es el "hecho de que sea posible, si se agrega un círculo a otro, obtener este agujero que consiste

---

268 *Ibíd.*, pp. 115.

en lo que pasa en el medio y que no es ni el agujero de uno ni el agujero de otro".[269]

De tal forma que el nudo establece un lazo entre el sujeto y el Otro, un lazo que instituye al mismo tiempo una diferencia que implica también una reversibilidad, entre el adentro y el afuera, entre el sujeto y el Otro. Así, el nudo crea los lugares. Este falso agujero, punto de intersección entre el sujeto y el Otro lo encontramos también en el punto de intersección de los tres registros. Este falso agujero está señalado por el objeto *a*, se produce por la resignificación, por la constitución del sujeto. Un falso agujero alrededor del cual gira ahora la pulsión.

El *sinthome* más que al significante fálico apunta a su falla en lo simbólico, a su imposibilidad de significarlo todo, de reglar y legalizar el deseo del Otro. Es el no-todo del lado de la mujer, el deseo no simbolizado aún. Un no-todo que obliga al movimiento, a la circulación fálica y en cada vuelta, se desprende como un "no es eso". Si "el *sinthome* forma un falso agujero con lo simbólico…" es el "…resorte de la castración…".[270] ¿Acaso no es éste el sentido de la castración del Otro materno?, de la certificación que efectúa la función paterna por medio del significante fálico de la falta simbólica.

El *sinthome* al anudar incluye al Otro en este lugar de *a*. El a es el campo de intersección entre el sujeto y el Otro, es un lugar vacío enlazado por el *sinthome*, es el agujero que queda en el nudo, la falta del padre, la cicatriz de su intervención que dejará al descubierto que su lugar es simbólico y como tal, implica la ausencia.

Como señala Lacan en 1953, "…la palabra que es ya una presencia hecha de ausencia, la ausencia misma viene a nombrarse en un momento original cuya recreación perpetua captó el genio de Freud en el juego del niño".[271] Es ese algo del deseo que no alcanza a ser metaforizado por el falo, ese resto que toda satisfacción de la demanda deja al descubierto. Pero es del padre, de su palabra, de

---

269 *Ídem.*

270 *Ibíd.*, pp. 116.

271 Lacan, J. "Función y campo…", *op. cit.*, pp. 265.

su intervención simbólica de donde cae. La falla del padre implica su deseo. Así, el *sinthome* es la cuerda que ciñe el agujero, no es imagen pero permite su andamiaje, no es sentido, pero da lugar a su producción.

Se puede entender también al *sinthome* como aquello que hace lazo generacional, el intervalo que permite el relevo y sostiene la cadena en un deslizamiento constante. Enlazará al sujeto en un orden generacional al volver sobre su marca, nombrándolo, instaurando el incesto que sellará el pacto que lo excluye del campo del goce del Otro. La separación es incompleta en la medida en la que el Otro permanece como deseo, deseo de ese objeto que el sujeto ficcionalmente fue y ya no es. Este es el famoso objeto a recuperar que queda suspendido en un campo intermedio, que ofrece la promesa de una nueva unión con el Otro primordial, objeto exterior/interior, en el que se aloja el ser. Es un objeto eternamente sido, pues si se lo fuera, el sujeto no existiría.

"La castración es que el falo se trasmite de padre a hijo, y esto supone incluso algo que anula el falo del padre antes que el hijo tenga el derecho de llevarlo."[272] En esta afirmación se puede entender el movimiento temporal que intento establecer. Esta transmisión no se da por un simple relevo de postas. Es una transmisión en espiral, que va de un significante a otro y que encuentra su correlato en el recorrido pulsional. El falo se desliza, ni bien alguien lo tiene, lo pierde. Pero esto no va de suyo, como se demuestra en la psicosis. En Schreber por ejemplo, el falo no se desliza porque el padre, con su goce, que no es su deseo, se interpone a ello. Esto dificulta que se efectúe el lazo que anudaría los tres registros, instituyendo a la relación sexual en el lugar del agujero. Para Schreber este agujero no está, él es la mujer de Dios, el objeto de goce del Otro, el par que lo completa.

"El cuarto anillo es el Nombre del Padre, el padre como nombre, nombre innombrable, cuyo torbellino "escupe" los nombres del pa-

---

272 *Ibíd.*, pp. 83.

dre R.S.I."[273] Este cuarto término, al diferenciar a los tres registros, los nombra, los produce como tal, de ahí su función, nombrar es establecer la diferencia y esta función es el corazón del nudo.

DEL TRES AL CUATRO

En la psicosis paranoica, dice Lacan que el "...sujeto anuda de a tres lo imaginario, lo simbólico y lo real" y de esta forma "...sólo se sostiene por su continuidad". Los tres registros conforman "...una sola y misma consistencia".[274]

La diferencia en este Seminario, entre la estructura neurótica y la psicótica estaría puesta en el anudamiento de a tres y de a cuatro. En el primer caso hay solo cadena, por eso son lo mismo, continuidad, no hay corte. En el segundo, el cuarto elemento introduce una diferencia respecto de esta cadena, un exterior o existencia que sin embargo los anuda. Este lugar es el que ocupa el *sinthome*.

En la neurosis, este nudo es función nominativa del Nombre del Padre. Si hay reescritura del rasgo unario, hay división del sujeto por este significante, hay también resto del que se arma el nudo. En la psicosis, no hay inscripción simbólica del padre, pero el *sinthome* puede anudar los tres registros. Aunque a diferencia de la neurosis, este lazo será siempre en mayor o menor medida precario, dado que el encuentro con lo real puede colocar nuevamente al sujeto psicótico sin el recurso significante que permite su captura, su pacificación. La respuesta del sujeto al encuentro con lo real cobra la forma de una obturación, como si esto apagara el deseo que es siempre del Otro y que está en la causa del trauma. El fantasma resulta ser la mejor manera de ponerse a resguardo de la angustia que el deseo del Otro introduce.

---

273 Porge, E. *Jacques Lacan, un psicoanalista. Recorrido de una enseñanza, op. cit.*, pp. 173.

274 Lacan, J. *El Seminario, Libro 23, El sinthome, op. cit.*, pp. 53.

El nudo no es fijo, aunque su vuelta vaya al mismo lugar, aunque la pulsión lo empuje hacia el mismo punto. El nudo se mueve. De esto se trata, al menos en el campo de la neurosis y este movimiento daría otra forma de articular este deseo distinta a la vía fantasmática que pone a resguardo al sujeto del encuentro con la falta, al precio de mantenerlo cautivo.

El *sinthome* repara la falla en algún lugar, anuda ahí donde es necesario para mantener el soporte de la subjetividad, sin este anudamiento no hay sujeto posible.

Plantea Lacan que es la escritura "lo que sostiene a lo real". Por sostener entiendo que lo enlaza, un trazo que se imprime de tal forma que lo real pueda incluirse, tomado por lo simbólico como agujero en la trama subjetiva. Escritura que deja huella del encuentro del significante con lo real, que es núcleo de la subjetividad. La escritura del nudo es la del sujeto barrado, $, dividido por un significante que se incrusta en lo real. De esta manera, deja suponer un sujeto representándolo para otro significante

Lo interesante es que este encuentro no es estático, es como si este nudo se enlazara permanentemente. Lo que hay son lugares, puntos por donde el lazo deberá pasar para constituirse en nudo. La estructura tiende al anudamiento.

Tenemos dos puntos de inscripción del Nombre del Padre. Una primera inscripción, la *Bejahung* freudiana, rasgo unario que representa al sujeto en espera de su encuentro con otro significante. Este significante luego será retomado por el lugar de la ley que metaforiza el deseo del Otro, es decir, lo enlaza a la cadena significante que basará su movimiento en el encuentro metafórico (la metáfora, en esencia, sería que el S_1 apareciera sobre la barra, esto produce el sentido, de lo contrario, la metonimia sería un movimiento infinito donde el sujeto en sí, no se produciría). Estos serían los puntos por donde el lazo dará su vuelta para producir el nudo, creando un pedazo de real que quedaría incluido en la estructura subjetiva, aunque sin ser por ello subjetivable. En cierta forma, el nudo recorta lo real, intenta capturarlo, pero falla y así escribe.

La cuestión rondará por estos dos puntos por los que el lazo deberá pasar para que se constituya ahí el sujeto. ¿En base a qué se mueve este lazo para que estos dos puntos queden articulados? Por un lado, tenemos a la pulsión y por el otro, al deseo. Aunque lejos de ser opuestos, ambos están en una continuidad que se revela en el síntoma, donde queda conjugado deseo y goce. El *sinthome* entonces, es el resultado del anudamiento entre la pulsión y el significante que nos lanza en el campo del deseo. Pero no es el deseo, es su condición, es el nudo que fabrica este agujero en lo simbólico. No es interpretable, pero es soporte de la pulsación inconsciente, del abrir y cerrar. Además, es titularidad subjetiva.

El nudo en movimiento no apunta a un cambio de estructura, sino a la manera en la que los eventos se articulan. ¿Cómo se leen siguiendo las coordenadas del deseo?, ¿cómo se organiza una historia que es la puesta en acto del fantasma? El S_1, rasgo unario, se articula a un deseo, es decir, se metaforiza y esto se da de manera constante. Esta es la forma en la que se produce un sujeto, siempre dividido, en el intervalo que el anudamiento produce.

Lo que fundamenta esta lógica de agujeros es el objeto en tanto ausente. Como si la subjetividad se fuera forjando por esta moción pulsional que busca el objeto, agujerando en su recorrido con el significante, único medio posible de "ficcionar" un encuentro.

EL *SINTHOME* Y EL MALESTAR EN LA CULTURA

La estructura está agujereada y el *sinthome* sería aquello que evita que el sujeto se desbarranque por estos agujeros, lo sostiene entre los agujeros. "Hay una dinámica de los nudos. No sirve para nada pero ciñe."[275] Acaso no sea justamente esta dinámica que no sirve pero ciñe la sustancia temporal que constituye la subjetividad.

---

275 Lacan, J. *El Seminario, Libro 23, El sinthome, op. cit.,* pp. 79. De acuerdo a la Nota del traductor, *sirve* en francés produce homofonía con *ciñe.*

El *sinthome* es la huella de lo real en la estructura subjetiva, tiempo puro, sin significación, sin imagen. Un nudo en movimiento que es, como la pulsión, en su movimiento, ahistórico. Pero tiene un recorrido, una lógica. Como señala Lacan, la cadena borromea es "algo que se desliza hacia el nudo".[276] El movimiento de base es un bucle. En este movimiento de bucle, el tiempo produce también encuentros. Aquello que produce el anudamiento es el cerco del lenguaje, el freno de lo simbólico y lo imaginario ante lo real, que le da su estatuto de existencia. De esta forma, el lenguaje invade lo real mientras que el deseo va clavando estacas a la manera de un escalador, para que la cuerda que ceñirá la estructura subjetiva no se rompa. Pues bien, las estacas significantes no pueden ir en cualquier lugar, es necesario que cumplan su función nominativa para que ahí sea posible ubicar otra estaca, que sea un recorrido siempre posible y no uno de ida únicamente. La clave estaría en qué lugar agujerear para que sea posible colocar ahí una estaca que no se caiga y esta intervención que agujerea, es la de la función paterna.

La historia que el paciente relata, los significantes que se repiten en su discurso, son pilares y bisagras de su estructura subjetiva, van decantando en cada movimiento al fantasma que organiza el discurso de su vida. Fantasma que, como ya vimos, es testimonio del advenimiento del sujeto. Más allá del fantasma está el *sinthome* que articula lo real siempre supuesto y sostiene la construcción de la historia singular.

La transferencia es el lugar privilegiado para que esta historia singular se despliegue, mostrando los amarres del sujeto, el tiempo en el que quedó sujetado en la estructura psíquica.

"Las uniones entre las tres dimensiones no se tienen que concebir solamente sobre un plano espacial sino también temporal, en particular en función del manejo de la transferencia."[277]

---

276 *Ibíd.*, pp. 104.

277 Porge, E. *Jacques Lacan, un psicoanalista. Recorrido de una enseñanza, op. cit.*, pp. 128.

Si la estructura psíquica está expuesta al encuentro con lo no simbolizado, con lo traumático, la falla en el anudamiento quedará así al descubierto y ésta se plasma en el sufrimiento, en la reiteración sin fin de un mismo fantasma, en el desborde de la angustia o la presencia grosera del síntoma. El analista permitiría una corrección en el anudamiento dado que, como señala Lacan, es del mismo orden que el síntoma[278] o más aún es *sinthome*.[279] Así, donde está la falla, pasa la cuerda con la que se hará el nudo en una segunda escena que regresa sobre la primera.

"En el análisis se trata de suturas y empalmes... debemos considerar las instancias como realmente separadas. Imaginario, simbólico y real no se confunden"[280], por efecto del *sinthome*.

Cadenas, círculos, nudos, ponen en el tapete que en la base de la estructura subjetiva lo que está en juego va más allá del sentido. Se trata de elementos, como quiera que los imaginemos, que articulan y producen lugares y que hacen posible la producción de sentido tanto como la construcción de una historia subjetiva.

La palabra, el cuerpo, el vacío, producirán un eco al infinito, si este cuarto elemento que tiene su anclaje en la cultura no los amarra. El Nombre del Padre es su mayor exponente, pero su encuentro con el deseo hará corte en este círculo que la civilización aspira cerrar a través del intento de abarcar lo real desde lo simbólico o imaginario y reducirlo a lo cognoscible. Pero, tal como dice Lacan, el círculo conlleva en su interior un agujero, que desbordará cuanto mayor sea la insistencia para anularlo, desprendiéndose con ferocidad del intento.[281] Por el contrario, la palabra, como artilugio del deseo es quien se opone a la totalidad.

El tiempo del psicoanálisis es aquel que articula los tres registros que conforman la realidad psíquica, el movimiento por el cual

---

278 Lacan, J. *Conferencias y conversaciones en universidades norteamericanas*, 1975 (Trad. J. Muñoz y J. Bauza), inédito, pp. 29.

279 Lacan, J. *El Seminario, Libro 23, El sinthome, op. cit.*, pp. 133.

280 *Ibíd.*, pp. 71.

281 Algunos casos de bulimia, anorexia o el avance de la obsesidad, acaso no tengan que ver con esta salida feroz de la pulsión.

el sujeto se constituye y es a su vez, las huellas borradas, pero indelebles, en el blog maravilloso, la marca que supone el trazado del sujeto. Como si el sujeto fuera aquel espectro que dejara sus huellas sin por ello ser visto.

Para finalizar, el cuarto término al diferenciar los círculos de real, simbólico e imaginario los nombra, de ahí su función, dado que nombrar es establecer la diferencia y esta función es el corazón del nudo, puesto que el nombre implica también establecer una ausencia.

"La necesidad de que un cuarto término venga a aquí a imponer sus verdades primeras es precisamente con lo que voy a terminar, y es que sin el cuarto no se evidencia propiamente dicho nada de lo que es verdaderamente el nudo Borromeo."[282]

Este cuarto término es el Nombre del Padre, pero como señalamos, en su función nominativa que produce la diferencia, a partir del acto nominativo de este cuarto elemento, los otros tres se diferencian entre sí. Por ello los produce, produce sus nombres del padre. Nominar es operar con el Nombre del Padre, establecer diferencia, inscribir un significante, es por ello, un acto creativo.

El Nombre del Padre es una función de creación de un lugar inédito, de un nombre propio. El *sinthome* se define por esta función de instaurar la diferencia absoluta, donde nada se parece a nada, donde el punto de similitud se diluye, porque siempre es otra cosa en el acto mismo de estar nombrando. El tiempo mismo de la creación de un lugar en lo real.

---

282 Lacan, J. *Seminario 22, R.S.I.*, clase del 13 de mayo de 1975, inédito.

El laberinto subjetivo en el Hombre de las ratas

El padre, el Nombre del Padre, sostiene la estructura del deseo junto con la de la ley –pero la herencia del padre, Kierkegaard nos la designa: es su pecado–.
Jacques Lacan, *El Seminario, Libro 11, Los cuatro conceptos fundamentales del psicoanálisis*

A partir del psicoanálisis, la palabra fue pensada y tomada como herramienta principal para abordar el dolor psíquico y es aquí donde el tiempo del sujeto muestra su rostro más oculto. El célebre caso freudiano del Hombre de las ratas nos ofrece la oportunidad de trabajar sobre el tiempo particular que se articula en los significantes que soportan la historia del sujeto y en la posición de éste, frente al deseo y al goce. Una forma particular y única en la que el sujeto se sostiene en la vida. La historia personal es sin duda, el testimonio de una estructura subjetiva que se constituye a partir de un encuentro que sucede bajo una lógica temporal ajena a la cronología en la cual habita la consciencia.

La manera particular en la que está construido el caso, lo hace paradigmático de aquello que el trabajo analítico pone a circular, así como del sufrimiento que ahí se libera. El paciente se presenta como un hombre cuyas inhibiciones le impiden avanzar en la vida. A diferencia del caso Elizabeth por ejemplo, esta parálisis no está figurada en un síntoma corporal, sino que se produce enteramente en el pensamiento. Son sus ideas y fantasías, aquello que surge más allá de toda intención y aquello que le impide seguir adelante. Las palabras se interponen en su camino. Si algo pone en evidencia Freud en este caso, es cómo la existencia de este paciente se detiene en gran medida en el juego significante. Resulta también esclarecedor la utilización que hace este paciente del lenguaje para defenderse de lo real con el significante *ratten*.[283]

---

283 Freud, S. "A propósito de una neurosis obsesiva", en: OC, Vol. X, *op. cit.* pp. 230.

Presenta una ventaja respecto a los otros casos freudianos y es que, a partir del agregado de las notas en bruto hechas por Freud, es posible realizar otra lectura. Para destacar la estructura subjetiva que subyace tanto a los síntomas y el sufrimiento de este paciente, como a la manera particular de construir la realidad; las decisiones que toma tanto como las que evita, las ficciones que le sirven para sostener el edificio que le permite circular por la vida. El por qué y cómo se organizan los síntomas, las fantasías y, la manera en la que éstas dan cuenta de la posición frente al deseo del Otro: la amada, el padre, la madre y todos aquellos que ocupen ese lugar, por ejemplo, el teniente checo y hasta Freud mismo.

LA ENCRUCIJADA DE LA NEUROSIS OBSESIVA

Empecemos destacando algunas características de la neurosis obsesiva que la hacen apta para trabajar las consecuencias que resultan del intento de expulsar el deseo y por ende, de enterrar este tiempo que da cuenta de la subjetividad.

Si la histeria es el discurso[284] que se avoca a reactivar el deseo cuando éste amenaza desfallecer, la neurosis obsesiva, en su calidad de dialecto, intenta recubrirlo, encarcelarlo y de esta manera, preservarlo como irrealizable. Para este paciente todo deseo se subraya como prohibido, por tanto, transgredir esta prohibición lo abismará a un goce para él insoportable.

¿Cuál es su estrategia para acallar al deseo? Transformar todo signo de deseo en una demanda susceptible de ser satisfecha. Simulando, a modo de ficción, que en efecto existe un objeto capaz de satisfacer una necesidad, de tal forma que él, como sujeto, se pueda colocar a distancia del deseo del Otro; interponiendo para ello un objeto que pueda dar o negar.

---

284 Ver: Lacan, J. *El Seminario, Libro 17, El reverso del psicoanálisis* donde se propone pensar a la histeria como un discurso.

La arquitectura de esta ficción consiste en ser el objeto (falo) para el otro o tenerlo. En el primer caso, el riesgo es desaparecer como sujeto, es decir, como deseante y en el otro, el riesgo está en perder el objeto. Como se ve, la castración está en juego de una y otra forma. En una, niega la castración materna como forma de protegerse contra la angustia que ésta suscita y en la otra, preserva su división subjetiva.

Así, si la histeria se ocupa principalmente del deseo, la neurosis obsesiva se centra en su prohibición. Si la histérica se mostró como la aliada princeps en el desarrollo del psicoanálisis, es justamente porque lo que ella pone en escena son las faltas del padre, poniendo a prueba su saber, derribándolo en el instante mismo en el que lo ubica en su pedestal, escenifica el lugar de la falta, de la imposibilidad de sostener el saber. El obsesivo por el contrario, se dedica en cuerpo y alma a impedir que la falta del padre se haga manifiesta, el padre es por ello todopoderoso e inalcanzable. Es el Otro cuya muerte espera para al fin acceder a su preciado deseo, pero es en esa espera donde él se siente seguro.

En la neurosis obsesiva, la figura del padre aparece omnipresente para hacer valer su función. Juego de palabras, mandamientos y asociaciones que se imponen a la manera de un ritual, como un intento de tejer con significantes una tela que cubra el agujero y poner así a distancia con significantes el deseo del Otro. El efecto sin embargo es el contrario, pues si se anula el deseo, que siempre es deseo del Otro, entramos en el terreno del goce. Pero es en este juego entre prohibiciones y goce, que el neurótico obsesivo sostiene su deseo de muerte del Otro. Este Otro que se interpone al goce sexual al que hay que suprimir. Una construcción imaginaria que lo resguarda de quedar como objeto a merced del deseo del Otro. La falla es simbólica y la defensa es imaginaria.

Recordemos que uno de los síntomas que le relata este paciente a Freud es la idea de que su padre morirá o que le sucederá algo terrible, aún a pesar de que el padre ha muerto ya hace nueve años. Una idea que perdura, inamovible e inextinguible. Son representaciones que se organizan y suceden en una temporalidad diferente. ¿En qué se asienta la posibilidad de tal construcción? Hablamos de una estructura lógica que da soporte al sujeto, una estructura que se organiza bajo las leyes temporales de la constitución subjetiva.

La neurosis no menos que la psicosis se plantea en su manifestación patológica como un absurdo. Aquí la genialidad freudiana de inmiscuirse en este absurdo hasta formar parte de él, para interrogarse sobre aquello que usualmente se desecha. ¿Qué pasa cuando este absurdo acapara la escena cotidiana? Freud responde con una pregunta: "¿Qué querrá decir que el padre tiene que morir si en el niño se mueve aquel deseo concupiscente? ¿Es un mero sinsentido o hay caminos para comprender esta afirmación, asirla como un resultado necesario de procesos y premisas anteriores?"[285] En esta dirección, el síntoma se propone como respuesta a estas premisas formuladas por el niño. Entonces, a la respuesta anticipada del sujeto figurada en el síntoma, Freud formula una pregunta que pone en cuestión esta respuesta sintomática, abriendo la posibilidad del discurso, que tarde o temprano dará lugar al deseo. Esta pregunta abre el espacio analítico, es decir, el lugar donde el absurdo puede desplegar su lógica, donde el nudo atascado puede volver a discurrir. Es así, a través del síntoma hecho pregunta para alguien, como el tiempo de la subjetividad da cuenta de su existencia.

EL SIGNIFICANTE *RATTEN*

Si en el caso del Hombre de los lobos lo que queda aislado es la escena primaria descubriendo la fórmula del fantasma en los síntomas del paciente, en este caso, lo que aparece en la superficie es el significante primero, aquel que representa a un sujeto para otro significante. Lo que se coloca en escena es la fractura de la subjetividad, porque lo que intenta hacer el Hombre de las ratas a su manera, es restablecer la continuidad de la cadena significan-

---

285 Freud, S. "A propósito de una neurosis obsesiva", en: OC, Vol. X, *op. cit.* pp. 131.

te, aunque, como veremos a lo largo del capítulo, algo ha quedado taponando este intervalo.

El Hombre de las ratas fantasea y sueña con ratas, el significante insiste, lo ve por todas partes[286]; y esto es lo que da cuenta del lugar privilegiado de este significante en la historia del sujeto, como si se soltara de la cadena para colocarse en primera plana. Es, tal como menciona Freud, "un punto nodal".[287]

Lo más interesante es que esto sucede con el completo desconocimiento del paciente. Qué habla en él, a qué alude el sinsentido de sus síntomas y por qué las ratas han cobrado tal importancia, es lo que él mismo irá descubriendo a medida que avance en sus asociaciones. Pero más allá del sentido histórico que se pueda desentrañar, lo fundamental aquí es el lugar que ocupa cada elemento y la articulación entre ellos, es decir, la función que cumplen en el entramado subjetivo.

El significante *ratten* no muestra un sentido único y es portavoz de infinidad de escenas y fantasías que van fortaleciendo su posición de "lugarteniente" del sujeto. Así, las ratas remiten a la sífilis trasmitida por un militar, tanto a la madre como a Gisela, las ratas también representan a los hijos en el sueño. La rata está en el dinero, en la inclinación al juego del padre y en la deuda. La sífilis se vincula al padre por la vía militar, como una enfermedad común a estos, como algo que se propaga y trasmite, al mismo tiempo que queda en asociación con el dinero por medio del juego (*spielratten*) y con los hijos por medio de *raten* (cuotas). Al mismo tiempo, surge la fantasía de que el padrastro de Gisela, también militar, hubiera abusado de ella y trasmitido la sífilis; siendo ésta la causa por la cual ella no puede tener hijos (la sífilis devorando genitales femeninos).

El Hombre de las ratas ofrece sus síntomas al padre, pero es a la madre a quien estos le acercan. El padre como lugar del significante, la madre como lugar del goce. Vemos así que, si en el caso redacta-

---

286 *Ibíd.*, pp. 227.
287 *Ibíd.*, pp. 228.

do por Freud, la madre es mencionada de forma tangencial, en las notas resalta como elemento esencial en la vida del paciente. En estas notas del caso, apreciamos que en las fantasías como en sueños, los niños, las heces, la madre y hermanos, son recurrentes.[288]

El lugar en el Otro de un significante que obtura

Veamos algunas particularidades de este paciente: cualquier indicación o pedido proveniente de una figura paterna, se transforma en mandato que más allá de obedecer, se instala como imposible. Es de esta manera, una orden alrededor de la cual gira y sostiene su existencia, por no poder llevarla a cabo. Pone el acento en la vía imposible del deseo, lo mantiene vivo y se resguarda también, del deseo del Otro.

Si por el padre el paciente siente admiración y cariño explícito, por la madre sus sentimientos serán más complejos. Sus sueños, fantasías y recuerdos vinculan al significante *ratten* con el lugar de la madre de una manera peculiar. Por un lado, el paciente hace una asociación entre *ratten* y *raten*, es decir, entre ratas y cuotas. Por otro lado, le entrega su herencia a su madre para que ella le de una cantidad mensual. No olvidemos también que, de acuerdo a la ficción del paciente, la madre fue elegida por el padre para casarse por su dinero. De esta manera, queda instalada la asociación entre ratas y dinero.

La madre es el objeto sobre el cual recae la prohibición y es justamente aquí donde se produce el cortocircuito en la neurosis, en la falla paterna respecto a la simbolización del deseo de la madre. Es en la negación por parte del Otro (madre) de su castración donde queda atrapado el niño, reprimirá así esta pulsión materna que le impide la salida del lugar fálico. El Otro primordial cumple para el niño una función que se definirá en el intercambio de demandas entre el niño y la madre; en la posibilidad de alienarse en los sig-

---

288 *Ibíd.*, pp. 224.

nificantes de la demanda del Otro, pero también de separarse de ellos gracias a la función separadora de la metáfora paterna que sitúa el objeto de esta demanda en un lugar tercero, más allá de la díada madre/hijo. Esta metáfora paterna es castración de la madre, subjetivación de su falta en la constitución subjetiva del niño. Si la madre o quien ocupe ese lugar del Otro primordial, niega la castración, invade el espacio tercero que la metáfora introduce, el niño queda atrapado en la dualidad recurriendo a sus síntomas para mantener a raya la pulsión que sin mediación llega del Otro. Este es el recurso neurótico, el síntoma porque en la psicosis como ya mencionamos, al no haber inscripción simbólica de este lugar tercero, se recurre al delirio o al pasaje al acto. El síntoma es retorno de lo reprimido como decía Freud, porque aquello reprimido insiste, no se calla, empuja, es la pulsión que el síntoma intenta metaforizar.

Situemos a la figura de la madre del paciente: el padre, que aparece en todos sus síntomas, recubre a la madre. La madre si aparece, lo hace de forma siniestra.[289] Los olores, eructos y genitales, remiten a lo real no simbolizado por el significante del padre. Hasta llegar a un profundo desprecio al decir que: "todo lo malo que tiene le llega por la madre".[290]

De esta manera, la madre queda oculta tras el padre imaginario, un padre que él construye omnipresente porque lo real es ahí amenazador. Aquí es donde aparece el significante *ratten* omnipresente también, pues la rata surge como defensa ante lo siniestro del goce del Otro.

Las ratas se pueden contar, pero también se pueden dar. Un objeto para la demanda del Otro. Así, durante el coito con la costurera piensa "por cada coito, un rata para la prima".[291] Ante esto hay que recordar que la prima en cuestión, Gisela, no puede tener hijos, de tal forma que su deseo se presenta como imposible de colmar.

La rata se ubica de esta manera, en un lugar que une al padre

---

289 *Ibíd.*, pp. 232.

290 *Ibíd.*, pp. 233.

291 *Ibíd.*, pp. 232.

con la madre. A través del dinero, de los hijos, de los quevedos. Es un significante elevado a la categoría de objeto que se puede dar y contar y rehusar, pero también, que se puede ser. Es el significante del padre, aquel que el sujeto intenta revivir a toda costa, al tiempo que asesina para que le deje el camino abierto al deseo.

Hay una escena que relata el paciente cuando visita la tumba del padre[292] y que nos conduce directamente al mito freudiano. La rata que ve cerca de la tumba y que él teme, se meta al féretro y se come al padre. La tumba vacía de un padre que toma su existencia a partir del significante, en este caso, el significante *ratten* y esta fantasía apunta a garantizar su existencia, las ratas aseguran que haya algo que devorar.

¿LA PRIMA O LA RUBESNKY?

Con este entramado subjetivo el Hombre de las ratas tiene ahora que elegir. Poco importa si una de las opciones ya eligió al decir que no a su propuesta de matrimonio. Una elección en suma que está en la base de toda la neurosis, una elección ficticia en la que funda su desdicha.

¿De qué lo preserva la enfermedad? Su enfermedad se vuelve insostenible pocos meses antes de doctorarse. Momento a partir del cual se había planeado que un pariente de los Rubensky le pondría un bufete de abogados, dentro del plan de la madre de que se casara con una Rubensky[293] Dice Freud: "Para escapar a este conflicto se ha refugiado en la enfermedad".[294] Hay que señalar también, que casarse en alemán se dice *heiraten*[295] estableciéndose así la vinculación al significante *ratten*.

---

292 *Ibíd.*, pp. 169.

293 *Ibíd.*, pp. 228.

294 *Ibíd.*, pp. 229.

295 *Ibíd.*, pp. 169.

Después de la muerte del padre, la madre decide con sus parientes ricos el futuro del hijo: se casará con una Rubensky al terminar sus estudios[296] y trabajará, al igual que lo hiciera el padre, en la empresa familiar. Algo de este destino prefijado por el Otro se le torna insoportable, el síntoma se instala ahí para sostener su subjetividad desfalleciente.

Siguiendo a Freud: "...aquello que es el resultado de una enfermedad está en el propósito de ella; la aparente consecuencia de la enfermedad es, en la realidad efectiva, la causa, el motivo de devenir enfermo".[297] El tiempo del sujeto pone en entredicho la lógica causa-efecto, pues aquí el efecto es en realidad la causa y esta lógica temporal para la conciencia resulta difícil de aprehender. El efecto sería, como retorno de lo reprimido, el intento de metaforizar el S_1 en su encuentro con un S_2. Así el destino enunciado para él, resignifica el deseo del Otro, el de la madre.

Esta situación destapa el conflicto que lo sitúa en un intermedio del cual sus síntomas se encargarán de no dejarlo salir. La fecha de recibirse se pospone indefinidamente, así también, el casamiento con la Rubensky. Mientras tanto, el paciente oscila entre el padre y Gisela. Queda así claro la fabricación de esta disyuntiva, pues no hay en verdad nada entre qué elegir, el padre está muerto y Gisela ya le dijo que no. ¿Cómo explicar que él se apoye en ambos para sostenerse en la vida? Pues ambos son significantes entre los cuales él fabrica un intervalo dentro del cual transcurre su vida. Manteniendo por ello a distancia el futuro planeado por la madre, es decir, la no realización de su deseo, que lo coloca a él en el lugar del objeto que lo causa.

El motivo central de la enfermedad es la preservación del deseo o lo que es lo mismo, de la división subjetiva. En este caso, no hay elección posible en relación a las dos mujeres, cualquiera de las dos lo llevan a la madre: o la prima Gisela o la Rubensky, dado que la madre del paciente fue criada por esta misma familia de dinero

---

296 *Ibíd.*, pp. 156.
297 *Ibíd.*, pp. 157.

como pariente lejana (prima). Por otro lado, la madre y el padre son a su vez primos hermanos, al igual que él y Gisela.

De esta manera, el paciente construye un intermedio donde existir, por un lado la amada y el padre y por el otro, el horizonte de un matrimonio con una Rubensky.

Tenemos así dos intervalos: entre la amada y el padre, circular y entre ambos y la Rubensky que lo sitúa a distancia del objeto. Con un intervalo suple la falla en la inscripción simbólica y con el otro, pone a distancia el objeto de deseo para protegerse de la angustia. El paciente escenifica la preservación de su deseo, construyendo, sintomáticamente un intervalo.

Este intervalo que preserva su división subjetiva se enreda, por así decirlo, cuando aparece en escena el capitán cruel y los quevedos[298], la mujer que paga por ellos y lo equívoco del padre (capitán cruel) que se torna mandato.

EL EDIFICIO NEURÓTICO SE DERRUMBA

Para este paciente, el deseo y la muerte del padre estuvieron vinculados muy tempranamente. Por ejemplo, a los doce años cuando imagina, para obtener el amor de una niña, que le ocurra una desgracia: la muerte del padre.[299] Medio año antes de la muerte del padre, le surge esta idea: "Por la muerte del padre, acaso él se vuelva tan rico que pueda casarse con ella"[300] se refiere a Gisela, su amada. Se plantea la disyuntiva: o la amada o el padre.

El padre imaginario se torna omnipresente en el neurótico, para reparar la falla en la simbolización del deseo de la madre. En este paciente, acaso la reiteración de este crimen no se presente como el intento vano de inscribir la ley frente al deseo materno. Dejándolo en la oscilación propia del fantasma, al asesinato del padre le su-

---

298 Quevedos en alemán es *zwicker y zwicken* significa torturar (en nota al pie, *Ibíd.*, pp. 132).

299 *Ibíd.*, pp. 141.

300 *Ibíd.*, pp. 142.

cede el goce de la madre. Un padre, por ello, eternamente vivo, cuya muerte fantasmática acercaría al goce y al mismo tiempo lo rescataría de la aniquilación subjetiva. Como se ve es un callejón sin salida, que transita en la dualidad de la identificación al falo imaginario.

Con la muerte del padre vemos cómo se van armando estas fichas que irán cayendo a partir del relato del capitán cruel. El padre muere nueve años antes del inicio del tratamiento, en aquella ocasión el paciente se hace reproches por no haber estado en su lecho de muerte.[301] Un año y medio después de fallecido el padre, el paciente se martiriza por esta ausencia y se tacha de "criminal". Lo que dispara esta idea es el comentario de un tío cuya esposa a muerto: "...yo que he vivido solamente para esta mujer, mientras que otros maridos se entretienen afuera"[302], frase que el paciente asocia inmediatamente con las faltas del padre. Estos reproches tienen como consecuencia la incapacidad para el trabajo.

¿Qué sucede en este encuentro con el dicho del tío que señala las faltas de otros maridos? ¿Qué ubica al padre del paciente en la serie de "quienes se lo permiten todo"?

Hay que puntualizar que no cualquier dicho se torna significante para un sujeto, tampoco cualquier dicho enunciado por cualquier persona, dado que las personas ingresan en la dinámica asociativa para cada sujeto en tanto significantes. Por lo mismo, son también sustituibles y metaforizables, se articulan en el inconsciente por medio de las leyes de condensación y desplazamiento, tal como lo mostrara Freud en la interpretación de los sueños. Así, para el paciente, el tío, el velorio de alguien y el decir que señala a aquel que se lo permite todo, se encuentran con los hilos con los que se teje su historia apoyada en las faltas del padre en relación al juego y al dinero, por ejemplo, el hurtar dinero de la cartera de la madre, sus supuestas infidelidades y el fantasma de la sífilis como marca de estas faltas.

---

301 *Ibíd.*, pp. 138.
302 *Ibíd.*, pp. 215.

El desencadenamiento de la enfermedad de este paciente parece darse en cascada, como si una pieza al tocar a la siguiente determinara la caída en cadena con las restantes; dando la sensación de un edificio torpemente construido. Esto alude directamente a la cualidad imaginaria del soporte en el cual se apoya. No es al padre simbólico al que recurre para enfrentar al deseo del Otro, es el padre imaginario quien llega en su auxilio para mitigar la angustia que este encuentro produce. ¿Qué identifica a este padre imaginario? El ser inapelable, insustituible, más cercano al padre de la horda primitiva. No un lugar significante de nominación, sino de fijeza, un padre que usurpa el lugar vacío que denota un significante.

DE LA ELECCIÓN IMPOSIBLE AL CAPITÁN CRUEL

¿Por qué ubicar ahí este edificio sintomático construido en forma de laberinto? El padre del paciente ha quedado ubicado en el lugar de quien prohíbe el acceso al placer. No es casual que por estas mismas fechas, Freud construyera el mito de tótem y tabú, pues el padre que construye este paciente toma características del padre que Freud retrata en el mito de la horda primitiva. La ficción le permite ponerse a distancia del deseo del Otro y situarlo así como inalcanzable.

Esta imagen del padre, como quien prohíbe el acceso al placer queda fijada en la escena del castigo a los tres o cuatro años. Freud supone que la falta cometida por el pequeño tiene que haber sido de contenido sexual: haber mordido a alguna de sus hermanas (como muerden las ratas). En esta escena en la que el padre fija su posición enuncia un dictamen: "Serás un gran hombre o un gran criminal".[303] Frente a este castigo, el pequeño se defiende profiriendo palabras.

---

303 *Ibíd.*, pp. 161.

Comenta Freud acerca de su paciente: "Le gustaría saber cómo es que una idea así puede hacer pausas...."[304] Y nosotros nos preguntamos con él, ¿cómo se organizan estas pausas? ¿Qué lógica las sustenta? ¿Por qué se producen?

El laberinto que arma el paciente en relación a las gafas se configura rompiendo el tiempo cronológico, que es la lógica del tiempo del inconsciente. Una historia comprimida, condensada, que a retazos va armando su estructura; y aquello que une los pedazos, sin consideración del tiempo cronológico, tiene que ver con la posición del sujeto frente al deseo del Otro, con el significante al cual quedó identificado en la inscripción primordial en el deseo del Otro.

En esta misma línea, Freud se pregunta por aquello que conecta las dos participaciones del capitán checo[305]:

1. El tormento de las ratas.
2. La devolución del dinero al teniente A.

Dado que ambas promovieron el síntoma laberíntico que lo lleva a la consulta de Freud. Algo aquí dejó de poder contener la angustia, como lo hicieran todos los síntomas anteriores del sujeto.

Es así que el nexo que Freud va buscando bajo la estructura del síntoma, ignora el tiempo cronológico. Escenas y dichos que se enlazan para conformar una escenografía en la que el paciente no puede más que padecer. Como si sostuviera con ella su existencia, salirse de este laberinto lo abisma a la angustia. El paciente no puede salir del absurdo laberinto que construye aún percibiendo su irracionalidad, algo lo arrastra, lo absorbe.

Algo amenaza con tragarse al sujeto y este interpone su ovillo. Este encuentro tiene que ver con el padre, en tanto significante del deseo materno. Pero, es en las fallas de la significación donde se erige el laberinto. El capitán cruel con su relato de las ratas,

---

304 *Ibíd.*, pp. 144.
305 *Ibíd.*, pp. 164.

enlazado al significante "quevedo", sella su lugar con una indicación errónea que el paciente eleva a la categoría de mandato. Un mandato se apoya en una falla de simbolización, la falla del padre, porque es ahí donde el paciente ve amenazado su lugar de sujeto.

A diferencia de la psicosis en donde la forclusión de este significante primordial situaría al sujeto en su encuentro en un caos, porque lo que se pone en juego es el marco que organiza la realidad, aquí se centra en aquello que atañe al deseo del Otro. El recurso a lo inscrito por el significante fálico, le permite al sujeto un circuito alternativo porque hay separación del campo del Otro, división, él puede interponer ahí su laberinto sin comprometer con ello los límites de la realidad. Lo que sí queda comprometido es su lugar en ella, pues él con su síntoma, obtura la división.

Dice Freud: "Cabía suponer... que aquellos dichos habían sido tocados ásperamente unos lugares hiperestésicos de su inconsciente".[306] Aquí vemos esta particular manera en la que se configura el sujeto y en la que se articula su historia, en una temporalidad que se apoya en dichos que tocan otros dichos, idea que sugiere el movimiento de los contenidos inconscientes.

Los contenidos inconscientes están, como dice Lacan, estructurados a la manera de un lenguaje, de tal forma que se encuentran y se reúnen al mismo tiempo que van construyendo la historia del sujeto. El deseo es aquí la marca que permite la asociación de estos significantes, en los intervalos entre uno y otro habita el sujeto, estos son, por tanto, su soporte. Freud ya lo vislumbra entonces: "...la casualidad, que puede cooperar en la formación del síntoma como lo hace el texto en el chiste, permitió que una pequeña aventura del padre tuviera un importante elemento en común con la reclamación del capitán. Una vez, el padre había perdido en el juego de naipes (Spielratte) una pequeña suma de dinero de la que podía disponer en su condición de suboficial, y las habría pasado muy mal de no prestarle ese dinero un camarada. Después de abandonar el servicio y alcanzar una posición más desahogada, buscó a

---

306 *Ídem.*

ese camarada generoso para devolverle el dinero, pero nunca más lo encontró".[307]

La identificación al padre militar y jugador y la vinculación con las dos escenas anteriores está en el significante dado que el dicho alemán es *spiel*ratten (rata de juego). Esta falta del padre, al escrupuloso paciente le produce cierta vergüenza. Recordemos su actitud frente al dinero y el tormento que le produce el no poder devolverlo. El paciente agrega en su relato una segunda mujer, donde Freud completa la historia del padre repetida en el síntoma vía identificación. Pues el padre, en su momento, tuvo que elegir entre dos mujeres en base al dinero.

Lo interesante es que el paciente, para eludir su elección, interpone con vehemencia delirante a un hombre (otra vez el intervalo[308] entre A y B, entre dos mujeres). Pensemos al síntoma en su función de dar respuesta a la demanda del Otro: el sujeto responde con un intervalo, el intervalo que lo sostiene, ahí donde se supone y no está, el objeto que falta, aquel representado por el falo. La cuestión entonces, parece apuntar a este oscilar entre dos y para ello, hay que evitar realizar el pago de la deuda. De esta manera el paciente sostiene al padre, en su falla, mantiene la falta en este caso del pago, de los *raten* a una mujer. En este fallar de la significación fálica, es donde se aloja el sujeto para el Otro. Un lugar de goce, por eso el sufrimiento. Mientras el síntoma asegura su división, pues el síntoma es en sí mismo marca de la división subjetiva.

La aclaración del cargo del teniente A como encargado del correo y B como sustituto, nos permiten una puntuación más. En el laberinto del sujeto, A debía ser llevado a su lugar como encargado para validar el acto de pagar, B sería así, un mero sustituto. Lo que subraya la dificultad para metaforizar el cargo, para realizar la sustitución del lugar del padre, lugar significante y por tanto, sustituible.

Lo que se impone es la palabra de este padre que no está bajo las leyes de intercambio significante, esto es, no es sustituible. Aquí la

---

307 *Ibíd.*, pp. 165.
308 *Ibíd.*, pp. 166.

fijeza del síntoma que impide la sustitución y que el paciente haga otra cosa con su vida, como por ejemplo que termine sus estudios o elija casarse o no. Por el contrario, está ahí detenido en el significante *ratten*, último bastión ante el abismo que supone el agujero en lo simbólico, y en la misma línea, el deseo del Otro.

Por eso, si algo le ofrece al sujeto la salida a este laberinto, es el significante del Nombre del Padre, es decir, la articulación simbólica del deseo. Ser o tener el objeto que falta es cuestión de un instante ínfimo y como tal, asegura el discurrir. Cuando se alcanza, se pierde y esto mantiene vivo el deseo porque se trata de un lugar vacío en el que el sujeto se aloja, no hay identidad posible, el encuentro con este lugar implica la diferencia en sí misma.

Resulta evidente la puesta en escena de la historia del padre, historia que para el paciente ocupa un lugar fundamental en la construcción de su subjetividad. Es el discurso que lo atraviesa, que lo divide, la ficción que oculta la falta en el origen, esa castración simbólica de la cual el neurótico pretende negar tanto como resguardar, ahí la contradicción permanente de la posición neurótica reflejada en los síntomas.

Dar el dinero, dar las ratas

Recordemos que aquello que lleva a este paciente a acudir a Freud, es el laberinto que se forma a partir de la pérdida de sus gafas (quevedos). El término gafas en alemán se dice *zwicker*, mientras que *zwicken* significa pellizcar, torturar.

Si en un principio, a la emergencia de un deseo, por ejemplo: ver a una mujer desnuda, seguía inmediatamente el pensamiento "mi padre morirá", esta asociación queda ahora, a partir del relato del capitán cruel, vinculada al tormento de las ratas. Ahora, si él devuelve el dinero (cuota, *raten*) sucederá el castigo de las ratas.[309]

---

309 *Ibíd.*, pp. 134.

Lo interesante es que la prohibición retorna en forma de mandato imposible de cumplir y este mandato imposible de cumplir es aquello que aloja al paciente en el corazón de un laberinto. Es decir, el mandato imposible, ficción del paciente, es aquello que sostiene el recorrido en laberinto. ¿Qué alberga este laberinto en el centro? Alberga a una mujer. Pues lejos de desconocer la identidad de su acreedor, la desfigura, al punto que omite ese detalle en el relato de su martirio a Freud. De esta manera también, entrega la pieza clave de la construcción de su laberinto. Poner a distancia el objeto de su deseo: "una mujer que tiene/da dinero".

Aquello que sostiene el laberinto, que da fundamento a su recorrido, es la omisión de la empleada de correos, el objeto causa de deseo. Lo que el paciente no puede hacer es pagar el dinero a la mujer o, mejor dicho, tiene que hacerlo introduciendo un intervalo. El pago sólo puede hacerse bajo el dictamen del padre (capitán cruel), es la construcción imaginaria que le indica el vacío que implica el deseo del Otro. De lo que se trata para el neurótico es de darle una respuesta, una forma a ese vacío, sin por ello comprometer su división subjetiva.

¿Qué función cumple este laberinto para el paciente? Si devuelve el dinero, el tormento de las ratas se cumplirá y toma la forma de esta otra amenaza: "Si yo tengo el deseo de ver desnuda a una mujer, mi padre tiene que morir".[310] Aquí la desarticulación, el punto en el cual la metáfora del padre se ha quedado atorada. La ley o el deseo, cuando justamente la operación de la metáfora, enlaza el deseo a la ley. Es la operación, en términos freudianos, de la castración. Así atrapado el paciente, defendiéndose de lo indefendible, interpone este laberinto a la devolución del dinero. De esta manera, poniendo a distancia el deseo, preserva su subjetividad, es el síntoma aquello que se ubica en la metáfora del deseo del Otro que lo divide y lo pone a distancia de ser su objeto. Es como el caballo para Juanito[311], la estaca en la boca de la madre devoradora.

---

310 *Ibíd.*, pp. 131.

311 El caso Juanito es trabajado por Jacques Lacan en su *Seminario 4, Las relaciones de objeto.*

Si para el neurótico el Otro clama su castración, despojándolo del objeto fálico, el laberinto en este caso, cumple la misión de ponerlo a resguardo. Un laberinto eterno en el cual podrá deambular sin llegar nunca a la boca del Otro.

El laberinto se presenta también, como una suerte de rodeo para posponer el acto: la entrega del dinero a la empleada de la oficina de correo, algo hace imposible que él realice el pago directamente, es necesario el recorrido apoyándose en estos hombres; la punta del ovillo habrá que buscarla en el error del capitán cruel. Este significante es el que desencadena la construcción de este laberinto. Así, dice el capital cruel, "hay que devolver el dinero al teniente A", devolverle un dinero que lejos de ser suyo, es de una mujer. El mandato lo que recubre es a una mujer que da dinero. Al, "si yo deseo ver a un mujer desnuda", es el padre, en la voz del capitán cruel quien se interpone y éste es el Otro que construye el Hombre de las ratas, un Otro que disfruta con la tortura; un Otro que se interpone al deseo situándolo en el campo del goce.

El problema aquí planteado surge cuando este fantasma regulador del goce, no lo hace más. El paciente es desbordado por un goce que se le vuelve insoportable. Porque lejos de ponerse a resguardo, el sujeto queda preso del "deseo del Otro", él es el objeto de su deseo, él es el falo que el otro busca. Una dama con dinero a la cual tendrá que darle sus *ratten*, en la equivalencia que el mismo establece: *ratten* (ratas) = *raten* (cuota).

A partir de este relato, Freud va tejiendo la red significante que sostiene la subjetividad de este paciente. Una red que confluye en este significante que Lacan designa como S_1. Un significante que por sustitución metafórica queda situado como aquello que la madre desea, que el Otro desea y con el que el sujeto se confunde; pues el sujeto, como ya mencionamos, no es el S_1, sino el intervalo entre S_1 que lo representa para otro significante, S_2.

Pero lo que intento tomar aquí es la manera particular en la que este entramado sostiene al sujeto, en sus omisiones, en sus derivas y en sus síntomas. Él está ahí, desparramado en la trama que Freud intentará reconstruir para así desatorar la petrificación en la que ha quedado el sujeto. Dado que si algo destaca en este paciente, es el hecho de que sus múltiples y variados síntomas le consumen mucho de su tiempo quedando por ello todos sus planes en suspenso, de tal forma que de ahí no se mueve, como un celador fiel que preservará los tesoros a costa de su vida.

¿Devolver el dinero sería saldar la deuda del padre? Cuotas, ratas, hijos, siguiendo la serie, ¿sería darle hijos al Otro? Si el mismo es un hijo/*ratten*, reintroducido, tal como lo figura el capitán cruel. Aquí la encrucijada subjetiva, para evitarlo, interpone el laberinto del pago imposible, se pone a distancia de este deseo. El síntoma lo protege. Dinero, heces, niños, *ratten*, reintroducidos en lugar de gestar, tapar el agujero para detener el deseo, negar la castración del Otro.

El problema es que siguiendo esta lógica, el agujero se taparía con su muerte subjetiva. Pero el paciente cuenta con el recurso de la metáfora paterna, y ante esta imposibilidad interpone su síntoma, encarcelando, por así decirlo, su división subjetiva. Esta estrategia neurótica así llevada vislumbra en su horizonte el fracaso y por ello, la enfermedad, figurada aquí en la incapacidad para vivir. Porque en esta estrategia de lo que se trata es de no perder, aún cuando esto no es ya posible en el marco de la inscripción metafórica del Nombre del Padre. La bolsa y la vida, es lo que intenta retener el neurótico. Ser y tener. El deseo y el lugar fálico para el Otro. Abandonar esta estrategia no es sin sufrimiento, el duelo da cuenta de ello.

Por el contrario, el neurótico emprende la extraña empresa de poder habitar ahí sin perder su división subjetiva, de cerrar esta boca con alguna parte de su cuerpo, como hace la histeria, o con significantes como intenta desesperadamente el obsesivo. La queja, el sacrificio, el fracaso, suelen funcionar como tapones de esta falta. La ausencia, la traición o el engaño, podrían ser ejemplo de la contrapartida de este taponamiento, es decir, volver a abrir la boca.

La manera en la que el neurótico maniobra con respecto al deseo del Otro, colmándolo y volviéndolo a vaciar, hay que buscarla caso por caso en un análisis. Sin embargo, valga aquí este caso clínico para mostrar este complejo entramado que tanto produce como sostiene al sujeto.

Un intervalo en el que habitar

Si algo demuestra el hombre de las ratas es que se puede gozar del significante y al mismo tiempo, éste constituye su límite.[312] En la histeria esto resulta menos evidente, dada la relación del síntoma con el cuerpo. En todo caso, en resonancia con esto diremos que si la histeria torna evidente esta inscripción del significante en el cuerpo, en la neurosis obsesiva lo que aparece es la estructura encadenada del significante.

En el Hombre de las ratas como en el Hombre de los lobos, no es tanto el pasado lo que se repite en los síntomas, sino la ficción de un origen que conjetura un objeto para el deseo del Otro. El deseo dejará las huellas de su recorrido en trazas significantes, pero también en texturas imaginarias que recubren ese agujero en el que el sujeto coloca un mito.

El castigo de las ratas tanto como la mirada de los lobos, son espejismos con los que el sujeto intenta rellenar la brecha abierta en el encuentro con lo simbólico que engendra la subjetividad. Este es, por otro lado, el tiempo de la constitución del sujeto y esto porque en un punto el sujeto queda apresado en el deseo del Otro, identificado al falo materno (el que existe sólo en ausencia) al objeto supuesto de la satisfacción y la completud del Otro. Es aquí donde el Hombre de las ratas no puede evitar estar, aun al precio de un sufrimiento, salir de este lugar sólo le será posible a la manera de un laberinto, los síntomas enredados de este paciente paradójicamente lo ponen a distancia. El síntoma es marca de la división subjetiva. Una metáfora del deseo materno que se instala ahí donde el padre falla en simbolizarlo. El síntoma anuda y al hacerlo, sostiene la división, lo que asegura la falta en el Otro al interrogar en contraposición a colmar.

------

312   Lacan, J. *El Seminario, Libro 20, Aun.* Buenos Aires, Paidós, 1991, pp. 33.

Aquí podemos apreciar esta temporalidad que se manifiesta en los significantes. Si abstraemos este armazón significante, vemos como el circuito pulsional y medio del deseo (la pulsión es actuada en el deseo) se asienta en significantes que se deslizan en torno a un agujero. La pulsión que viene del Otro va en busca de un objeto, pero siendo que en su estructura nada se asienta a satisfacerla, ningún objeto es adecuado, se produce el corte con el que se dará nacimiento a un sujeto. Este es el agujero falso, el agujero resignificado con el Nombre del Padre, bajo la operación de la metáfora paterna que lo introduce en la dinámica subjetiva como objeto en falta. La falta en el Otro es lo que el Hombre de las ratas intenta rellenar ofreciendo para ello los objetos de los que dispone: significantes. *Ratten* es lo que en la versión mítica de este sujeto el Otro pide. Aquí la respuesta obsesiva de transformar el deseo del Otro en una demanda susceptible de ser satisfecha, aquello que modela su fantasma, la demanda del Otro colocada en el lugar del objeto. El síntoma por el contrario, viene a mostrar la imposibilidad de tal comunión.

Por medio de la prohibición del padre, operación que separa al niño de la madre, un significante toca el cuerpo. Así, en este paciente, la escena en la que el padre le pega queda sellada con un presagio: "El pequeño será un gran hombre o un gran criminal". Curiosa manera de inscribir la prohibición, el mismo acto como pudiendo producir destinos opuestos. Su vida se desliza en el intermedio, es decir, la imposibilidad de ser uno u otro. Freud le interpreta con una metáfora que señala este movimiento circular, en donde bien podemos pensar al sujeto intentando encontrar el objeto que complete el sentido entre uno y otro.[313]

Aquí se ve claramente cómo las ficciones neuróticas se construyen con el material que rodea al sujeto. Es de su historia, de los decires paternos, de los secretos a voces, como ecos que van poblando el espacio subjetivo, como un collage cuyo sentido irá

---

313   Freud, S. "A propósito de una neurosis obsesiva", en: OC, Vol. X, *op. cit.* nota al pie número 7, pp. 207.

cambiando con cada nueva pieza que se incorpore y siempre en el tiempo retroactivo de la significación.

La cuestión es que nos agarramos de significantes porque detrás no hay nada, salvo lo real imposible, abismo en lo simbólico, en torno al cual el significante discurre. No es circular, es un discurrir en forma de bucle que siempre puede integrar a un nuevo significante. Este es el movimiento de la repetición, volver sobre una marca anterior y fallarla, por eso el circuito no se cierra, el efecto es este falso agujero que el deseo produce y es soporte de la vida. Así, la existencia se aleja de este abismo siguiendo el planteamiento freudiano sobre la pulsión de muerte y su articulación con la pulsión de vida. La vida como un rodeo ante la muerte, un posponer el encuentro. Si la pulsión se transforma en vida es gracias a la lógica fálica que la sitúa, en tanto deseo, a distancia del agujero, ahora recorriendo los bordes que sitúan un objeto inexistente.

El sujeto está siempre en algún lugar en la cadena significante, camuflado entre significantes, agarrado (identificado a uno en particular) pero también, enrollado en el sentido (siempre imaginario) que estos conllevan. Por eso al sujeto se lo lee en los significantes y se realiza un corte ahí donde el sentido lo aprisiona, lo condena a un falso ser, en este caso, ser un *ratten*. El sujeto más que ser esto o aquello es el intervalo, es el entre esto y aquello, que es lo que escenifica el Hombre de las ratas, su ser de intervalo.

¿Cómo escapar a este circuito angustioso y eterno que el aferrarse a la identificación imaginaria con el falo congela al sujeto? El discurrir resulta amenazante, a la vuelta de la esquina aguarda un encuentro con el deseo siempre posible pues la castración (intervención simbólica que desprende ese objeto ahora faltante), en este caso ya ha tenido efecto. Es una operación lógica que viene del campo del Otro. De este campo del Otro que es Otro en falta, un campo que es en y por el lenguaje. No hay campo del Otro en el mundo animal y este campo está marcado por una ausencia que es en esencia, aquello que lo hace surgir como campo. Desde este lugar del Otro, se abrazan los objetos que serán sustitutos momentáneos de una ausencia.

¿Qué produce el exilio de aquello que viene a ocupar este lugar de la falta en el Otro? Hay que subrayar que este corte llega del campo mismo del Otro y esto es algo que se transmite por la vía de las generaciones, esto es, por el nombre. Una marca que queda asida al cuerpo en la reinscripción del padre de la madre y el padre del hijo. Aquí se escribe el rasgo unario y cae la ausencia que nombra. Un significante cuyo sentido sólo será articulable en una historia y en el tiempo retroactivo del inconsciente.

Interrogar al síntoma no es traducirlo. El síntoma está sostenido por este punto de sinsentido. El significante *ratten* en este caso, que es un significante mudo, tiene una articulación en la historia del paciente, pero no tiene sentido en sí mismo. Es el significante primero con el cual el sujeto ficciona[314] un origen y este origen lo sostiene. Aquí radica la importancia de no ir tras la eliminación del síntoma, pues éste lejos de eliminarse conservará su posición respecto a la cadena significante mudándose en otro síntoma. De lo que se trataría es de hacerlo circular, para que se produzca la pérdida del goce imposible que mantiene atado al sujeto. Pues el discurrir estaría del lado de la división, verdad subjetiva y la fijación por el contrario, por medio de la simulación del objeto, de la negación de la castración.

El psicoanálisis apunta a este anudamiento, a esta inscripción y a la manera en la que teje la historia subjetiva. El sentido, la conducta y la interpretación que de ella tiene el paciente, es espejismo y brújula al mismo tiempo. Para desentrañar esta estructura que soporta toda la construcción del sujeto, no hay otra vía que la que descubriera Freud al escuchar el relato del sujeto; qué se escucha y cómo se interviene, es lo distintivo de la posición analítica.

Para concluir este capítulo, resulta interesante detenerse en esta afirmación que expone Freud al inicio del historial: "Los neuróticos obsesivos graves se someten a tratamiento analítico más raramen-

---

314 Utilizo el neologismo para subrayar la diferencia con la fantasía que puede ser consciente, en este caso se trata de una ficción que sostiene el fantasma del sujeto y se pone en juego en la relación con el otro sin que se tenga consciencia de ello.

te que los histéricos. También en la vida de relación disimulan sus achaques todo el tiempo que pueden, y suelen acudir al médico sólo en estadios de su enfermedad tan avanzados que, si se tratara de una tuberculosis pulmonar, por ejemplo, excluirían su admisión en un sanatorio".[315] Valdría la pena pensar esta afirmación en relación a la definición de Lacan de la histeria como un discurso, pues el movimiento por el cual alguien histérico u obsesivo establece una transferencia analítica, es decir, la pulsión es puesta en acto, parte de una pregunta dirigida al Otro que es base de la posición de la histeria: su síntoma interroga al Otro en su saber. Ahora bien, esta pregunta por sí sola no produce el circuito pulsional que implica la transferencia analítica. Del "¿Qué me pasa doctor?" habrá que completar el circuito con una pregunta que implique al sujeto: "¿Qué hago yo para que esto se imponga como necesario?".

Acaso no sea este el primer obstáculo que se presenta hoy para el psicoanálisis, pues aquello que Freud afirma para la neurosis obsesiva puede extenderse a todo padecimiento psíquico. Nos preguntamos si es la histeria, como discurso, aquello que hoy no encuentra lugar. Pues aún a pesar de los años que nos separan del descubriendo freudiano y de los avances y presencia del psicoanálisis en el mundo, no está dentro de las primeras opciones que busca aquel que padece de un sufrimiento psíquico. Antes los individuos intentarán curarse por sí mismos, si fracasan en ello, preferirán terapias cuyo compromiso subjetivo sea menos evidente. La pregunta no propiciará un circuito y un lazo, por ser de una sola dirección. El "¿Qué me pasa doctor?" recibirá una respuesta siempre insuficiente que obstaculizará sin embargo, el circuito pulsional que aliviaría el malestar produciendo un lazo entre el sujeto y el Otro.

---

315 *Ibíd.*, pp. 124.

Conclusiones

La estructura de este trabajo guarda cierta similitud con su propósito principal, el de colocar en la superficie la lógica temporal que articula el discurso psicoanalítico. De esta forma, las dos partes que componen este libro bien pueden tomarse como dos escenas, la segunda resignificando la primera y abriendo nuevas posibilidades de lectura que generarán a su vez nuevas significaciones. Siendo éste el objetivo implícito de esta investigación: propiciar con esta lectura del tiempo que estructura la subjetividad, un cambio de discurso respecto a la teoría psicoanalítica, a sus efectos y su lugar en las nuevas sociedades que van emergiendo de la globalización.

La conclusión que bien podríamos tomar, bajo esta lógica de resignificación de un tiempo por otro, como el nudo entre ambas que propiciará un nuevo movimiento, una interrogación, se presentará por ello bifurcada: aquella que resume el movimiento temporal que es condición de la constitución subjetiva y el lugar del psicoanálisis como discurso que abre la posibilidad de esta temporalidad y por otro lado, una reflexión acerca del discurso social que necesariamente precede al sujeto y a partir del cual éste se constituye y que se incluye como epílogo.

El sujeto, para el psicoanálisis, a partir de Lacan no puede separarse del tiempo en el cual se constituye como tal, dado que no se trata de un sujeto siempre presente en tanto su condición de sujeto dividido lo ubica en el intervalo entre dos, ni aquí ni allá, sino en la juntura que articula la cadena significante. En este sentido, es también el tiempo que va de uno a otro, pensando este tiempo en la retroactividad que va del segundo al primero, activación de este primer significante por efecto de este segundo tiempo que vuelve sobre el primero.

De tal forma que a partir de la resignificación, los S_1, Nombres del Padre, ingresan al circuito discursivo, a la cadena significante. A partir de entonces, un S_2, metáfora paterna resignificando a un S_1, abre la posibilidad de otro S_1, otro Nombre del Padre. En esta vuelta lo que se produce es un lazo que articula un lugar vacío y este agujero, es condición de la producción de un sujeto. Quedan establecidas así las dos funciones del síntoma: aquella que sostiene el S_1 como nudo en la estructura, letra articulada al goce y el síntoma, en tanto metáfora que produce un efecto de sentido en la circulación fálica, S_2; pero también su lugar en la subjetividad: como marca de su origen (S_1, rasgo unario) y como condición de su producción (S_2, metáfora paterna).

La subjetividad que propone el psicoanálisis, más que de un centro, surge de una estructura hecha de agujeros y cuerdas. Un sujeto que apenas es tocado por el significante se desembaraza de él para sumergirse nuevamente en medio de estas redes asociativas que por el lado del sentido se extienden al infinito. Así, no es con el sentido último con lo que Freud se encuentra a medida que avanza, sino con el agujero en la significación, un sinsentido que anima la historia del paciente.

El sentido se evapora, la interpretación como intento de traducir el idioma inconsciente se expande al infinito pues la lógica de este idioma se apoya en trazos (significantes) y nudos (síntomas). ¿Qué palabra representa al sujeto? ¿Qué escena anuda edípicamente tal estructura? A esto apunta Lacan con sus matemas y nudos, a desarmar el sentido para encontrar la estructura subjetiva que está finalmente, sostenida por el tiempo. Es el tiempo quien apura el nudo, la vida ondulando sobre la muerte. La muerte insistiendo en ser dicha, la vida consumiéndola a tragos "lenguajeros".

En el momento en el que la palabra encuentra una oreja sobre la cual desplegarse, la pulsión invocante que, como dice Lacan, tiene la particularidad de ser un agujero que nunca se cierra[316], es

---

316 Lacan, J. *El Seminario, Libro 11, Los cuatro conceptos…, op. cit.*, pp. 202.

el circuito pulsional lo que se pone en juego y con él la posibilidad de que el sujeto emerja.

El inicio del descubrimiento freudiano y los recorridos de su desarrollo teórico vistos en la primera parte de este trabajo, cumplieron la función de mostrar esta lógica del tiempo con la cual trabaja el psicoanalista. Las transferencias de Freud con sus maestros y discípulos y su posición de escucha respecto a sus pacientes, hicieron posible que este tiempo emergiera a través del relato de los pacientes, pero también en los sueños y asociaciones del propio Freud. La libre asociación, la palabra iniciando un recorrido alrededor de un agujero imposible de cerrar. De esta manera, el agujero en la estructura va tomando distintos nombres: la sexualidad infantil, el ombligo del sueño, la compulsión a la repetición, la pulsión de muerte o la roca viva de la castración. He ahí este tiempo descubierto por Freud en acto.

Si la sexualidad infantil se presenta como el continuo que permanece inmutable, geografía pulsional que se manifiesta a través del síntoma y las formaciones del inconsciente, es porque a partir del encuentro con el deseo del Otro, la sexualidad toma su lugar respecto a una falta. La lectura lacaniana, en tanto resignificación del descubrimiento freudiano, permite teorizar acerca de esta temporalidad en la que se constituye el sujeto del inconsciente.

Para Lacan, el significante en tanto marca, es como un hito de este movimiento pulsional que es preciso mantener. La interpretación corta ahí donde no hay discontinuidad entre la pulsión y su objeto. Se trataría así de separar a la palabra de la ausencia que nombra, de simbolizarla al articularla en una cadena significante, esto es, enlazándose a otras palabras. La asociación libre, en tanto demanda imposible de cumplir, abre la posibilidad de que este recorrido se produzca. En esta dirección opera la interpretación analítica, no aquella interpretación freudiana que amarra el sentido en los puntos donde éste se mostraba fallido o insuficiente

La particularidad de la propuesta temporal por parte del psicoanálisis, abre así otras opciones. Se dice que el pasado es uno, al menos en cuanto a hechos concretos se refiere y el futuro por el contrario, tiene múltiples posibilidades. En psicoanálisis, siendo el pasado constantemente reinscrito en el presente, desde su realidad psíquica también es múltiple y su diferencia abre nuevas posibilidades del futuro. El paciente llega con una versión de su origen, en el mejor de los casos, pues a veces llega sin ninguna en absoluto y ésta se va modificando conforme van cayendo las identificaciones que la fijan. De esta manera, su pasado se va transformando al encuentro con nuevas asociaciones. Esto significa que para el psicoanálisis, el presente está lejos de ser una repetición calcada del pasado, no hay pasado sino es en su articulación con el presente. De este encuentro entre pasado y presente y de su reescritura, dependerán los futuros posibles cuya lectura sólo se hará en el tiempo retroactivo.

De esta manera, la traducción de los contenidos inconscientes cumplirá la función de poner en marcha este recorrido más que de cerrarlo con un sentido último. De ahí la particularidad de la intervención psicoanalítica que propone Lacan, un decir que se sostenga en su ambigüedad, pues no hay sentido último cuya exigencia promueva. El sentido que cierra, la intervención desde la autoridad que soporta un saber, obtura un recorrido que reverberará silencioso en el síntoma.

La manera de articular eventos significantes, sigue la lógica del anudamiento. Una escena de hoy volverá significativa otra de ayer y ambas abrirán una nueva inscripción a producir mañana, dejando de esta forma siempre algo por decir, una diferencia. No se trata de un encuentro entre dos escenas idénticas que darían cuenta de un mismo patrón de comportamiento, por ejemplo. Una década puede ser significante tanto como un único suceso. Son las huellas significantes por donde se hilvana la historia, cuyo motor es la diferencia entre un significante y otro.

El *sinthome* es el nudo que asegura tanto el soporte de los tres registros, como la distancia respecto del Otro primordial. Es por contradictorio que parezca, el elemento que asegura el lazo al Otro y no la fusión. Este nudo que es resignificación siempre a la espera, es por esto un nudo en movimiento. Pues este nudo es efecto del encuentro con el deseo del Otro, el trauma, la escena vacía que recubre el fantasma y este encuentro se da por resignificación, en dos tiempos. El segundo activa al primero y lo enlaza a la cadena significante, como vacío, como trauma intraducible del cual el síntoma es metáfora de esto que vuelve siempre al mismo lugar por ser imposible de decir una vez y para siempre. Lacan lo definió como aquello que no cesa de no escribirse.

La metáfora hace pasar el significado del deseo materno al territorio del significante de la ley, cuya articulación quedará así realizada en el encuentro que produce la subjetividad. Esta metáfora que sólo es posible sobre la base metonímica del lenguaje, es gestación simbólica, se inscribe en la lógica ternaria del Nombre del Padre. La metonimia como cadena sin sujeto, se inscribe en la lógica binaria de un deseo sin ley, desbocado. En esta vuelta, algo queda fuera de este encuentro, el lugar que toma desde entonces el deseo enigmático del Otro, el objeto *a*. Así es como la metáfora paterna, al establecer una relación entre significante y significante, divide al sujeto y al Otro, los enlaza, pero para hacerlo, produce entre ellos un corte que operará como límite ante lo real. Este es el lugar de la falta, ante la cual el *sinthome* se sitúa como respuesta y soporte al mismo tiempo.

A partir de esta abertura que el *sinthome* en cierta forma custodia es que la vida, en tanto pulsión sexuada, discurre por la vía significante y es al mismo tiempo el *sinthome*, aquello que soporta al sujeto ante lo real sin más.

En este recorrido por tratarse de un tiempo que se pone en escena particularmente en la clínica, me centré sobre todo en la constitución del sujeto del inconsciente, pero a partir de la conceptualización del *sinthome*, lo que Lacan propone es que no es ésta la única forma de anudar la estructura. Dejo como pregunta la posibilidad de pensar la subjetividad que promueven los estilos de sociedades actuales como desabonada del inconsciente, donde el síntoma, lejos de conmover al inconsciente del Otro como en la posición histérica, lo excluye, como en la posición planteada para Joyce.

En ambos casos, sujetado al inconsciente o desabonado de él, seguirá siendo el nudo la condición de la constitución de la subjetividad y éste, para el sujeto del inconsciente al menos, está en movimiento. Si bien la representación topológica del *sinthome* y los tres registros puede llevar a la idea de fijeza, por el contrario Lacan diferencia la rigidez de la cadena de la flexibilidad del nudo. Por otro lado, para apoyar la tesis del nudo en movimiento tenemos el circuito pulsional, la pulsación inconsciente y el movimiento retroactivo en el que se constituye el sujeto del inconsciente.

CLÍNICA DEL SUJETO, CLÍNICA DEL TIEMPO

La dificultad en la transmisión del psicoanálisis, tiene mucho que ver con esta particularidad del tiempo que sustenta.

Hay una idea bastante extendida de que en el psicoanálisis se trataría básicamente de dar sentido al sinsentido. Lacan nos reconduce por otra senda y es que el lugar desde el cual se puede intervenir para producir una modificación en la posición subjetiva, no tiene que ver directamente con el sentido oculto sino con la letra que hace de soporte a la palabra. Es por medio del relato de las desventuras y las asociaciones que en él van surgiendo, por donde se accede a la estructura subjetiva cuyo funcionamiento se resume en movimientos que producen espacios; trazados de un recorrido pulsional que al interceptarse con una lógica de sustituciones y desplazamientos, producen espacios por los que los significantes dejarán testimonio del deseo inconsciente y la subjetividad que instituyen.

En esta contradicción permanente, de apertura y cierre, de alienación y separación, se decanta esta estructura agujereada cuyo soporte está en el anudamiento. Vale subrayar esto, no es posible arribar a esta estructura sino es a partir de las palabras que le dan cuerpo y forma. Por esta punta del hilo, Freud inicia su recorrido clínico y teórico. Escuchar es, primero, en el desarrollo freudiano, emparejar un significado al síntoma del paciente, para propiciar la circulación de una libido estancada en el punto mismo donde el olvido se cierne en el cuerpo de la histeria.

La otra escena, el conflicto entre el deseo y el reproche, van abriendo paso a la emergencia de una lógica cuyos motivos sólo podrán suponerse. Así llega al territorio sin palabras, como un corazón que late silencioso: el ello, el silencio de las pulsiones, el ombligo del sueño, la escena vacía del fantasma de "pegan a un niño"; son los agujeros que la estructura psíquica alberga en su interior.

La lógica de su obra es consecuente con el tiempo que la estructura, con el tiempo del sujeto. Primero navegar en ese pasado, para luego abrirlo al movimiento de las sustituciones en su segunda tópica. "Donde ello era, debo advenir yo" una nominación siempre a la espera de nombrar el trauma, la herencia irrenunciable inscrita en el movimiento. Una herencia que será siempre diferencia, pues el lugar del padre implica la imposibilidad de nombrar el deseo sin dejar un saldo, un resto siempre fecundo por cuanto permite la transmisión de un decir a la espera de un nuevo decir, de una historia a la espera de una nueva interpretación. En todo caso, la función del padre será la de inscribir la posibilidad de este relevo por anudamiento.

La lectura de Lacan pretende desgranar el descubrimiento freudiano de sus propias ficciones, la traducción de un sistema a otro, evocar en la conciencia el significado oculto del deseo. Pero no para prescindir de ellas, pues aún siendo el complejo de Edipo una ficción, es justamente el fantasma aquello que sostiene el deseo, es la representación de una escritura ilegible para la conciencia.

La escucha analítica es así una escucha que lee, que extrae la lógica del acto, del corte que produce el anudamiento. La inmovilidad del síntoma, de la lógica binaria del estadio del espejo, señala la imposibilidad de contener a la pulsión si se elimina el circuito al que relanza la metáfora paterna. El deseo inconsciente, al efectuar un corte en la linealidad del discurso, introduce la pérdida del objeto pulsional y por lo tanto asegura el circuito. El deseo como un bucle que vuelve sobre la marca de esta ausencia, divide al sujeto desprendiendo en ese acto el objeto de su deseo, objeto *a*. El sujeto en análisis pondrá en escena el arsenal identificatorio con el que cuenta. Si el analista ocupa este lugar del a-gujero en el Otro, el sujeto será forzado a emerger con lo que sí tiene para responder a la demanda del Otro, el deseo.

La transferencia es aquello que se fue revelando como lugar y condición para esta suerte de nudo en movimiento. Si bien el recorrido del nudo está trazado, el de articular los tres registros, el de establecer lugares: el del Otro, del sujeto, éste se mueve y es en tanto movimiento que efectuará su captura de lo real. El analista trabajará produciendo este anudamiento en movimiento. El *sinthome* es el lazo mismo que une los elementos y permite la relación entre ellos. No significa, no es código cifrado, es la consecuencia de lo real que en su encuentro con el lenguaje, al insistir, anuda.

El paciente llega con un sin fin de dichos y relatos que lo fijan en un destino, un tiempo ya escrito para él por el Otro: "Serás como tu padre", lo que sea que ese decir encierre para cada uno. Este tiempo estipulado del cual padece, lo protege sin embargo de un peligro que él percibe mayor, el del azar y lo no dicho aún, la fractura del saber del Otro, del camino aún no asfaltado y de un resultado más que incierto. Aquí la lentitud de todo proceso analítico, pues el neurótico se aferrará a este designio cuanto más inminente sienta su pérdida. ¿Qué otra cosa obtiene él a cambio, sino la apertura de un tiempo que se le presenta como infinito en sus opciones?

La pulsión por otro lado, crea un montaje para circular que está armado con significantes. A través de estos significantes, cuyo circuito está marcado por la demanda del Otro, la pulsión se traduce en la gramática como un "hacerse", el fantasma le da un caparazón en una frase "un niño es pegado". De esta manera, el "hacerse" que la insistencia pulsional figura, se transforma, por efecto del fantasma en "ser". Aquí el fantasma tapando el agujero que la pulsión anima, de tal forma que el pasado prefigura el porvenir.

Son las profecías, quejas y temores de las que habla el paciente, aquello que inevitablemente sucederá, aquello que siempre ha sido de esta manera, aquello ante lo cual nada puede hacerse para cambiar. Signo de la impotencia que asegura con ello la obturación de la falta del Otro, en suma, del deseo. Asegurando los libretos posibles del futuro, se elimina la sorpresa y el no saber qué implica el deseo del Otro en tanto lazo. De esta manera, el paciente muchas veces llega con un tiempo ya escrito: "Serás cómo...".[317] Este tiempo ya definido con anterioridad es como un camino trazado que lo protege de lo aún no sido. Este es el lazo freudiano, ir al pasado para entender el futuro, para descifrarlo y en este desciframiento, liberar al tiempo de sus ataduras imaginarias. La producción subjetiva, la función de corte de la intervención analítica, despegan al pasado del presente y el futuro, dando lugar a la diferencia, a lo no escrito aún, al porvenir, al agujero.

Asociar libremente es exponerse a la pérdida de ese objeto inexistente, al cual se aferra el neurótico y entrar así a la temporalidad del deseo, una temporalidad lógica que constituye al sujeto. La palabra temporaliza a este objeto eterno por inexistente, lo fuerza a discurrir y de esta forma lo pone a distancia. Esta temporalidad define al psicoanálisis.

Más cerca de un cirujano, el psicoanalista realiza cortes en el tiempo apelmazado en el espacio, introduce una escritura ahí donde no había nada respetando la lógica que instaura el deseo: la no consumación del acto que da soporte a la contradicción y ambivalencia humana. El sentido, por el contrario, alimenta la ficción de cerrar el circuito, de concluir la vagancia en la que habita el significante, la incógnita que define al deseo. Un deseo que el neurótico promete convocar aún a costa de su vida. Ahí donde el Otro se muestre más completo, más cerrado, el sujeto se apresurará a rasgar su saber apretando para ello la tecla correcta que lo lleve a la falta y qué mejor herramienta que el síntoma con el cual asegura la angustia de aquel a quien quiere convocar en su falta, cuando no recurra a formas más extremas sustrayéndose de la escena como sucede en el *acting*. "La falta expresa la vida del lenguaje"[318], obturarla no puede resultar sin consecuencias.

La realidad, como el sujeto, está constituida por agujeros: las pequeñas fobias con las que convivimos sin mayores consecuencias,

---

317   Ver el capítulo sobre el Hombre de las ratas.

318   Lacan, J. *El Seminario, Libro 23, El sinthome, op. cit.,* pp. 146.

la ansiedad cotidiana más o menos llevadera, insomnios pasajeros, rituales y supersticiones medianamente circunscriptos, dan cuenta de ellos. Son los recursos con los que contamos para responder a un encuentro siempre posible. Puede suceder que por diversas circunstancias, los recursos de siempre no sean suficientes y estos agujeros se rebalsen. ¿Qué propone el psicoanálisis hacer con ellos? Fabricar un tejido simbólico que haga circular este desborde pulsional por la vía significante.

La insistencia pulsional y la posibilidad de su desborde promueve también, el encuentro con la ley que introduce el deseo. El punto que permite dar la vuelta y relanzar el recorrido que desde el Otro se realiza. Si podemos señalar una diferencia entre la pulsión y el deseo, es que para el deseo hay una legalidad que el significante fálico introduce, es decir, el deseo se define por el límite de su realización; mientras que para la pulsión, el empuje de su insistencia la lleva más allá de todo límite. Pues lo pulsional sin rodeo se traduce en urgencia, compulsión.

Este desmontaje, de las palabras que cubren esta estructura de "bolsas y nudos" es lo que se intentó hacer en este trabajo. Señalando que aquello que efectúa los nudos y por lo tanto produce las bolsas, es el tiempo específico del psicoanálisis que se apoya en el recorrido pulsional por un lado, y la ley significante que instaura el deseo por el otro. Un tiempo que se atora cuando se invoca a lo imaginario como soporte de la estructura. Un tiempo que se desparrama cuando lo real no se articula. Un tiempo al que, la intervención analítica en su función de corte, es solidaria. Aquí está la dificultad de sostener la postura analítica, custodiar el agujero en la estructura.

Del lugar del sujeto supuesto saber, al del objeto *a* y el del *sinthome*, el analista propiciará en todo caso, la emergencia del inconsciente que dará lugar a la producción subjetiva. Se trata en definitiva, de desanudar para volver a anudar a partir del lugar del analista que Lacan define como *sinthome*. Cuya función es la de ser deseo de la diferencia absoluta, lugar a partir del cual se constituye el sujeto en tanto deseante.

A manera de epílogo:
Los rostros del malestar en la cultura

Las sociedades occidentales de hoy en día, se distinguen por la rapidez en la que todo cambia, se sustituye y se desecha. Vivimos en la era de la hiperproducción de todo tipo de artilugios. Los objetos inundan el mercado, las casas, los basurales. El consumo, internet, la producción y creación de todo tipo de objetos vendibles, ya sean tangibles o abstractos, marcan un ritmo lineal y constante en dónde la caducidad se superpone al lanzamiento. La tendencia de hacer lugar a lo nuevo, aún a despecho de la plena actualidad de lo antiguo, parece evidente. Pasamos así de una economía de consumo a una economía de desecho donde los objetos se tornan caducos ni bien se los adquiere, para pasar a formar parte de un inmenso basural a estas alturas inconmensurable.

¿Qué efectos tiene esta dinámica del mercado en los vínculos sociales y en la constitución de la subjetividad? A las sociedades contemporáneas y desarrolladas no les resulta fácil convivir con el síntoma. Identificado por el discurso científico como enemigo de la adaptación y el progreso, se utilizan diversas maneras de eliminarlo; desde la cada vez más sofisticada oferta farmacéutica hasta el firme resurgimiento de la hipnosis, el objetivo de suprimir al síntoma resulta claro. Asimismo, la marcada tendencia de la búsqueda de técnicas de diagnóstico más precisas y tempranas, dejan clara la cada vez más robusta frontera entre lo normal y lo patológico. Para el psicoanálisis, por el contrario, el síntoma, lejos de ser un elemento patológico en sí mismo, es marca del sujeto, la firma con la cual se diferencia del Otro y por ello mismo la forma en la que el sujeto anuda su estructura y se sostiene en el mundo.

Aquí la contradicción más acuciante, pues el síntoma siendo la marca indeleble de una división molesta cuando no angustiante, pasa por ello a formar parte del cúmulo de desechos que la sociedad genera y expulsa por inservibles. Utilizar como metáfora de la diferencia y división que el ser humano produce aún sin reconocerlo, la enorme consecuencia en el medio ambiente y el inminente cambio de nuestro hábitat, resulta sin duda tentador. La basura crece a pasos agigantados y las consecuencias que ello produce avanzan en lo real, al mismo tiempo que el ser humano se vuelca en la vasta realidad virtual que crece a la misma velocidad que nuestros desechos. La cuenta se acumula en otra escena, sólo en apariencia subterránea. El síntoma psíquico forma parte de los desechos de los que nada queremos saber, junto a la muerte y el saldo de una sexualidad difícilmente regulable. El incremento de la respuesta farmacológica y las terapias breves, sintonizan con esta urgencia de eliminar al intruso que amenaza con fracturar el buen funcionamiento de una maquinaria cada vez más compleja.

¿Cuál es entonces, el lugar del psicoanálisis? ¿Oculto entre los escombros y desechos de los cuales se ocupa, rebuscando en el enorme basural que la sociedad genera? Si así fuera nada lo distinguiría del síntoma y aunque la materia de la que está hecho el síntoma concierne directamente a la intervención analítica[319] no así el discurso que sostiene su práctica. No son equivalentes la teoría psicoanalítica y la intervención analítica y en esa diferencia sustancial, radica su posición en la cultura. El psicoanálisis, disciplina de los bordes, artificio con el que repara los daños en los hilos que tejen la subjetividad, será en todo caso, lugar de encuentro para el intercambio que geste más que respuesta fallida al sentido oculto del malestar del sujeto.

¿Cómo pensar a la subjetividad en tiempos donde prima la estandarización en un intento desesperado por ceñir un concepto, un diagnóstico, o un descubrimiento que corre el riesgo de tornarse caduco en el instante mismo de su enunciación? ¿Qué lugar le queda reservado a este sujeto siempre singular que escapa a toda definición, pues él habita el espacio abierto entre un significante y otro? Así, si la sociedad promueve la objetivación del sujeto, el

---

319 Lacan, J. *El Seminario, Libro 23, El sinthome, op. cit.,* pp. 133.

psicoanálisis trabaja con la operación contraria, ahí donde el sujeto se petrifica y se objetiva, la intervención analítica apunta al corte.

Este es el campo de incumbencia psicoanalítica, el del síntoma tomado como desecho. Desecho para el campo social, producción para lo inconsciente y cuyo fin último es el de ceñir la estructura subjetiva y, contradictoriamente, establecer el lazo social. El síntoma es el elemento regulador de la relación con el Otro, de las sustituciones posibles de ese Otro. Es también, en tanto nudo, la condición de que esta relación exista.

El psicoanálisis, al basar su clínica en la posición del sujeto más que en la eliminación del síntoma en sí, se diferencia fundamentalmente en la respuesta que ofrece al malestar del sujeto producto del encuentro con la cultura. Apuntando a una historia que se articula a partir de las desdichas y tropiezos, lejos de la anamnesis psiquiátrica tanto como de la historia evolutiva. Pues la del sujeto, es una historia que se realiza en una temporalidad que se figura en los sueños tanto como en los silencios, en los recuerdos tanto como en los actos, en el sufrimiento que conlleva la repetición en el olvido que la sustenta. La historia de aquello que enlaza a las generaciones, del significante que permite el relevo, por ello es tan fácilmente confundible con una herencia genética: de tal padre tal hijo, reza el dicho.

Si situamos el tiempo de constitución subjetiva a partir del psicoanálisis en el contexto de la sociedad de consumo, podemos plantear la hipótesis de que la dinámica actual de vinculación con los objetos consumen al sujeto. El tiempo de elaboración, que es el tiempo de anudamiento, el tiempo de la pregunta en suspenso. Tomando los tiempos lógicos planteados por Lacan[320] sería como pasar del instante de la mirada al momento de concluir, eliminando el tiempo para comprender. No es ya que el tiempo se estanque en este intermedio, sino que no existe este espacio que el intervalo en el cual habita el sujeto prefigura. En todo caso, si la historia parti-

---

320 Lacan, J. "El tiempo lógico y el aserto de certidumbre anticipada", en: *Escritos 1*,
    op. cit.

cular aparece lo hace en tanto cronología y pasado muerto, como antecedente de lo que hoy hay que eliminar.

La proliferación diagnóstica muestra asimismo esta lógica de sustitución sin lazo, de una palabra que se cierra en sí misma en contraste con aquello que se abre al plantear un interrogante y causar por ello el discurrir. Es la diferencia entre ser un "trastorno límite de la personalidad", por ejemplo y preguntarse por aquello a lo que tal definición se refiere. Así, a mayor cantidad y especificación de los cuadros y síntomas, mayor similitud entre aquello que se pretende diferenciar. De esta forma, más que de sustitución se podría hablar de sobreinscripción, de tal forma que a S_1 se le pega encima un S_2 anulando el efecto de sentido que produce el encuentro en la diferencia entre ambos. Lo que queda así anulado es el tiempo que los asocia y crea el nudo que ciñe un agujero imposible de colmar, quedando por ello eliminado el tiempo de producción subjetiva que implica el rodeo pulsional del objeto ausente. En el campo de la Salud mental se trata de ofrecer respuestas y esto se interpone al tiempo en el cual se constituye la subjetividad. Vale la pena preguntarse sobre la diferencia y consecuencias que esto conlleva para el sujeto.

Existe una diferencia sustancial entre la manera en la que lo social organiza el tiempo y este otro tiempo que se mueve por otras laderas. La diferencia estriba en su desvinculación con el deseo, la inscripción simbólica del padre que constituye al sujeto, parte del deseo del Otro, es ésta la vía para su inscripción en la subjetividad. Cuando el Nombre del Padre no es vehiculizado por el deseo del Otro, éste queda abierto al infinito; y no podemos hablar del deseo del Otro sino es a partir de alguien que lo encarne en lo real. Entonces, que las instituciones sociales regulen las conductas humanas, no garantiza en modo alguno, la inscripción en el deseo del Otro y por lo tanto, la constitución de la subjetividad.

¿A quién se dirige hoy el psicoanálisis? Acaso no sea éste hoy uno de sus mayores retos, el de encontrar un interlocutor, de lo contrario, correrá el riesgo de transmitir sus hallazgos únicamente al interior de un reducto fielmente custodiado, cuando no simplemente apartado.

No se plantea como una cuestión sencilla, por cuanto el discurso psicológico tiende, por las características propias del mismo, a excluir la castración, la división del sujeto. Los protocolos y perfiles y los diagnósticos que se desprenden de ellos, se basan en estadísticas que dan cuenta del automatismo de repetición y excluyen necesariamente aquello de real que siempre resta al conocimiento, aquello que no es aprendido por el saber, aquello que vuelve necesariamente sobre el amo para señalar el lugar de su falta. Por otro lado, en una sociedad medicalizada hasta el exceso, donde el principal objetivo es la anulación del síntoma, no es difícil darse cuenta de la por momentos infructuosa tarea del psicoanálisis por buscar un interlocutor en un mundo donde ya nadie quiere saber de la división del sujeto, algo que parece ir de la mano con el proyecto económico basado prioritariamente en el consumo que tiende a producir individuos gordos, ya sea que devoren alimentos o que engullan conocimiento, tecnología y artilugios de todo tipo.

¿Cuál es la respuesta que el psicoanálisis propone al malestar que produce el saldo de la civilización?

La relación con la otredad genera siempre un resto, en mayor o menor medida, inasimilable e ingobernable. El sujeto cuenta con diversas maneras de responder a ello, desde la angustia hasta la respuesta fantasmática y sintomática. Son estas respuestas aquello que indica la presencia de este exceso imposible de reducir, saldo de la civilización, de la inserción del ser humano en el campo social, en el lenguaje, en el discurso del Otro. Este resto tóxico, signo de malestar, que habrá que hacer circular por otras vías que las que ofrece la regulación del espacio social: la psicoeducación, los ideales, la medicalización; pues la lógica misma de su regulación anuncia la amenaza siempre presente de una fuga.

Recordemos que el psicoanálisis parte justamente de tomar aquello que estorba y muchas veces se rebalsa, para ofrecer otra manera de lidiar con ello, hacerlo circular por los tiempos abiertos por la palabra. De esta palabra que buscando un lugar al cual dirigirse, va creando el lugar del Otro en torno al cual la pulsión puede así circular, mordisquear lo real en lugar de devorarlo. Esta palabra que se abre así camino, creando el lugar de Otro al cual dirige una queja cuya causa ignora, un reclamo cuyo texto se le escapa, un dolor cuya intensidad lo abruma.

Así, el psicoanalista se ofrece a ocupar este lugar para que otra producción sea posible, no ya la producción económica que sustenta la vida social de los individuos, sino una producción cuyo beneficio acaso sea el de propiciar una subjetividad capaz de tramitar y sobrellevar el malestar que la civilización genera. El psicoanálisis es el interespacio que libera del laberinto sin salida que supone mantener bajo control a la exigencia pulsional.

Es necesario recordar que la teoría psicoanalítica se construye a partir de una clínica que trabaja con el sujeto, esto es, su lazo con el Otro, sus formas de construir fantasmáticamente sus objetos. Por este motivo, las interrogaciones al psicoanálisis no pueden separarse de aquellas que se dirigen a cuestionar la forma en las que lo social regula las relaciones entre los seres humanos. Pues la relación del sujeto con la cultura es la estructura elemental de la civilización, la del sujeto con el Otro.

La lógica en la que se sustenta el consumo, tiene su base en la insatisfacción del ser humano, en la incompletud que produce angustia; y en la alienación en el campo del Otro por medio de la cual ingresamos al discurso. No hay posibilidad de inscripción simbólica si no entramos por la operación de alienación. De esto y de la dificultad de elaborar un duelo que nos dejaría en el otro extremo, el de la separación de este Otro, es por donde la lógica del consumo encuentra su asidero. Consumir conlleva a incorporar, esto genera más insatisfacción, porque cuanto más se intente satisfacer el deseo, más lejos de él nos encontraremos, es decir de la separación del Otro y más cerca de la identificación al objeto imaginario, es decir, de la alienación en el Otro.

El espacio virtual que internet representa es quizá, el mejor reflejo de la infinitización que produce el discurso cuando no hay anudamiento. ¿A quién dirige su palabra el internauta sino a ese Otro que construye en su fantasma, al destinatario de sus fantasías? Sólo que aquí este Otro, como en Juanito, al estar en ninguna parte y en todos lados al mismo tiempo, carece de soporte real y por lo tanto puede tornarse amenazante. No es de extrañar entonces que fobias, ataques de pánico y angustias pululen sin más control que una pastilla.

¿Qué estaca colocar en la boca voraz del mercado, en la intangibilidad del espacio virtual? Así, el Otro, lejos de no existir, se hace cada vez más grande, más completo por intangible; lo que queda excluido de la ecuación en el vínculo social, es su deseo articulado a lo simbólico que abre lugar al tiempo en el que se constituye el sujeto. Por el contrario, el espacio del Otro va en aumento y así también los objetos ofrecidos a su imparable demanda: información, amigos virtuales, blogs, palabras de desesperación o simple verborragia volcada desde el anonimato y a un Otro sin rostro en foros que comparten síntomas, intereses, dudas y otros.

¿Bajo qué temporalidad se establece la relación con un otro cuyo rodeo pulsional se hace imposible? No es acaso el soporte real lo que se sustrae tanto en internet como en la volatilidad del mercado (las burbujas resultan sumamente gráficas). ¿Y no es a su vez, desde lo real que nos llega la factura imposible de pagar? Con un cambio climático cuyas consecuencias, a pesar de los esfuerzos de predicción científica, serán seguramente sorprendentes.

Ante el callejón sin salida que la lógica del consumo supone, pues para crecer y estar mejor económicamente hay que consumir más, y cuando esto suceda, el limite ya se estará edificando al final de un recorrido que las más de las veces se detiene en forma abrupta. Ante este circular infinito que se regula también, en su propio trayecto. Es justamente, a través del síntoma que el sujeto encuentra una manera de sostener la diferencia respecto al Otro. Los llamados trastornos de la alimentación dan una clara imagen de esto, son los síntomas más visibles, junto con las adicciones y la depresión de este borramiento de la diferencia, rostros del malestar de nuestro tiempo.

Bibliografía

REFERENCIAS CITADAS

Breuer, Josef y Freud, Sigmund. "Estudios sobre la histeria", en: *Sigmund Freud Obras Completas* (OC), Vol. II, Amorrortu Editores (AE), Buenos Aires, 1997.

Chemama, Roland. *Diccionario de psicoanálisis*, Amorrortu Editores, Buenos Aires, 1998.

Eidelsztein, Alfredo. *Las estructuras clínicas a partir de Lacan*, Volumen I, Letra Viva, Buenos Aires, 2008.

Freud, Sigmund, OC, AE, Buenos Aires, 1997.

"La interpretación de los sueños", (1900), Vol. V.

"Fragmento de análisis de un caso de histeria (Dora)",(1905) Vol. VII.

"Tres ensayos de teoría sexual", (1905), Vol. VII.

"Análisis de la fobia de un niño de cinco años (Juanito)", (1909), Vol. X.

"A propósito de un caso de neurosis obsesiva (el Hombre de las ratas)", (1901) Vol. X.

"Pulsiones y destinos de pulsión" (1915), Vol. XIV.

"Más allá del principio de placer" (1920), Vol. XVIII.

"Psicología de las masas y análisis del yo" (1921), Vol. XVIII.

"Nuevas conferencias introductorias al psicoanálisis" (1933) Vol. XXII.

"Análisis terminable e interminable" (1937), Vol. XXIII.

"Construcciones en el análisis" (1937), Vol. XXIII.

"Esquema del psicoanálisis" (1940), Vol. XXIII.

Freud, Sigmund, OC, Biblioteca Nueva, Madrid, 1981.

"Estudios sobre la histeria" (1895), Tomo I.

"Observaciones psicoanalíticas sobre un caso de paranoia" (1911), Tomo II.

"Historia de una neurosis infantil (Caso del Hombre de los lobos)", (1918), Tomo II.

"Recuerdo, repetición y elaboración" (1914), Tomo II.

Orígenes del psicoanálisis", Tomo III.

"Pegan a un niño" (1919), Tomo III.

"Dostoyevski y el parricidio" (1928), Tomo III.

"El porvenir de una ilusión" (1927), Tomo III.

"El malestar en la cultura" (1930),Tomo III.

"Conclusiones, ideas y problemas" (1938), Tomo III.

"El block maravilloso" (1925), Tomo III.

"El yo y el ello" (1923), Tomo III.

Gay, Peter. *Freud. Una vida de nuestro tiempo*, Paidós, México, 1990.

Lacan, Jacques. *Escritos 1*, Siglo XXI editores, Buenos Aires, 1988.

Escritos 2, Siglo XXI editores, Buenos Aires, 1987.

El Seminario, Libro 5, Las formaciones del Inconsciente, Paidós, Buenos Aires, 1999.

El Seminario, Libro 7, La ética del psicoanálisis, Paidós, Buenos Aires, 1988.

El Seminario, Libro 8, La transferencia, Paidós, Buenos Aires, 2003.

Seminario 9, La identificación, inédito.

El Seminario, Libro 11, Los cuatro conceptos fundamentales del psicoanálisis, Paidós, Buenos Aires, 1989.

Seminario 14, La lógica del fantasma, inédito.

El Seminario, Libro 16, De Otro al otro, Paidós, Buenos Aires, 2008.

El Seminario, Libro 17, El reverso del psicoanálisis, Paidós, Buenos Aires, 1992.

Seminario 19 ...o peor, inédito.

Seminario 22, RSI, inédito.

El Seminario, Libro 23, El sinthome, Paidós, Buenos Aires, 2008.

Nasio, Juan David. *Cinco lecciones sobre la teoría de Jacques Lacan*, Gedisa, España, 1993.

Cómo trabaja un psicoanalista, Paidós, Buenos Aires, 2000.

Porge, Erik. *Jacques Lacan, un psicoanalista. Recorrido de una enseñanza*, Síntesis, Madrid, 2000.

OBRAS CONSULTADAS

Bercherie, Paul. *Génesis de los conceptos freudianos*, Paidós, Buenos Aires, 1996.

Caparrós Sánchez, Nicolás. *Tiempo, Temporalidad y Psicoanálisis*, Quipú Ediciones, Madrid, 1994.

Forrester, John. *Seducciones del psicoanálisis: Freud, Lacan y Derridá*, Fondo de Cultura Económica, México, 1997.

Freud, Sigmund. *Obras completas de Sigmund Freud*, Biblioteca Nueva, Madrid, 1981.

Le Poulichet, Sylvie. *La obra del tiempo en psicoanálisis*, Amorrortu Editores, Buenos Aires, 1996.

Lacan, Jacques. *El Seminario, Libro 20, Aun*, Paidós, Buenos Aires, 1991.
Seminario 15, El acto analítico, inédito.
El Seminario, Libro 10, La angustia, Paidós, Buenos Aires, 2007.

Lombardi, Gabriel. *Clínica y lógica de la autorreferencia, Cantor, Godel, Turing*, Letra Viva, Buenos Aires, 2008.

Nasio, Juan David. *El magnífico niño del psicoanálisis*, Gedisa, Barcelona, 1994.

Marinas, José Miguel. *La fábula del bazar. Orígenes de la cultura del consumo*, La balsa de la Medusa, Madrid, 2001.

Manonni, Octave. *Freud, el descubrimiento del inconsciente*, Nueva Visión, Buenos Aires, 1987.

Pommier, Gérard. *El desenlace de un análisis*, Nueva Visión, Buenos Aires, 1996.

Ravinovich, Diana. *El deseo del psicoanalista*, Manantial, Buenos Aires, 1999.

Roudinesco, Elizabeth. *Por qué el psicoanálisis*, Paidós, Buenos Aires, 2000.

Roudinesco, Elizabeth; coescrito con Michel Plon. *Diccionario de psicoanálisis*, Paidós, Buenos Aires, 1998.

Ali, Sami. *El cuerpo, el espacio y el tiempo*, Amorrortu Editores, Buenos Aires, 1993.

Tubert, Silvia. *Malestar en la palabra. El pensamiento crítico de Freud y la Viena de su tiempo*, Biblioteca Nueva, Madrid, 1999.

Zizek, Slavoj. *Las metástasis del goce*, Paidós, Buenos Aires, 2003.
Mirando el sesgo, Paidós, Buenos Aires, 2000.

Vanina Noejovich Baynon

Psicoanalista. Doctora en psicología de la Universidad Autónoma de Madrid. Ha desarrollado su práctica en distintas ciudades como Lima, México, Buenos Aires y Madrid en el campo de la salud mental y proyectos comunitarios. Ha trabajado en el Centro Mexicano de Ayuda a Refugiados, en la Fundación Mexicana de Psicoanálisis y con personas con diagnóstico de enfermedad mental crónica en la Fundación Manantial en Madrid y hospitales psiquíatricos como el Borda y el Tobar García en la Ciudad de Buenos Aires. Actualmente, además de su práctica clínica, trabaja en el área de investigación para la Universidad de McMaster en Canadá.